个人认识论与科技创新系统管理的科学技术哲学应用

汤治成　著

中華書局

本书是作者汤治成在清华大学深圳国际研究生院、
清华大学经济管理深圳研究院的研究成果

本书得到清华大学社会治理与创新研究中心
“深圳人文社会科学重点研究基地成果”资金项目资助

总序

个人认识是属于认知科学的研究领域。认知科学、科技创新和系统管理是科学技术哲学的研究内容。本书由两编组成，第一编是对个人认识论的分析，个人认识论从认知发展的视域来探究人的认识论信念，研究认知发展变化的哲学与心理学领域，它是关于个人对自己认识的知识的建构过程。第二编是科技创新与系统管理的科学技术哲学实践应用，主要是运用科学技术哲学中的科学合理性的逻辑思维、科学范式进步的规律，处理复杂性系统工程的管理方法，解决当前国家治理活动中的一些重要论题，它体现了科技与社会融合发展的实践应用。

个人认识论是表现哲学和心理学交叉融合的研究内容，研究的主要领域是认知科学和心理哲学。认知科学是科技创新与社会发展、科技创新和系统管理的理论基础。科技创新发展战略、系统管理的简单性和科学性都是从认知科学出发。科技创新和系统管理的谋略最终依托于人的理性主义，离开了正确的心理学认知，是没有办法做到科学、理性决策的。我把关于个人认识论、科技创新和系统管理的科学哲学应用的研究，写成一本科学技术哲学专著，更加能体现科学技术哲学的交叉学科融合发展，体现科学方法论对于科技创新和社会管理的重要作用。

科学技术哲学是哲学领域的重要分支学科，主要是研究科学理论、科学技术、工程技术、科学实验的哲学问题和基本方法，为探索自然规律提供辩护的哲学方法。科学技术哲学还为科学技术和社会活动的联系和相互作用提供具有科学合理性的哲学方法。由于科学技术哲学具有科学的特征，又有哲学的特点，它通常表现为自然科学、哲学、社会学、管理学、心理学等交叉学科的融合发展。因此，科学技术哲学的研究领域也比较宽广，目前通常有：认知科学、科技社会学、科技创新与社会发展、复杂性系统管理、科技伦理、非精准逻辑推理的科学问题等领域的研究。

当前，世界以人工智能和信息科技为代表的科学技术引领着社会现代化的颠覆性发展。科学技术哲学对科技发展和实践应用具有科学方法论的指导作用，它使社会、生活方式、文化、伦理道德产生了巨大的变化。本书通过对个人认识论的深入研究和理解，提高科学认知的水平，丰富科学认知的内容和方法。本书通过对科技创新和系统管理的实践应用的研究，把科学哲学的科学方法应用到科学研究和生产活动中，提高科技创新的战略水平，提升系统管理的效率和科学性。

本书的主要创新点：通过对个人认识论的科学认知、科技创新和系统管理的高度融合，提高科学技术哲学的实践应用水平。第一编“个人认识论”是当前国外尚未成熟的认知理论，还处于探索研究阶段，首次通过哲学和心理学的分析引进到国内，拓展认知科学的研究理论和领域。目前，个人认识论并没有形成完整的理论体系。各种个人认识论模型都是认知学者们基于皮亚杰的认识论研究传统，并以佩里的智力和道德发展模型为基础，进行拓展性的研究工作。这些个人认识论模型之间的关系是相对独立的、松散的。本编对个人认识论模型进行整理分析，力图寻找它们之间的联系与共性，为建立较为系统性的个人认识论理论体系，做了一些初步的研究工作。第二编“科技创新和系统管理的科学哲学应用”是结合当前国家治理的重要研究论题，以科学技术哲学方法论为基础，以科学合理性为主要线索，对当前国家治理中的热门论题进行研究。在科技创新和复杂性系统的视野下，运用国家高端智库的思维方式，为国家治理提供科学性的谋略研究。本编运用管理学、心理学、科学哲学、社会学的综合性交叉研究，对科技创新、国家治理、社会治理、系统管理理论、科学认知、大众认识的理论及其实践问题进行了一些探讨。

本书第一编“个人认识论分析”，是在我于中山大学攻读科学技术哲学博士的毕业论文基础上修改而成。在中山大学攻读博士的 3 年里，我得到了博士导师李平教授的严谨指导，论文前后修改了 12 次。感谢母校中山大学的培养，使我在毕业时，获得广东省教育厅颁发“广东省优秀学生（研究生阶段）”的奖励！感谢我的博士导师李平教授的教导！第二编“科技创新系统管理的科学技术哲学实践应用”，是我在清华大学深圳国际研究生院开展研究工作的 2019 至 2024 年间，运用科学技术哲学理论、科技创新、复杂性系统管理、智库战略思维为基础，结合当前国家治理的一些重要论题，依托粤港澳大湾区的制造业和经济发展背景，以及一些调查资料，综合研究而成。感谢清华大学为我提供的研究平台和资金项目的支持！

目录

第一编　个人认识论的分析

导读 ...3
前言 ...8

一、个人认识论的概况 ...11
1. 个人认识论是什么？ ...11
（1）个人认识论的定义与来源 ...11
（2）个人认识论的概念化 ...15
◎个人认识论的概念化的研究进路 ...15
◎个人认识论的观念导向形式 ...17
◎个人认识论的过程导向形式 ...20
◎个人认识论的几个重要的哲学概念的区分 ...21
2. 个人认识论形成与发展 ...23
（1）个人认识论的形成 ...23
（2）个人认识论的发展性研究 ...25
（3）个人认识论的未来研究路线 ...27
3. 小结 ...29

二、个人认识论主要理论模型 ...32
1. 智力与道德发展模型 ...32
2. 认识论反思模型 ...37
3. 反思判断模型 ...48
4. 论证推理模型 ...54

5. 认识论信念模型 ...60
6. 女性的知道方式模型 ...66
7. 小结 ...70

三、个人认识论发展研究的重要问题 ...73
1. 个人认识论主要理论模型的问题分析 ...73
（1）专业术语的概念问题 ...75
（2）维度 ...79
（3）认知发展阶段问题、年龄与教育的关系 ...81
（4）域特殊性与域一般性 ...83
（5）认知动机与认知变化 ...85
（6）性别、民族与环境的影响 ...87
（7）小结 ...89
2. 个人认识论与文化的联系 ...89
（1）个人认识论发展的跨文化研究 ...90
（2）认识信念及其文化影响 ...92
（3）个人认识论和性别文化的研究 ...94
（4）个人认识论和文化研究的未来发展 ...95
（5）小结 ...98

四、个人认识论的方法论和视域 ...99
1. 个人认识论的研究方法 ...100
（1）皮亚杰的研究方法对个人认识论的影响 ...100
（2）个人认识论的一些研究方法问题 ...103
2. 元认知视域与研究路径 ...104
（1）元认知的定义与发展研究 ...105
（2）从元认知视域看个人认识论 ...107
（3）小结 ...110
3. 心智理论视域与研究路径 ...111
（1）心智理论的定义与发展研究 ...111
（2）个人认识论与心智理论的关系 ...113

（3）元认知与心智理论的关系 ...119
（4）小结 ...120
4. 个人认识论的拓展研究 ...122
（1）个人认识论关于儿童认识发展的研究 ...122
（2）儿童和青少年的认识信念发展分析 ...125
（3）小结 ...129

五、个人认识论的教学实践应用 ...131
1. 个人认识论研究在学习和教学中的应用 ...131
（1）个人认识论与学习、教育的联系 ...132
（2）认识论信念与学习的关系 ...133
（3）个人认识论影响教育的发展 ...134
（4）学习与教育促进个人认识论发展 ...136
（5）小结 ...137
2. 个人认识论的维度与教学实践 ...138
（1）知识的简单性教学实践 ...140
（2）知识的确定性教学实践 ...142
（3）知识的来源教学实践 ...143
（4）知识的辩护教学实践 ...145
（5）小结 ...146

结语 ...149
中文参考文献 ...151
外文参考文献 ...152
后记 ...162

第二编　科技创新和系统管理的科学技术哲学应用

前言 ...167

高科技产业集群的科技创新驱动力 ...171
科技创新驱动粤港澳大湾区的制造业发展 ...186
大众认识与技术范式的影响促使中国农村模式改变 ...200
技术范式转变与工业革命源自科学认知的转变 ...213
中国科技创新的超大型工程 ...222
中国的人口人工智能发展和复杂性国家治理 ...238
新冠病毒传染病重大疫情控制的复杂性管理 ...257
“无为而治”管理思想的大众认识与自组织思维 ...274
从科学认知与复杂系统思维看孙子兵法的谋略 ...283
组织的理性模型的系统开放性和系统管理 ...298

第一编

个人认识论的分析

导读

个人认识论是研究知识本质与知道过程的一种认知理论。它论述了知识的基本性质，个人如何获得知识，认识信念是如何发展变化的，以及知识的建构过程。个人认识论从认知发展的视域来探究人的认识论信念，研究认知发展变化的哲学与心理学领域，它是关于个人对自己认识的知识的建构过程。在人的认知活动中，认识信念的改变是一个复杂的过程，这种改变受到社会、文化、大众群体、知识水平、语境限制、建构主义等因素的影响。个人认识论的研究，将哲学研究方法与心理学研究方法交叉结合，对认识理论进行解释。

个人认识论是在皮亚杰（Piaget,J.）的认知研究传统上发展而来的，起初的研究始于 20 世纪 50 年代，哈佛大学的认知专家们对大学生心理的研究。这个研究持续了 20 多年，主要是研究大学生的道德问题和认识信念演变问题。哈佛大学的研究通过各种心理实验、问卷调查、长时间的心理与行为的跟踪等研究方法，得出一系列大学生心理与认知过程的研究成果。专家们对大学生的道德标准、信念的标准进行研究，认为大学生的这种标准会随着生活环境的变化而产生改变。后来，教育心理学家沿着这个研究路径，从大学生的认知信念发展，扩展到中学生的信念发展研究，最后再扩展到学前儿童的信念变化的研究。这个研究进路的研究结果表明，在不同的年龄阶段，不同的教育环境、家庭环境和社会环境下，个体的信念发展显示出不同阶段性的模型特征。

个人认识论的研究对象主要是大学生，认知学者对大学生的认识发展深入研究。学者们论述大学生的认识信念发展演变，分析大学生认识信念从以自我为中心的主观主义开始，进而发展到信念的二元论，再到多元论信念，最后到成人阶段的相对主义信念的过程。

本编概述了个人认识论的定义与形成过程，个人认识论的概念化问题，个人认识论的未来研究。介绍个人认识论的6个主要理论模型，它们是智力和道德发展模型、认识论反思模型、反思判断模型、论证推理模型、认识论信念模型和女性的知道方式模型。论述这些模型有类似的起源和发展过程，它们围绕个人认识论问题分析说明和建立模型，极力解决个人认识论信念和发展的一般性问题。讨论个人认识论发展研究的问题，对个人认识论的主要理论模型的一些重要问题进行分析，论述个人认识论与文化的关系。对个人认识论的研究方法与不同视域进行剖析，从元认知与心智理论的视域看个人认识论，对儿童和青少年认知发展进行拓展性分析。论述个人认识论在教学实践中的应用，分析个人认识论影响教育的发展，论述个人认识论的维度与教学实践的关系。

通过个人认识论的研究，使我们懂得从感知世界到知识的确立是通过什么样的桥梁去连接。什么才是真的知识？知识可以有反思判断吗？这些有关知识的问题会在个人认识论中得到解答。个人认识论的研究，有助于我们分析认识观念和信念的形成，理解个人怎样去认识世界，如何拥有认识的理论和信念，个人的思维和推理是怎样受到认识过程的影响。个人认识论的研究，给认知科学提供了一个新的视域，进一步丰富发展认知科学理论。个人认识论的研究，也能给大学教学提供多种教学方法，改变教条主义、绝对主义的观点，对高等教育有很强的实践指导作用。另一方面，本编提出了关于个人认识论研究的未来展望，把个人认识论、心智理论和实验哲学三个研究领域汇合在一起，形成大众认识论研究，将给个人认识论研究带来更广阔的前景。

目前，个人认识论并没有形成完整的理论体系，各种个人认识论模型都是认知学者们基于皮亚杰的认识论研究传统，并以佩里（Perry,W.G.）的智力和道德发展模型为基础，进行拓展性的研究工作。这些个人认识论模型之间的关系是相对独立的、松散的。本编对个人认识论模型进行整理分析，力图寻找它们之间的联系与共性，为建立较为系统性的个人认识论理论体系，做了一些初步的研究工作。

An Analysis of Personal Epistemology Introduction

Personal epistemology is a cognitive theory that studies the nature of knowledge and the process of knowing. It discusses the basic nature of knowledge, how individuals acquire knowledge, how beliefs develop and change, and the process of building knowledge. Personal epistemology explores man's epistemological beliefs from the perspective of cognitive development, and studies philosophical and psychological fields in the development of cognition. It is about the construction process of individuals' knowledge of their own knowledge. In people's cognitive activities, the change of cognitive beliefs is a complex process that is influenced by factors such as society, culture, mass groups, knowledge levels, context constraints, and constructivism. The study of personal epistemology cross-links philosophy research methods with psychological research methods and explains cognitive theory.

Personal epistemology was developed in the tradition of Piaget's cognitive research. The initial research originated from the 1950s of the 20th century. The cognitive experts of Harvard University studied the psychology of college students. This study lasted for more than 20 years, mainly to study the problem of university students' ethical issues and the evolution of cognitive beliefs. Harvard University's research has drawn a series of research findings on the psychological and cognitive processes of college students through various psychological experiments, questionnaire surveys, and long-term psychological and behavioral tracking and other research methods. The experts studied the college students' ethical standards and belief standards, and considered that this standard of college students will change with the changes in various living environments. Later, educational psychologists followed this research path, from the development of college students' cognitive beliefs, to the study of belief development of middle school students, and finally to the study of preschool children's belief change. The research results of this research approach show that under different ages, different educational environments, family environments, and social environments, individual belief development shows different stages of model characteristics.

The research object of personal epistemology is mainly university students, and cognitive scholars have conducted in-depth research on the understanding and development of college students. Scholars discuss the development and evolution of college students' beliefs. They begin with the subjectivism of self-centeredness, and then develop into the dualism of belief, then the pluralism belief, and finally the process of relativist belief in adulthood.

This article outlines the definition and formation process of personal epistemology, the conceptualization of personal epistemology, and future research on personal epistemology. The six major theoretical models of personal epistemology are introduced. They are intellectual and ethical development models, epistemological reflection models, reflective judgment models, argumentative reasoning models, epistemological beliefs models, and women's ways of knowing models. Discusses these models have similar origins and development process. They analyze and explain the problems around personal epistemological issues, and try to solve the general problems of personal epistemological beliefs and development. Discuss the issues of personal epistemology development research, analyze some of the major issues in the personal theoretical theory of epistemology, and discuss the relationship between personal epistemology and culture. The research methods and perspectives of personal epistemology are analyzed, and the personal epistemology is viewed from the perspective of metacognition and mind theory, and an expanded analysis of the cognitive development of children and adolescents is made. This paper discusses the application of personal epistemology in teaching practice, analyzes the impact of personal epistemology on the development of education, and discusses the relationship between the dimensions of personal epistemology and teaching practice.

Through the study of personal epistemology, we understand how the establishment of the world from sensing to knowledge is connected through what kind of bridge. What is true knowledge? Can knowledge be judged? These questions about knowledge will be answered in personal epistemology. The study of personal epistemology helps us to analyze the formation of concepts and beliefs, understand how individuals understand the world, how to possess the theory and beliefs of understanding, and how individual thinking and reasoning are influenced by the process of recognition. The study of personal epistemology provides a new perspective for cognitive science and further enriches the development of cognitive science theory. The study of personal epistemology provides a variety of teaching methods for university teaching. Changes in dogmatism and absolutism have great practical guidance for higher education. On the other hand, this paper puts forward the future of personal epistemology research. We combine the three research fields of personal epistemology, mind theory and experimental philosophy to form a popular epistemology study. This is the future of personal epistemology.

At present, personal epistemology does not form a complete theoretical system. Various personal epistemological models are based on epistemological research by Piaget and are based on Perry's intellectual and moral development model. The relationship between these personal epistemological models is relatively independent and loose. This article analyzes the individual epistemological models and seeks to find out the connections and commonalities among them. It is hoped that a more systematic personal epistemological theory system will be established and some preliminary research work will be done.

前言

认识论作为人类知识构建的一种最重要的手段，长期以来一直是哲学家感兴趣的论题。从五六千年前的朴素认识论、神秘认识论、自然认识论等等，一直发展到今天的科学认识论，这是人类从自然认知到科学认识发展的一个漫长的历程。个人认识论是认识论的一个领域。它起源于 20 世纪 50 年代，形成于 80、90 年代，21 世纪到现在是个人认识论的理论发展时期。个人认识论研究的地区主要是在美国和欧洲发达国家，以美国的研究为主流。

个人认识论是在皮亚杰（Piaget,J.）的认知研究传统上发展而来的，起初的研究始于哈佛大学的认知专家们对大学生心理的研究，这个研究持续了 20 多年。主要是研究大学生的道德问题和认识信念演变问题。哈佛大学的研究通过各种心理实验、问卷调查、长时间的心理与行为的跟踪等研究方法，得出一系列大学生心理与认知过程的研究成果。哈佛大学对大学生的道德标准、信念的标准进行研究，认为大学生的这种标准会随着生活环境的变化而产生改变。后来，教育心理学家沿着这个研究路径，从大学生的认知信念发展，扩展到中学生的信念发展研究，最后再扩展到学前儿童的信念变化的研究。这个研究进路的研究结果表明，在不同的年龄阶段，不同的教育环境、家庭环境和社会环境下，个体的信念发展显示出不同阶段性的模型特征。

个人认识论从认知发展的视域来探究人的认识论信念，研究认知发展变化的哲学与心理学领域，它是关于人对自己认识的知识的建构过程。有关认识论的信念就是一种态度，它与元认知的发展相结合，形成一种认知变化的动态过程。个人认识论是心智理论的一部分，它阐述人类关于人的心理认知的知识，它也是大众心理学的一部分。个人认识论是关于人类心理知识建构的一部分，作为心理学的一个研究领域，它不像知识论一样，对人类知识进行分类。它是对知识本性的了解，不只是做哲学分析，还从人类知道的条件下做出研究，从心理结构方面来讨论。个人认识论关注的是认知发展的动态性研究，它根据认知发展的视域，从幼儿到儿童，再到青少年，最后发展到成年人的认知研究。早期个人认识论的传统研究，主要集中于大学生和青少年研究。随着研究的不断拓展，近年来已经发展到幼儿和儿童的个人认识论的研究。另外，跨文化和性别差异的个人认识论研究也不断地丰富这一领域。

目前，个人认识论的研究动态主要有三组学者从事不同的认识论研究。

第一组学者重点关注个体如何解释他们的教育经验。在佩里最初研究的引导下，这个领域的大多数学者提出认识论模型结构的发展模式。一部分人主要关注个体如何解释他们的教育经验。

第二组学者关注认识论假定如何影响思维和推理过程，集中于反思判断和论证能力。这些理论和模型有不同之处，取决于研究的焦点和受试群体，但对个体的知识和知道的信念有某些一致观点。

第三组学者在最近研究中采取这样一种进路，认为认识论观念是信念系统，观念是独立的，而不是反映了融贯的发展结构。这些信念影响学习的理解和认知，这种研究特别关注课堂学习。

个人认识论的研究关注 6 个一般问题 :（a）改进和推广佩里的认识发展模型 ;（b）发展评价这些认识论模型发展的更加简化的度量手段 ;（c）探究性别相关的知道模式;（d）考察认识论意识如何成为思维和推理的过程;（e）识别认识论信念的维度 ;（f）评估这些信念如何与其他认知过程和动机过程相联系。

本编的研究思路 : 概述个人认识论的定义与形成过程，个人认识论的概念化问题，个人认识论的未来研究。介绍个人认识论的 6 个主要理论模型，它们是智力和道德发展模型、认识论反思模型、反思判断模型、论证推理模型、认识论信念模型和女性的知道方式模型。论述这些模型有类似的起源和发展过程，它们围绕个人认识论问题分析说明和建立模型，极力解决个人认识论信念和发展的一般性问题。讨论个人认识论发展研究的重要问题，对个人认识论的主要理论模型的一些重要问题进行分析，论述个人认识论与文化的关系。对个人认识论的研究方法与不同视域进行剖析，从元认知与心智理论的视域看个人认识论，对儿童和青少年认知发展进行拓展性分析。论述个人认识论在教学实践中的应用，分析个人认识论影响教育的发展，论述个人认识论的维度与教学实践的关系。

本编对个人认识论进行探讨，以大学生对知识本质的认识，获得知识的过程，认识信念的变化为研究的核心。本编采用哲学研究方法和心理学研究方法，结合作者当前研究成果，给个人认识论以系统性和综合性的拓展研究。目前国内对个人认识论的研究很少，未见到在此方面的相关文献。因此，本作品对个人认识论的研究具有重大的意义，这项研究可以为国内的个人认识论研究奠定基础。另外，从个人认识论的特征来看，其理论主要是对大学生的认识发展做深入研究，有明显的实践意义，能给大学教学提供多种方法，改变教条主义、绝对主义的观点，对高等教育有很强的实践指导作用。个人认识论研究使人们了解大学生的认识信念发展演变，分析大学生认识信念从朴素实在论（自我中心的主观性）开始，进而发展到信念的二元论，再到多元论信念，最后到成人阶段的相对主义信念的过程。

个人认识论的研究，使我们认识知识获取的发展过程。知识是什么，来源于什么，拥有知识的前提是什么，我们如何构建知识的体系。从感知世界到知识的确立是通过什么样的桥梁去连接，什么才是真的知识，知识可以有反思判断吗，这些有关知识的问题会在个人认识论中得到解答。个人认识论的研究，有助于我们分析认识观念和信念的形成，理解个人怎样去认识世界，如何拥有认识的理论和信念，个人的思维和推理是怎样受到认识过程的影响。个人认识论的研究，给认知科学提供了一个新的视域，进一步丰富发展认知科学理论，这是一个既有意义又具有挑战性的工作。

一、个人认识论的概况

1. 个人认识论是什么？

（1）个人认识论的定义与来源

个人认识论是从认知发展的视域来探究人的认识论信念，研究认知发展变化的哲学与心理学领域，它是关于人对自己认识的知识的建构过程。有关认识论的信念就是一种态度，它与元认知的发展相结合，形成一种认知变化的动态过程。个人认识论是心智理论的一部分，它阐述人的心理认知的知识，它也是大众心理学的一部分。个人认识论是人类心理知识建构的一部分，作为心理学的一个研究领域，它不像知识论一样，对人类知识进行分类。它是对知识本性的了解，不只是做哲学分析，还从人类知道的条件下做出研究，从心理结构方面来讨论。

个人认识论关注的是认知发展的动态性研究，它根据认知发展的视域，从幼儿到儿童，再到青少年，最后发展到成年人的认知研究。早期个人认识论的传统研究，主要集中于大学生和青少年研究。随着研究的不断拓展，近年来已经发展到对幼儿和儿童的个人认识论的研究。另外，跨文化和性别差异的个人认识论研究也不断地丰富这一领域。

在霍费尔（Hofer,B.K.）与平切驰（Pintrich,P.R.）使用“个人认识论”这个术语之前，学者们在文献中使用各种术语来称呼这个松散、模糊和充满分歧的领域，包括“反思判断”“知道方式”“认识性认知”“认识论假设”“认识论信念”“认识论观点”“认识论理论”和“认识论”（Hofer,B.K. & Pintrich,P.R., 1997, 89）等。不同的学者会采用不同的术语。

在个人认识论的各种术语中，一部分术语具有认知结构的内涵（作为认知结构的个人认识论，如认识论假设、认识信念、认识论知识），另一部分术语则有认知过程的内涵（作为认知过程的个人认识论，如认识推理、反思判断、知道方式、认识论思维）。如果研究涉及的是抽象概念和观念，那么“个人认识论”这个构件是观念取向的。例如，布朗里（Brownlee）定义“认识论信念”为：“关于知道的信念，反映个体关于知识是什么，何以能够获得知识，知识的确定性程度与局限性，以及确定知识的标准的观点和看法。”如果表示个体怎样知道，这个概念构件是认识的过程取向。布朗里认为认识推理是“个体用于对待由竞争的知识主张所导致的怀疑的过程”。（Brownlee, 2001, 247）大多数学者将“个人认识论”这个概念看作是这两个范畴（认知结构和认知过程）的组合。有时，学者们对这两个范畴分开使用术语与定义。例如，用术语“认识风格”来表示个体做出判断或求解问题的习惯性过程和偏好的过程，最终来自于个体的知识论（即“认识假设”）。

个人认识论的含义具有历史性，在历史的含义上，佩里（Perry,W.G.）的认识论模型是根据大学生怎样构建感知到的重要的经验问题，这是依据他们的“认识论假设”构造前提而提出的。因此，这个模型混合了受试者（关于知识、价值和责任）的抽象假设和相关的理解。这个领域的另一个有重大影响的是反思判断模型。按照反思度量（RJM），某些“认识假设”（即关于知识性质的隐式一般假设）确定判断过程的某些阶段，即前反思的、准反思的和反思的阶段。这些学者以及其他学者论述了通过抽象观念构造和组织的推理形式。

佩里指出，认识论的发展是“智力发展与道德发展的模式”，这种模式是认知结构的组成（Perry,W.G., 1970）。哲学的个人认识论是对知识和人类认识现象进行的专业理论化的研究。心理学或认知科学关于认识论信念的研究（如“个人认识论”或“大众认识论”）就是关于非专业人士的认识论的经验探究。

个人认识论是哲学关于人类知识的本质和辩护的领域。心理学家和教育学家感兴趣于个人认识论发展和个人的认识论信念，他们研究大学生如何获得知识，如何持有关于知道的理论和信念，这些认识论前提成为思维和推理的认知过程的组成部分和影响因素的方式。（Hofer,B.K. & Pintrich,P.

R., 1997, 88）

一般来说，大学生如何看待知识和知道的“个人认识论”的模式是研究的重要方法。所有这些方法的共同点是认识论哲学领域的心理研究方法，这些方法专注于个人认为什么是知识，个人如何知道知识，如何构建和评估知识。

个人认识论是从认知发展的视域来探究大学生的认识论信念，它来源于皮亚杰的“发生认识论”。皮亚杰将自己关于儿童的认识发展的研究称做“发生认识论”，这是关注个体如何知道世界、对世界感兴趣而阐述的一种知识理论。这个理论的核心是强调个体如何重构认识者与认知之间的关系，是对认知过程的研究。自皮亚杰的“发生认识论”以后，西方哲学家和心理学家对皮亚杰理论不断地拓展研究。他们大多数都专注研究大学生关于知识和知道的观念，一般被称为个人认识论。佩里（Perry,W.G.）、霍费尔（Hofer,B.K.）、库恩（Kukn,D.）、平切驰（Pintrich,P.R.）等人从不同的视域、多种研究方法对个人认识论有开拓性的研究。

个人认识论是个体关于知识和知道的观念。个体如何看待知识和知道，一直在“个人认识论”的题目下根据几个特殊的纲领性进路来研究。所有这些进路的共同点是研究认识论这个哲学领域的心理学方法和进路，关注大学生的知识信念，个体如何达到知道的状态，知识如何建构和评价，等等。发展心理学家典型地最感兴趣于认识理解在时间上表现出来的模式化序列，教育心理学家更加关注认识信念如何成为大学生的思维和推理的认知过程的组成部分，如何影响思维和推理过程。科学和数学教育学家力图促进我们对域特殊信念的理解，对其他纲领性模型做出分析。个人认识论虽然有多种框架，但跨文化研究中共同使用的两个框架是认识发展和认识信念。（Hofer,B.K., 2008, 3）

个人认识论的起点是20世纪50年代佩里的研究工作。几乎所有现有关于认识论信念的心理学研究都可以追溯到佩里于20世纪50年代初在哈佛大学从事咨询的两项纵向研究。这些工作致力于大学生的知道和评价的抽象结构方面的发展模式。这个模式帮助大学生去理解他们的教育经验的启发式，以及认识论信念的多路线、多方向研究的平台。

在个人认识论里，认识论的信念是个重要的概念。何为信念？信念提供知识与错误，它们是真和假的载体。心理学、知识论及形而上学都是以信念为中心的，并且我们的哲学见解主要依赖于我们所采取的关于信念的观点。（罗素 , 2010, 231）

皮亚杰在 1950 年使用“发生认识论”这个术语来称呼他的智力发展理论，引起了发展心理学家对这个心理学与哲学交叉领域的兴趣。按照相似的路线，佩里在 1970 年力图理解大学生怎样解释多元论的教育经验，这种研究导致大学生认识论发展的理论。

从佩里在 1970 年的研究工作开始，认识论信念和推理的研究一直关注 6 个一般问题 :（a）改进和推广佩里的认识发展模型 ;（b）评价这些认识论模型发展的更加简化的度量手段 ;（c）探究性别相关的知道模式 ;（d）考察认识论意识如何成为思维和推理的过程 ;（e）识别认识论信念的维度 ;（f）评估这些信念如何与其他认知过程和动机过程相联系。

但是，这些个人认识论的模型很难达到意见一致，如认识论的维度，认识论信念是否具有域特殊性，这些信念如何与各个学科的信念发生联系，等等。此外，还没有试图在概念上整合早期皮亚杰传统关于认识论信念发展研究的更新的各种认知进路，识别需要解决的问题。

关于认识论发展的相联系研究开始于 20 世纪 50 年代中叶，有三组学者对个人认识论做不同的研究。

第一组学者主要关注大学生如何解释他们的教育经验。在佩里最初研究的引导下，这个领域的大多数学者提出认识论模型结构的发展模式。一部分人主要关注大学生如何解释他们的教育经验。

第二组学者关注认识论假定如何影响思维和推理过程，集中于反思判断和论证能力。这些理论和模型有不同之处，取决于研究的焦点和受试群体，但对大学生的知识和知道的信念有某些一致观点。

第三组学者在最近的研究中采取这样一种进路，即认为认识论观念是信念系统，观念是独立的，而非反映了融贯的发展结构。这些信念影响学习的理解和认知，这种研究特别关注课堂学习。

(2) 个人认识论的概念化

◎个人认识论的概念化的研究进路

个人认识论的知识和认知的概念一直有不同的名称，如认识论的目标信念、反思判断、认识方式、认识论的反思，这是一个宠大的知识体系。认识论的观点在许多学术文献有所论述，已被证明是学习的各种方式，影响我们生活中的推理和判断，并影响教学。然而，这项工作一直是以学生教育为主流的心理学和认知科学的发展研究。什么是个人认识论研究，它是如何概念化？在这里将做出解释。

越来越多的教育学家、教育心理学家感兴趣于学生的知识获得，认知信念是学习过程的一部分，而这些信念影响学生理解知识获取和认识构建过程。学生认为知识是如何产生，以及知识构建的过程等问题，成为理解学习的关键。

我们怎么理解自己所知道的，以及选择了什么知识？相信哪一种知识？培养高阶思维和认知能力做出理性判断早已是文科教育的特点，更深入地了解认识论的作用，成为智力发展的一部分，可以帮助我们对这些重要教育目标的研究开辟一条路径。然而，大多数研究表明，对知识的复杂的、批判性认识的立场是出现在成年期。

长期以来，对认识论语境感兴趣的是哲学家，心理学家的兴趣则是比较新起的。研究个人认识论概念，是沿着皮亚杰的发生认识论研究的传统而发展的。个人认识论的知识和认知研究计划与目标不同，研究的认识论信念名称也不同。

个人认识论的研究，虽然没有统一的术语，但探讨了学生对知识和思维的信念。个人认识论通常包括下列一些概念：信念关于知识的定义，知识是如何构造的，如何对知识进行评估，知识是如何会心地发生，等等。虽然“个人知识论”有自身的局限性，但这是一个为解决大学生的认识研究项目，提供较好的知识和认知观念的概念。(Hofer, B.K., 2001, 355)

个人认识论的各种研究方法表明，这些认知重要模型，其中各个思维模型的认识论理解已经被概念化。其一是说明一般情况下，对个人认识论关于知识的发展思路的系统化进展和了解。第二是个人认识论是系统的，有一些独立的信念。研究这些子集，是我们如何对概念化不同的看法和个人认识论的心理传统的总结。这些概念模型让我们思考什么样的教育才有意义。

我们研究一下命名与概念化的问题：多个术语同时出现在一个领域是常见的现象，有时多个术语可以互换使用，有时则不可以；不同术语的含义有时被说明，有时则是假定的。一些学者使用不同术语，但含义相同或相似。

总的来说，存在如下个人认识论的概念化进路：

认识论发展模型（下面章节详细介绍）

智力和道德发展模型

女性的知道方式模型

认识论反思模型

反思判断模型

论证推理模型

认识论信念模型

个人认识论的性质、维度和度量的一般理解也被其他的概念化进路促进其发展研究。认识论信念研究的先驱是史卓摩（Schommer,M.）。他假设了 4 个维度：知识结构、知识稳定性、知识来源、知识获得的控制和速度。她的经验研究工作产生其中 4 个因素。这 4 个因素根据朴素观点可以看作是确定性知识（确定的与试探性的和变化的知识划分），简明知识（作为孤立的清楚明白的信息知识与作为高度关联的概念知识的划分），快速学习（即学习快速进行与否和作为渐进过程学习的划分），固定能力（即不变智力与递增智力的划分）。第 5 个假设维度是知识来源。（Burr & Hofer, 2002，203）

史卓摩研究个人认识论的进路，特别是纸笔研究手段的发展，使一批学者开始清楚认识到认识论和学习之间的关系，这是认识论思维研究的一个重要方面。例如，关于知识性质的信念可以影响学习策略运用、认知处理和概念变化学习。但是，复制这个因素结构的困难以及构成认识论信念维度的看法分歧，导致对这种手段的修正困难。不过认识论信念问卷仍然是个人认识论（特别是教育心理学）的主要书面评价。

认识论理论与认识论的维度

另一种概念化的建议是大学生关于知识和知道的信念组织成为认识论理论，它是相互关联和融贯的命题形成的结构。这个模式保留史卓摩模型的多维性，但将这些维度和视角整合起来，依据现有文献来找出与认识论的冲突定义一致的那些维度。这些维度聚合为两个领域：知识的性质（人们相信知识是什么），包括知识的确定性和知识的简明性；知道构成及其性质（人们如何达到知道状态），包括知识来源和知识辩护。这样表征也有一定经验支持。对于佩里认识论模型重要的、关于学习和教育的信念，或对于史卓摩信念系统（模型）同样是重要的，关于智力和学习速度的信念不包含在这个特殊模型内，虽然和这个模型构件可以发生关系。知识的确定性涉及感知到的知识稳定性或不稳定性以及证据支持的强度（即知识是不变的、静态的，还是变化的、不断发展的？知识获得确定的支持，还是仍然存在怀疑的主张？）。我们关注知识简明性与知识的相对的相互联系（即知识是由叙说较小的、孤立的信息单元组成，还是由复杂、相互联系的概念组成？），知识来源考察评价知识的不同方法的相对价值。个体从依靠和信任外部知识来源（如权威人士）到个人经验的主观关注，再到协调允许真正建构知识的外部和内部来源的变化发展。知识辩护讨论个体用于评价知识主张的手段和工具。最初，辩护是没有必要的，随着时间推移，个体权衡竞争的主张，学习协调理论和证据的关系。各种维度概念化的认识论思维都可以有特殊的运用，特别在我们考察个人认识论与心智理论的关系时。

◎个人认识论的观念导向形式

个人认识论的观念导向形式是：认识论信念是关于什么的观念。常见是关于“知识和知道的性质”的观念。一些学者认为是关于“学习”或“知识获得”的观念。其他的术语和概念，如，获得完全确定的正确答案的能力，人们的认识能力依赖于他们确认知识的能力，像是“信念”“真理”“作为认识者的自我”“权威的性质”等。就认知形式、地位与范围而言，其他问题涉及这些观念的性质。传统上，这些观念作为单一结构（或类阶段水平）来建模，有隐含的地位，表示（域）一般知识。

一些学者挑战阶段模型，提出观念的单一形式。这些学者按照不同的概念维度来建模。史卓摩将之作为相对独立的信念系统来理论化。虽然有大量的维度研究，但非阶段性认识发展一直没有得到正式的验证。作为一种不允许阶段内变化的阶段模型与正统维度模型之间的协调和妥协，哈莫（Hammer,D.）提出认识论信念具有类理论的结构。最近，哈莫及其同事提出另一种方案：精致认知资源的结构。（Hammer,D. & Elby,A., 2002, 178）

这些观念的隐含地位长期没有受到挑战。如“认识假设”“认识论假设”“认识论形式”“隐式认识论”。例如，定义“个人认识论”是素朴的或直觉的信念。大多数研究就一般意义的知识（即域一般性的）而言来进行概念化，这涉及到那些观念的范围。最近关于更小范围的观念研究日益增加，典型的概念化是域特殊学科、域特殊判断、特殊主题，或语境敏感的范围。

基切驰（Kitchener,R.F.）指出关于“认识的”与“认识论的”的区分，他认为“认识的”和“认识论的”这些形容词有多种用法。在他看来，认识信念是关于认识现象的信念，即关于知识的信念，这等价于认识论。他还认为，认识论信念是关于知识的研究的信念。他的概念化方式是用这些形容词来描述个人认识论观念是关于什么。然而，还有一种可能用法是用这些形容词来描述这些观念是什么。（Kitchener, R.F., 2002, 92）例如，素朴信念是素朴的信念，直觉信念是直觉的信念，等等。同样，认识论信念是认识论的信念。

我们认为，“认识论的”是更常用的。“认识的”用于指大众关于知识的观念时，这个定义只是大致等价于认识论，并非所有大众关于知识的观念都属于专业认识论领域。相反，“认识论的”用于指那些观念是大众的认识论，那么它们必然或多或少模仿专业认识论学者的观念。

在这里，一般维度对于各种有影响的研究路线是共同的，这与认识论的哲学处理一致：知识的性质与知道的性质。一般维度可以进一步规定为4个维度。知识的确定性：从知识是固定的观念到知识是试探性的、暂时的和变化的观念；知识的简明性：从分离的信息的知识观念到作为高度相互联系的概念的知识观念；知识来源：从知识是来自外部权威的观念到作为认识者的自我的观念；知道的辩护：知识主张如何被评价，包括证据利用，权威和专业知识的运用和专家的评价。显然，后一个维度并非指观念（或认知结构），而是认知过程。可见没有区分本文所说的两种个人认识论形式。从观念导向的观点看，这个维度可以定义为对于大众来说，获得辩护的知识是什么。这个维度的个人认识论，大多数指关于知识和知道的性质的观念。然而，一些学者并非总是指向相同的含义。一些将个人认识论概念化为是关于权威，作为认识者的自我和知识依赖性的观念，所有这些都相应于知识来源（而不是知识的性质）。一些学者甚至没有统一的概念化。

关于学习的观念也不同于霍费尔（Hofer,B.K.）的解释。史卓摩的维度模型包含关于学习速度和学习能力的先天性的信念，这引起争论。史卓摩表达了这样的关注：这个争论不应贬低问题的重要性——关于学习的信念和关于知识的信念二者似乎对学习都有重要影响。（Schommer,M., 1990, 126）。我们同意霍费尔的评价：关于学习过程的信念不模仿专业认识论，因而不是理论上相关的。个人认识论研究者应该学习专业认识论学者的做法，划分出大众认识论的概念边界，确定哪些经验问题是相关的。（Hofer,B.K., 1997, 100）这就是霍费尔的研究工作为什么具重要性的原因。对于这个问题，我们需要尊重经验发现，关于知识和学习的观念是密切联系的。例如，如果个体要求定义知识，这些定义包含关于学习的观念，但是难以从个人认识论的研究中排除关于学习的观念。总之，专业认识论学者提出某些问题，做出某些结论，个人认识论研究者提出类似的大众问题和观察答案。

另外，关于“信念”与其他描述。我们至今一直主要使用术语“观念”或“认知结构”，原因在于我们认为这种术语是最中性的。其他学者使用假设、信念、观点、精细资源、理解、知识、倾向等术语。这种种刻画指的都是一定抽象形式的认知结构。因此，认识论信念指的是处理与专业认识论学者有关的问题的大众的抽象信念，典型是关于知识和知道的性质的信念。信念可以是隐式的或显式的、一般的或特殊的。没有太多理由去反对这种用法，用于描述统一整体形式的或正统维度形式的或类理论形式的认知结构。例如，霍费尔提出类理论的本体论，但他没有回避将其建议作为个人理论形式的信念。认识论信念则一直基本上被看作是稳定的、跨域的。我们认为，所有这些概念化都属于认识论研究，至少在大多数情况下，这些概念本身应该指认识论信念。

◎个人认识论的过程导向形式

在个人认识论的概念化研究中，还有一些研究是过程导向的概念以及双重导向（观念与过程导向）的概念构件。霍费尔认为，定义“发展认识论”是“人类意义如何在时间上和各种环境中演变”；“认识论立场”可以当作是“个体的教师如何从事他们的知道过程”；个人认识论研究“人们建构意义的过程”。这样，我们可以识别出三类过程导向的构件，即：关于断言的判断；显著的意义创造；独立的与分离的知道。（Hofer,B.K., 1997, 97）

第一类过程构件对于个体在面对命题（特别是关于特定主题的矛盾主张）时必须做出的判断。受试者回答问卷展示的断言的有效性，为什么各种观点方式冲突，为解决某个冲突的方案辩护的标准，受试者关于这些问题对自己的信念的确定性等方面进行建模。然而，一些研究关注单个类型的问题。例如，库恩（Kuhn,D.）集中考察关于断言的有效性的判断。第二类过程构件描述显著的意义创造，个体怎样理解个人意义问题。最著名的例子是自我塑造模型。第三类过程导向构件涉及最初由贝伦基（Belenky,M.F.）论述的知道方式。独立知道表示非个人的、不带个人色彩的、客观的、批判性的知道方式；并且力图从他人观点来进行理解。这些知道方式进一步当作是明显的、偏好的、性别差异的、个性相关的。它们的特征还表现在学习风格、知识和学习的进路、评价和构建知识的进路、理解和评价带来社会互动的断言和主张的过程。

过程导向构件在理论上与某些认识论信念联系着。例如，定义自我塑造时涉及对于“知道的境遇特征”的认识。定义认识的特性“最终来自人们的知识理论”。更好地定义过程导向构件的可能性是将它们作为基于某些认识论信念的知道方式来区分。最好的定义是非专业的业余认识论者模仿专业认识论学者所做的工作。传统认识论是“涉及知识主张的评价，也就是说，关于世界的各种主张的评价标准的分析”。从认识论学者的观点看，“知识分析的目标是要陈述命题知识的充分必要条件”。（Hofer, B.K., 1997, 102）因此，这种形式的个人认识论研究不仅涉及个体怎样知道，而且关注个体怎样评价和辩护某些主张和断言。第一种过程导向的构件（即关于主张的判断）指出至少如下 4 个维度相关的主张与评价：(a) 评价他人主张的有效性；(b) 说明主张竞争的原因和理由；(c) 评价人们自己关于某个问题的信念的确定性；(d) 确定为主张辩护的标准。最后一个维度涉及客观的（证据、似然性、融贯、说话者的声誉）和主观的（直觉、情绪、诚信）标准。这类判断的称呼很多，如反思判断、认识性认知、认识性思维等。但各种术语定义混乱，因此我们建议一个新术语"认识论判断"，定义为：大众模仿专业认识论学者做出的判断，通常属于某些主张和断言的评价和辩护。

◎个人认识论的几个重要的哲学概念的区分

(a) 认识的与认识论的。个人认识论的一个重要问题是如何定义这个领域，特别是个人认识论的认识论部分。人们容易指出认识论是知识理论。这种理解的一种方式是区分两个层面：认识层面与知识论层面。假如理论应当作表征来建构，那么知识理论（即认识论）是知识的表征，这种表征方式在元认知水平上。这种认知与元认知的区分有密切关系，正如元认知是认知的表征一样，认识论是知识（认识）的表征。事实上，认识论可以看作元认识或元知识。总之，有关认识论的讨论中，这些水平和层面需要区分。

发展心理学者谈论认识论信念时会产生混淆，有时指关于认识论的信念（如关于认识论的实质、意义和方法的信念和学说，有时指关于知识或认识的信念。(Schommer,M., 1994, 30) 同样，库恩使用元认识（指认识论）和认识论的元知道（指关于认识论的知识，属于元认知水平）两个术语，遗憾的是她倾向于二者的等同。(Kitchener, R.F., 2002, 93)

这不是纯粹的术语或语义学问题，如果没有区分，容易发生几种错误：可能错误看待主题，不清楚研究的究竟是儿童的知识，还是儿童关于知识的认识，或者儿童关于认识论的理论。其次，正如认识论学者柯士顿 (Alston,W.) 指出，我们必须区分认识论层面，否则容易认为，如果某人知道某物，则此人具有这种知识的理论（或知道某人知道某物）。这会导致无穷倒退。(Alston,W., 2005, 10)

(b) 认知的与认识的。主体表征某物时（如具有关于某物的信念），这种表征状态可以称之为认知，即关于某物的意识。这不能推出被认知的事物存在或者这种认知是真的（尽管正统上说认知有命题内容或意向性对象，即认知关于的事物）。显然，人们可以具有假的信念（认知）。在这些情况下，我们可以谈论个体的认知，而不是谈及个体的知识。总之，认知比知识状态要弱，在知识分析中，知识还需要其他两个必要条件：真；辩护或证据。因此，我们要谨慎对待我们谈论的大众认识论各个方面的方式，认识性认知是关于认识知识的认知表征，不是关于认识的知识；认识论是关于认识知识的理论认知，不是关于认识的知识。因此，我们必须区分真正知道的知识与纯粹表征的认知，这种表征可能是知识的一种情况，关于知识的认识；也可能只是关于知识的认知。元知道不同于元认知，虽然后者是前者的一个子集。因此，定义元知道为"以认知为对象的认知"是错误的，它将知道与认知等同起来。（Kitchener,R.F., 2002, 94）

（c）第一人称与第三人称的观点。认知科学家研究我们所谓的认识主体（如儿童或黑猩猩），将某个特殊理论归属到这个主体。认识主体的这种观点是第一人称的观点，相信某人从内部观点看的事物。认知科学家说"他相信某某事物"，是将某种理论归属到认识主体。这种归属是第三人称的观点。当然，认知科学家相信该认识主体有某些信念，这个特殊信念来自第一人称观点；这时该认知科学家说"我相信我的主体信念"。同样，认识主体拥有的知识（或信念）与研究者拥有的知识，也有这种区分。皮亚杰论述发生认识论（个体中知识如何发展）时，他提出的是关于认识主体所知道的知识的理论，他不是在主张这个理论是认识主体的知识理论。

谈论个人认识论的认识观点，必须清楚谈论谁的认识论和知识，是认识主体的还是认知科学家或研究者的。认识论学者可以归属知识于认识主体，此时认识论学者拥有某个知识理论，但不能只是因为认识主体知道某物（拥有知识）而推导出认识主体拥有某个知识理论。

认识论学者和认知科学家不是归属知识于认识主体，而是归属某个知识理论（认识论）。这时，认识论学者和认知科学家有自己的知识理论，这种理论是他们归属某个认识论于认识主体（本身也是认识论者）的基础和依据。（Kitchener,R.F., 2002, 95）

2. 个人认识论形成与发展

（1）个人认识论的形成

早在五千年前，希腊人就认识到生活具有时空性，是一个发展的维度。个人的观念、信念、理论会随着时间的推移而改变，知识随着世界的发展而变化。不仅如此，个人的观念、知识本质和他们的认识论也随时间而变化。个人认识论就是一个知识的理论由个人随着时间的推移而构建。但是个人认识论究竟是什么，它是如何被研究的，并对此进行解释，对此进行了认知获取？认知灵活性是持续讨论和反思的问题。同样，个人认识论与传统哲学认识论之间的关系也是一个值得探索的问题。近期个人认识论研究的蓬勃发展已经形成了广泛的一系列教育学和心理学研究以及对这一领域的各种理论方法的探讨。（Kitchener,R.F., 2011, 79）这些研究包括认识性认知、认识论阶段理论、认识论信念、认识论理论、认识论资源、认识论知识、民间认识论等。

认识论是五千多年来哲学的主要领域之一，至少可以追溯到柏拉图时期。在这个历史时期已经塑造了知识分子的认识论观念，产生各种认识论立场。在这里要澄清哲学概念问题及其转向，概念分析的工具和方法已经有很大的发展。因此，我们应该澄清个人认识论与传统哲学认识论之间的关系转向。

传统哲学认识论的概念化是 20 世纪的哲学家所构建的。这将为我们提供有利于观察个人认识论及其观念的条件。通过传统的哲学认识论研究，我们可以比较哲学家的认识论，如柏拉图、亚里士多德、培根、笛卡儿、莱布尼兹、洛克、伯克利、休谟、康德、米尔，以及 20 世纪欧洲大陆和英国、美国哲学家的理论。这样的传统哲学当然是真正的认识论，可以定义为“人类知识的起源、性质、限制、方法和辩护”（Hofer,B.K., 2002, 4）。但值得注意的是，按照传统的想法，这样的认识论就要做到以纯粹的哲学方式展开。这意味着认识论是哲学的知识理论，而不是科学的知识论。这是笛卡尔、康德等人明确设定的，20 世纪哲学学派大多数都广泛接受这样的观点。这个说法的依据是以下几个基本假设：

（a）必然的真理（事实是真实的，例如数学知识）和偶然的真相（事物是真相的，但不一定是真理的，例如特定的科学事实）有很大的区别，哲学提供必要的知识，科学提供偶然知识。

（b）哲学提供了一个前所未有的先验知识（独立于后续知识的命题）和后验知识（命题被称为后续实证验证的结果）。

（c）规范性和经验性之间有明显的区别，而哲学是规范性的，科学是经验性的。

（d）科学必须是绝对一定的、无可指责的、无可比拟的，而哲学可以提供它们绝对经验。

（e）哲学可以做到这一点，因为它采用了明显的哲学方法（例如直觉、逻辑推理、超验主义、概念分析和现象学描述），这是非经验的。（Kitchener,R.F., 2011, 85）

简而言之，哲学是历史经验的一部分，它运用哲学方法，可以提供必要的、先验的、规范的科学基础。因此，它可以构建一个完全哲学的，没有（或很少）依赖科学事实的知识理论。因此，将会对个人认识论和它的相关概念进行研究，并对比传统哲学认识论的不同之处。

随着认知研究的不断发展，20 世纪 50 年代皮亚杰创立了“发生认识论”。佩里在皮亚杰的认识论研究传统上，以认识信念的发展为核心，创立了智力和道德发展模型。

学术界一般认为，佩里的智力和道德发展模型是个人认识论的初期理论。而佩里的认识论是基于皮亚杰发生认识论研究传统基础所进行的创新性认识研究。皮亚杰的认识论研究是在 20 世纪 50 年代初期，而佩里的认识论研究是从 1950 年到 1970 年，进行了近 20 多年的认识论发展追踪研究。当时他们的研究只称为“认识论”的研究，并未形成“个人认识论”这一术语。

必须指出的是，有学者认为个人认识论受到自然主义认识论的影响。但我认为，作为个人认识论的早期理论，佩里和皮亚杰的理论都比自然主义认识论（W.V.O. 奎因于 1969 年提出）出现得早。所以，早期的个人认识论是不受自然主义认识论影响的。而只有在 20 世纪 70 年代后发展的个人认识论理论才会受到它的影响。

佩里在 1970 年建立了他的智力和道德发展模型，他调查了大学生对知识和知识性质的信念和思考。这一认识发展模型的建立，引起了很多认知研究学者的关注。学者贝伦基（Belenky,M.F.）、金格（King,P.M.）、基切驰（Kitchener,R.F.）、霍费尔（Hofer,B.K.）等都加入了认识论发展研究这一阵营。佩里早期的认识论发展研究得到了很多认知专家的认可，佩里的认识论理论也就成为个人认识论研究的早期理论。个人认识论就在这个基础上形成了。

从佩里和皮亚杰的认识论研究方法的视域来看，他们的研究明显地有别于传统的哲学认识论研究方法。他们的认识论方法更加具有科学性，因为其理论是建立在经验性的基础上。佩里对大学生的认识信念研究，运用了几千个样本，对大学生进行长达 20 多年的访谈与调查，最后整理实验数据而得出认识论的理论。他的认识论研究是一种科学检验的实证研究，在这方面，与传统的哲学认识论研究方法不同。例如，哲学认识论的超验主义、直觉主义、现象学描述、逻辑推理等方法，很多都是非经验的。我认为佩里和皮亚杰的认识论研究方法是对哲学研究方法与心理学研究方法的交叉应用。

（2）个人认识论的发展性研究

佩里在 20 世纪 50 年代至 70 年代，建立了个人认识论的基础理论。他在哈佛大学进行了两项纵向研究，描述了“知道和评价的抽象结构方面”的认识发展模式。（Hofer, B.K. & Pintrich,P.R., 1997, 90）佩里以这种认识发展模式来解释大学生的道德思想发展和认识论信念问题。

在 1970 年之后，认知专家们在佩里的研究基础上，关注认识论的一般问题，并形成了认识论的研究进路。学者们建立了多个认识论发展模型，但是这些模型对认识信念并没有达成一致的意见。在个人认识论的发展时期，认识论领域会出现多元主义的认识观念，各种认识论发展模型的理论又相互关联，我认为这是一种理论在发展时期出现差异与协同的现象。

在认识论的发展研究中，很多学者开始使用“个人认识论”的概念。

随着研究的进一步拓展，“个人认识论”的术语就形成了。这个术语取代了以往皮亚杰和佩里使用的“认识论”概念，个人认识论的理论便得到进一步的研究拓展。

认知学者们在佩里的智力和道德发展模型的基础上，指出该认识论模型的缺陷，从不同的视域对个人认识论发展模型进行研究。在目前学术界中，一般都承认如下几种个人认识论发展模型：智力和道德发展模型、认识论反思模型、反思判断模型、论证推理模型、认识论信念模型、女性知道方式模型。这些个人认识论发展模型各具特色，从不同的视域对认识论信念的变化和知识建构进行解释，对知识的性质和获得知识的过程做出探讨。

从 20 世纪 70 年代至现阶段，个人认识论的理论不断丰富和发展。学者们从认识模型的结构和发展变化到关注认识论假定如何影响思维和推理的研究，再到认识论信念系统是否可以独立的研究。在此时期，认知专家们试图将个人认识论结合心智理论和实验哲学一起研究，认识论发展形成了个人认识论、心智理论和实验哲学的汇合，这种汇合称为大众认识论。这是个人认识论研究发展的一个重要进程。

何为大众认识论？大众认识论可以定义为存在于平均人之中关于知识的（普通的或大众的）常识理论。与大众心理学、大众物理学、大众生物学一样，大众认识论可以看作我们关于知识本质的、朴素的、“未受教育的”观点和看法。如同大众心理学是我们日常的、常识的心智理论一样，大众认识论是我们日常的、常识的知识理论。大众认识论以成熟的形式存在于成人之中，但经历了个体认识的发展过程，从幼儿认识作为原始的观点，到学龄儿童和青少年的认识形态，最后达到成人的、成熟的常识认识论。发展学者关注理解这种大众认识论如何从儿童到成人的发展演变过程。（Kitchener,R.F., 2002, 90）应当指出，大众认识论不属于科学认知范畴。何为科学认知？科学认知研究科学活动所涉及的认知过程：科学家怎样进行推理；科学家怎样提出、发展新的理论；科学家怎样处理材料与理论的矛盾；科学家如何在竞争理论之间做出选择。（李平 , 2004, 33）可见大众认识论研究的是通常的大众意识与心理活动，它是一种日常的认知，不一定具备科学性。但是，科学认知则是科学家建构知识的活动，它是具备严谨的科学性的。

大众认识论是心理学（或认知科学）与哲学交叉的研究领域，主要由个人认识论以及心智理论和实验哲学关于认识直觉的研究汇合形成。它指的不是学科分支领域，而是研究对象领域。因此，大众认识论范畴首先指的是日常生活中可识别的认识论现象构成的类，而不是哲学认识论观念的通俗化和大众化。

大众认识论领域的形成，是个人认识论的形成、发展，以及与其他独立发展起来的研究纲领汇合的产物。个人认识论产生的起点和形成的两个阶段，是大众认识论的主要研究纲领、研究传统、研究进路或研究路线的主要依据。

我们将大众认识论研究领域的形成过程分为两个阶段：个人认识论的形成时期与个人认识论发展与汇合时期。“有许多研究纲领考察学生关于知识和知道的思维和信念，包括知识的定义，知识如何建构，知识如何评价。”（Hofer,B.K. & Pintrich,P.R., 1997, 91）这些研究纲领利用不同的定义、概念框架和方法论来考察大学生的认识论信念和认识论思维。

（3）个人认识论的未来研究路线

把个人认识论、心智理论和实验哲学三个研究领域汇合在一起，形成大众认识论研究，是我们对个人认识论研究发展的期待。也就是说，个人认识论的发展，不能单独在一个领域里探索，要与心智理论和实验哲学进行跨领域的交叉研究，这三个研究领域汇合成为大众认识论。大众认识论是个人认识论未来的发展走向。

但是，要很好地把三个研究领域汇合在一起是一件很困难的工作，目前还没有文献专注于这项研究。为此，本作品只聚焦于个人认识论的研究，对于大众认识论则只做未来的研究展望。以下简要地介绍大众认识论的研究初探。

大众认识论关注的是成人认识信念，是我们思考自己和他人信念的各种认识性质的日常能力，它阐述什么是真的信念、知识与信念的关系。最初的大众认识论研究对象只是成年人。大众认识论的研究大概有三个进路：个人认识论、心智理论和实验哲学。在初始阶段，这三个研究进路是独立发展的，它们各自有不同的研究方法和思路，分别形成不同的研究成果。

大众认识论给从事认识论研究的哲学家与从事认识论研究的心理学家和教育科学家之间提供了桥梁和界面，属于跨学科的领域，是认识论的经验研究，一些哲学家可能反对这种认识论的经验研究，但它是发生（发展）认识论的组成部分。我们应该对认知科学（一般地）和认知心理学（特殊的）的经验成果和理论成果持开放态度，哲学认识论学者正日益关注大众认识论。我们期待越来越多的心理学家根据各自不同学科的兴趣和方法来考察大众认识论。

研究者有必要仔细地、系统地检查这个领域使用的认识论概念。正如基切驰指出，不同研究者使用不同术语来称谓相同的东西，甚至采用很多矛盾的方式来阐述他们的基础认识论概念，如客观主义、理性主义、实在论、怀疑论、评价论、建构主义等等。如果我们理解认识论发展，认识到认识论发展具有不同阶段的特征，我们就必须采取自我意识的方式来考察这些认识论概念。（Kitchener, R.F., 2002, 102）

个人认识论是大众认识论最早的研究进路，这个进路沿着皮亚杰的认知研究传统发展而来，起初的研究始于哈佛大学的认知专家们对大学生心理的研究。该研究持续了 20 多年，主要是研究大学生的道德问题和信念演变问题。哈佛大学的研究通过各种心理实验、问卷调查、长时间的心理与行为的跟踪等研究方法，得出一系列大学生心理与认知过程的研究成果。哈佛大学对大学生的道德标准和信念的标准进行研究，认为大学生的这种标准会随着生活环境的变化而产生改变。后来，教育心理学家沿着这个研究路径，从大学生的认知信念发展，扩展到中学生的信念发展研究，最后再扩展到学前儿童的信念变化的研究。这个研究进路的研究结果表明，在不同的年龄阶段，不同的教育环境、家庭环境和社会环境下，个体的信念发展显示出不同阶段性的模型特征。

必须指出的是大众认识论与个人认识论常常会交叉在一起研究。目前国外从事大众认识论研究的有发展心理学家、教育心理学家和教育学家。沿着皮亚杰的认知研究传统，认知科学中有三个研究纲领研究大众认识论现象。

第一个研究纲领：作为成年人，我们拥有许多关于知识的观点。知识是什么，来源于什么，拥有知识的前提是什么？个人认识论的研究者认为，这些观念是反思可通达的，在青年期发展成熟，研究者利用基于问卷的方法探究青少年的这些观点。

第二个研究纲领：根据研究者的专业化以及研究的主题而有别于第一个研究纲领，主要由认知取向的哲学家进行，特别是实验哲学家。这个传统不是关注受试者讲述的或赞同的知识理论，而是关注受试者做出的、关于特定主体（在哲学的思想实验中描述的主体）是否知道或不知道某个命题的特殊判断——我们将这些判断叫做“大众认识直觉”。

第三个研究纲领：关于大众认识论现象是作为大众心理学组成部分的大众认识论的认知早期发展。大众心理学研究主要关注儿童预言和解释行为的心理化运用，关注信念归属而不是知识归属。对大众认识论特别感兴趣的心理学家关注信念归属的规范方面而不是解释方面，关注儿童的知识归属以及他们对于知识的默晦理解，关注儿童思考证据及其与信念关系的能力。这个方向的研究考察婴儿的证言监视的发展。

发展心理学的拓展性研究对大众认识论形成有很大作用。发展心理学有两个研究方向，即儿童的心智理论和青少年的认识论发展。这两个方向最近汇合形成一个新的领域即大众认识论。学者们从儿童的心智状况的变化、儿童的认知发展过程，到青少年的认识发展变化过程，从绝对主义到多元主义，再到相对主义等认识的变化，探讨一系列的认知问题，对大众认识论进行发展性的研究。

3. 小结

认识论作为人类知识构建的一种最重要的手段，长期以来一直是哲学家感兴趣的论题。从五六千年前的朴素认识论、神秘认识论、自然认识论等，一直发展到今天的科学认识论，这是人类从自然认知到科学认识发展的一个漫长的历程。

从研究方法来看，个人认识论与以往的认识论最大的区别在于，个人认识论以科学的实验结果为理论基础，而以往的认识论理论大多是靠哲学思辨为主要的方法，未能建立在逻辑经验与推理的方法上。

一般认为，个人认识论是建立在皮亚杰 20 世纪 50 年代的“发生认识论”的基础上。随后，佩里在个人认识论上做出了基础理论的整合与建构。后来马戈达、史卓摩、平切驰、金格、库恩、霍费尔等人进一步发展了个人认识论。最开始研究个人认识论的只有哲学家，后来认知心理学家和教育心理学家加入了研究阵营。

对于个人认识论进行定义，是一个困难的问题，不同的认知学家的定义有所不同。我认为霍费尔的定义较好，她认为个人认识论“是哲学关于人类知识的本质和辩护的领域，描述个人的认识论发展和个人的认识论信念”。（Hofer,B.K., 1997, 88）但必须指出，个人认识论与个人认识是两个不同的定义，个人认识论是一个系统性的认知理论，它是一个理论体系，以科学的实验结果为理论基础，因而是一种科学的认知理论。而个人认识只是自然人对知识的一种认识，它属于大众认识的范畴，不一定具备科学性，只是个体的认知行为。它可以是自然的、神秘的、虚妄的、歪曲的认识。大众认识则是组织群体里的多数人的个人认识的共同集合，“大众认识受到组织群体的文化、经济、习俗、宗教、生活环境等因素的影响”。（汤治成，从大众认识与自组织看“无为而治”的管理思想，2017，31）

个人认识论与大众认识论有密切的联系，个人认识论的发展性研究，最终要拓展到大众认识论的研究。因为大众认识论的形成，是个人认识论的形成、发展，以及与其他独立发展起来的研究纲领汇合的产物。个人认识论是大众认识论研究的一部分，也是大众认识论最早期的研究进路，其他两个研究进路是心智理论和实验哲学。个人认识论研究的成果会进一步加深对大众认识论的理解。大众认识论研究的对象大都是青少年和成年人，对儿童和幼儿的研究样本较少。个人认识论有专门研究儿童和幼儿期的认知信念发展的调查，特别是个人认识的发展起源和元认知。这些幼儿和儿童的个人认识论发展研究会进一步充实大众认识论的研究，为大众认识论提供理论的辩护。

个人认识论与传统哲学认识论之间的关系是一个有研究价值的论题。

它们两者具有共同点，就是个人的观念、信念、理论会随着时间的推移而改变，知识的构建也会随着个人所处环境的变化而改变。从这一点来看，认识论其实是一个动态的过程，这个过程是与功能主义和构建主义相关的。但是传统的哲学认识论是用哲学研究方法来进行研究，它经常以思辨的方法为主，很多结果缺乏实验或事实的检验，它也可以用非经验的方法去研究。然而，个人认识论则不同，它是一种哲学、心理学、教育学交叉研究的领域，研究以实验检测为基础，用科学的实验方法来研究，它具有很强的科学性，是一种科学的认知。大多数的个人认识论研究方法符合科学检验标准。

另外，澄清认识的与认识论的、认知的和认识的、第一人称与第三人称的观点等概念对个人认识论研究是必要的。

一般来说，对认识论语境做研究的是哲学家。但近年来，认知心理学家和教育心理学家也涉足这一领域。在个人认识论的研究模型中，各种关于认识论的理解已经被概念化。个人认识论的研究是一种系统性的研究，可以看成是各种不同信念子集的汇聚。因此，研究必须对概念化和个人认识论的心理传统研究做出总结。弄清认识论的维度，个人认识论的观念取向形式对于个人认识论的拓展性研究有重要的意义。

二、个人认识论主要理论模型

佩里的认识论智力和道德发展模型建立了个人认识论的理论基础，佩里的研究遵从皮亚杰认识论的研究传统。但是，佩里的认识论研究只是个人认识论的雏形理论，其理论存在很大的局限性。后来的认知心理学家与哲学家们发展了佩里的认识论，他们以佩里的智力和道德发展模型为理论基础，从不同的研究视域、不同的研究方法，建立了各种认识论模型。这些认识论模型被霍费尔称之为个人认识论的主要理论模型。

个人认识论的主要论题是大学生的认识论信念及其变化过程。个人认识论理论模型研究大学生的认识发展过程，从不同的层面解释大学生对知识本质特征的探究和知识的建构；对传统认识论和知识的经验性的看法；知识是否具有确定性；以及大学生关于知识的知道方式；个人通过什么途径去认识知识，用什么方法去获得知识等等。在认知科学领域，一般认为有 6 个认识论理论模型被大多数认知学家和哲学家广泛接受。这 6 个主要的认识论模型是智力和道德发展模型（Perry,W.G., 1970）、认识论反思模型（Magolda,M.B., 1992）、反思判断模型（King,P.M., 1994）、论证推理模型（Kuhn, D., 1991）、认识论信念模型（Schommer,M., 1994）和女性的知道方式模型（Belenky,M.F., 1986）。这些模型有类似的起源和发展过程。这些模型具有代表性，它们围绕个人认识论问题分析说明和建立模型，极力解决个人认识论信念和发展的一般性问题。

1. 智力与道德发展模型

个人认识论的研究可以追溯到 20 世纪 50 年代，佩里是这个研究领域的先驱。佩里沿着皮亚杰认识论阶段性的发展传统对认识的形成与发展进行研究。当时佩里研究的主题是大学生的思想道德的发展情况，大学生在大学的学习中，思想道德有什么样的变化，以及大学对大学生的思想道德教育问题。佩里以思想道德的发展过程为线索，在美国哈佛大学的认知研究机构里，以大学生为主要的研究样本，进行了 20 多年的跟踪研究，创立了认识论的智力和道德发展模型。但是，当时佩里的研究只是有关大学生的思想道德的认识论，还没有形成系统性的个人认识论。后来的认知科学家、哲学家们认为佩里的智力与道德发展模型含有个人认识论的理论特征，并把它作为个人认识论的基础理论。在学术界，一般把佩里作为个人认识论的先驱。这一认识发展模型的创立，是个人认识论发展研究的重要里程碑，它为以后的个人认识论研究贡献了重要的理论基础。

佩里的研究方法是针对大学的多元化智力和社会环境具有不同的教育影响，收集对学生经验的描述性叙述。为了选择一系列的学生进行初步访谈，他制定了一份文书，他称之为教育价值观清单问卷（CLEV）。佩里基于对威权性人格研究的清单问卷和认知变化的信念工具，根据学生对相对主义世界观的反应差异，提出他们在大学取得的成绩很大程度上归功于个性。清单问卷上的问题，包括“关于科学课程的最好的东西是大多数问题只有一个正确的答案”之类，在目前的认识论信念研究中是完整的。（Schommer,M., 1990, 500）。

佩里在 1954 至 1955 年，为 313 名大学一年级学生随机抽取了清单问卷，然后邀请了 31 名学生（27 名男性、4 名女性）进行年度访谈，面试的目的在于鼓励学生用他们自己的语言表达他们的经验中突出的地方。阅读这些早期访谈的成绩单，佩里和他的工作人员得出结论，大学生解释他们的世界的方式不是一种个性问题，而可作为逻辑上连贯的认知发展过程的证据。

基于这些访谈，佩里和他的同事概述了一个智力和道德发展计划，其中包括一系列的 9 个职位，以及提供从一个级别到另一个级别转变的过渡步骤。然后发起第二个纵向研究以验证该计划，随机选出一组 109 名大学一年级学生（85 名男性、24 名女性），以 1958 至 1959 年、1959 至 1960 年的入学课程为研究对象。这项研究的结果，显示女性经验基本上符合发展计划。

佩里的智力和道德发展模式假设的水平称为“状态或位置”而不是阶段。他没有主张这是一种模式发展过程，这个模式本身和固有的发展机制与其他皮亚杰式的认识发展模式相同。这些状态表示一个层次整合结构的不变序列。变化通过认知不平衡发生；个体与环境互动，对新经验做出反应，或者同化现有的认知框架，或者适应或迎合框架本身。这 9 个位置一直归结为四个顺序范畴：二元论、多样性、相对主义、相对主义内部承诺。这个基本模式见表 1、表 2（第三章第 1 节）。

二元论。位置 1 和 2 表示一种二元论的、绝对主义的、是非分明的世界观，期待权威知道真理并传播给学习者。

多样性。位置 3 表示二元论的修正，开始认识到多样性和不确定性。权威有不同看法，尽管一直没有正确答案，但真理是可知的。到了位置 4，二元论再次被修正；这时在权威领域之外，没有绝对的答案。在这个位置的个体倾向于认为所有观点都同等有效，每个人都有权发表自己的意见。

相对主义。位置 5 是这个图式的转折点，个体从二元论的世界观发展到相对主义的观点，期间不断通过修正而向前发展。自我知觉的重要转变促进了信念的改变。在位置 6，个体将知识看作是相对的、有条件的、语境的，开始认识到需要选择和做出自己的承诺。

相对主义内的承诺。从第 7 到第 9 个位置的发展，反映了对责任、契约的关注以及在相对主义内做出承诺。个体对价值、事业、人生、关系和个人认同有所承诺。在这些位置上的发展是定性的，而非结构性的。

我们进一步探究佩里的认识论发展观念与大学生学习之间的关系，他后来猜测在认知风格、学习策略和信念发展之间可能存在某些关系。他假设指出，大学生关于知识的性质和权威的作用的观点的变化导致他们的学习方式的可观察变化，并表现为学习和认知方式的变化。（Perry,W.G., 1970, 208）

佩里是第一个建议大学生去理解他们的教育经验的学者，他认为信念不只是个性的反映，而且是一个不断发展的过程。他提供了一个互动模型来解释学生对大学环境的认识论反应。该计划的一个重要贡献是阐述二元论、多元论和相对主义论的观点，表征了许多大学生的认识论情景。佩里的研究工作的普及使得这些层次的学生的教学更容易被接受。佩里为他人制定了一个课程，并继续帮助那些试图进一步学习的人。

然而，原始研究存在许多不足。佩里注意到几个参与者都是来自同一所大学的学生志愿者，在该计划的研究中作为访谈员，并且根据该计划本身的数据进行验证。此外，样本主要由1950年代在哈佛大学学习的白人精英、男大学生组成。这种单一样本受到学者们的批评。

正如佩里和其他人指出的那样，该计划的较低职位比上层职位有更明确的认识论，“从空间认知重组观念和审美评估”（Perry,W.G., 1970, 205）。因此，虽然从二元论到相对主义的认识论转变是相当清楚的，但是如何解释这些位置之外的知识尚不太明确。在后来的工作中，佩里运用了实验结果与他的认识论计划相比较，并指出，在承诺的确认中，“认识论、知识发展，相互联系”。还有人担心这些反应是否形成真正的结构性发展过程，或者是西方文科教育价值观中的社会化过程的假象。（Moore,W.S., 1994, 46）那些希望利用该研究方案的人所面临的持续困难之一，是难以实施该方案和测量变化。这个挑战已经被一些研究者采用，他们试图修改该方案，并通过访谈或书面评估来开发更精确、更省时的评价认识论发展的方法。

不管这些理论和方法实施起来多么困难，佩里的研究工作为随后几十年的个人认识论研究奠定了基础，每个模型都可以追溯到这些起源。

佩里的认识论研究对个人认识论产生了重要的影响，主要体现为如下几点:

第一，认识论以研究个人的信念变化为主要线索。

佩里的认识论研究以智力和道德发展为主要内容，其理论主要阐述大学生信念的变化。从20世纪50年代开始，佩里带领其研究团队在哈佛大学开展大学生心理发展研究长达20多年。这项研究主要是针对大学生信念的发展变化过程。在一定程度上，佩里的认识论发展研究有点类似于皮亚杰的个人认识发展的阶段论。佩里通过长期的访谈研究记录，证实他的认识论发展理论。佩里重视认识论发展的信念变化，他认为青少年到大学生的认识发展是从二元论到多元主义，再到相对主义的一个变化过程。佩里从大学生信念变化的视域中指明，大学生对知识的性质、知识的权威的认识会导致他们学习和认知方式的变化。佩里重视信念变化的研究方法后来成为心理认知专家的研究传统，在后来逐渐发展的个人认识论研究中，研究者大都注重个人的信念变化的研究方法。这种方法一直影响个人认识论领域的探讨。

佩里虽然认识到大学生的信念变化发展过程，却没有深入研究认识论发展和大学生课堂学习的联系。而后来的研究者则增补了佩里这方面研究的缺失。

第二，佩里的认识论研究体现了他遵从皮亚杰认识阶段发展的研究方法。

佩里的智力和道德发展的认识论研究，有遵从皮亚杰认识阶段论的传统特点，但他的研究方法又与皮亚杰的研究有所不同。佩里把认识论发展的假设水平看成是“状态和位置”，而不使用皮亚杰“阶段变化”的术语。佩里所描述的认识的形式发展过程与皮亚杰的认识发展模式相似。他认为认识的变化通过认知的不平衡而发生，个体的认知是与环境相互联系、并受影响的，并对新经验做出认知的构建和整理。从这一点来看，佩里的认识论与皮亚杰的同化与顺应的认识变化很相似，或者说佩里的认识论研究受到皮亚杰的影响。对于大学生的认识发展研究，佩里提供了一个互动主义模型来表达这种发展过程。其核心思想是描述认识的二元论、多元主义、相对主义的不同的认识变化观点。这种观点也像皮亚杰的认识论，皮亚杰认为认识总是一个不断建构的认知过程。他认为：“认识的获得必须用一个将结构主义和建构主义紧密地连结起来的理论来说明。也就是说，每一个结构都是心理发生的结果，而心理发生就是从一个较初级的结构过渡到一个不那么初级的（或较复杂的）结构。”（皮亚杰，发生认识论原理，1981, 15）

基于皮亚杰的这种建构主义认知观点，佩里在论述和表征大学生的认识论情景时，也用到了认知的建构观点。佩里认为大学生的二元主义、多元主义、相对主义的认识观的变化是一种“认知重组观念”的建构。（Perry,W.G., 1970, 207）

从文献所表述佩里的认识论来看，他是遵从皮亚杰的认知发展研究方法的。个人认识论的初期探索由佩里建立了良好基础，可以说皮亚杰和佩里的认识论是个人认识论发展一脉相承的领域。

第三，佩里的认识论研究方法对个人认识论理论发展的影响。

佩里的认识论研究采用的是实证调查与逻辑假设建模的方法。这种研究方法有别于在他之前的心理研究方法，他的研究方法相较前者，更具备科学的表征能力和科学合理性。例如，弗洛伊德的潜意识研究，调查样本很少，很多心理理论是靠弗洛伊德的假设和思辨。后来皮亚杰的认知研究方法虽然有了很大进步，他能运用逻辑与数学的概念来解释儿童心理发展过程，具备现代科学研究的实验方法。但是，皮亚杰的研究样本太少了，以致后来的心理认知专家批评他常用自己的 3 个孩子作为心理认知发展的研究样本。

佩里的认识论研究方法主要是对大学生的访谈和调查问卷。佩里等人设计好问卷清单，对大学生进行各种心理调查和记录。他的研究所设在哈佛大学里，对大学生进行 20 多年的认知发展实证调查与跟踪，经常用几百人或上千人的调查样本进行数据分析、统计。他力图在实验访谈的结果上建构其认识论，并在此基础上提出了青少年、成年人的智力和道德发展模型。可见，佩里对认识本性的理解不是做哲学分析，而是在实证的基础上，从心理结构的视域做出讨论。

佩里的认识论研究方法，虽然和当前的研究相比显得有些粗糙，并且样本较为单一，其测量和评估标准难以精确。但是，他的认识论研究方法奠定了个人认识论的研究基础。在后来个人认识论的发展研究中，很多认知专家都以佩里的研究方法作为参考，或采用佩里的研究方法，他的研究方法深刻影响个人认识论的研究。

2. 认识论反思模型

认识论反思模型是巴克斯特 · 马戈达（Baxter Magolda,M.B.）创建的认识理论。认识论反思模型的研究目的是指出大学生认识信念的变化过程，在认识过程中出现的反思行为。其理论核心就是论证大学生对认识论和知道的知识的反思。马戈达以大学生和研究生为研究样本，提出反思度量（MER）的技术概念。反思度量是一种研究对认识的反思程度的测试手段，也就是作为主体的人所表现出的各种反思信念的数据表达和测试结果。巴克斯特·马戈达解释了大学生在各种学习与生活环境影响下，认识信念发生变化，还论述了四种不同性质的“知道方式”，以及认识信念的性别差异问题。这个认识论反思模型学说最重要的是提出认识论反思的观点，并认为大学生的“知道方式”受社会与文化环境影响而变化。认识论反思模型提出绝对的、过渡性的、独立的和情境的认识假设。其核心理论是提出认识论反思的因素与过程。

巴克斯特·马戈达最初的研究工作是要为佩里（1970）的认识论模型提供证据支持，集中于认识论反思度量（MER）技术，为认识信念发展理论提供论证，反思度量是研究大学生和研究生的一种书面测试手段。她设计了一项纵向的认识论发展研究，考察认识论假设如何影响教育经验的解释。

认识论反思模型的研究方法主要采用反思度量实验，反思模型是根据实验总结而建模的。1986 年，巴克斯特·马戈达开始对来自俄亥俄州迈阿密大学的 101 名随机选择的学生（其中 51 名是女性、3 名来自少数民族），进行了为期 5 年的纵向研究。她每年进行不限次数的访谈，并向参与者提供认识论反思的量度（MER）。在认识论反思模型的发展中解释了 70 个完整的纵向集合。她设计了第一年的面试，考察 6 个认识论发展领域：学习者的角色、指导教师、同学、学习评价、知识性质、决策。在随后的几年中，面试进行了修改，包括关于知识的性质、课外学习和学习经验的问题。模型建构来自佩里模型的前 5 个位置和贝伦基（Belenky,M.F.）等人的 5 个认识论视角。巴克斯特·马戈达最初通过将学生的反应归纳成类别和主题来分析面试数据。后来对这个过程的反思和她自己对研究的思考的转变导致了对数据定性的重新诠释和模型的发展。

认识论反思模型学说主要包括如下内容：四种不同性质的“知道方式”、大学生认识信念的变化和认识论反思的性别差异。

首先，我们讨论四种性质不同的“知道方式”。

认识论反思模型包含四种性质不同“知道方式”的阐述，每种知道方式都有特殊的认识假设：绝对的、过渡性的、独立的和语境的。根据这些认识假设，马戈达介绍了研究设计和分析中出现的方法论和模型问题，阐述了目前关于性别研究和社会性别建构的思考。她详细地描述了四种“知识方式”，分别为“绝对知识”“过渡知识”“独立知识”和“语境知识”。这些研究描述了大学生学习的方式，教师和同伴的作用，以及每个信念都采用不同的知识获取方法。

巴克斯特·马戈达报告指出，每种知道方式都导致“对一定学习环境中学习者，同学、指导教师的特定预期，以及导致对学习应该怎样评价、教育决定如何做出的理解”（Baxter Magolda,M.B., 1992, 129）这些范畴出现的认识论定义更集中在大学课堂教育环境中的学习性质，较少涉及知识本身的假设。

在认识论反思模型内，绝对的认识者将知识看作是确定的，认为知识权威拥有所有答案。过渡性的认识者发现权威不是全知的，开始接受知识的不确定性。独立的认识者开始质疑作为唯一知识来源的权威，坚持他们自己的看法和意见是同等有效的。语境的认识者能够通过判断情境中的证据来建构个人的观点。专业知识本身受到评价，知识发展演变，不断根据新证据和新情况来重构。

绝对知识，认为学习知识的诀窍、知识存在为一种确定性，由某些权威部门、特别是教师掌握。知识的不确定性只有当学生不了解正确答案时才会存在，教师之间的差异归因于不同意见而不是真正的分歧。学生们在这个阶段，看不到自己对创造知识的作用，他们认为自己和同伴获得的知识来自老师，这种知识概念导致学生相信知识有正确的选择，类似于佩里的二元论假设思想，知识有正确和错误的答案。

学习行为被视为收集信息的过程。学生希望教师能够给学生在理解的方面传达信息，他们相信老师能够判断学习情况。他们期望与自己的同伴分享资料，并相互协助解释学习的内容，他们不希望同学在学习中发挥重要作用。学习评估为学生提供了向教师展示他们获得知识的机会，证明知识是正确的，而不是作为评估他们理解知识的手段。

绝对知识与性别相关的模式是接受和掌握知识。知识的接收方式更为频繁是女性的特征，而精通掌握模式则更多属于男性。这两种模式仍然依赖于绝对的知识概念，具有类似的教师期望。男女区别最显著的地方是他们的学习方法，对同伴的期望和评估。在绝对知识方面分为接收模式和精通掌握模式。

接收模式展示，这些学生对教师的期望很少，只在有限的基础知识上才依赖老师。他们往往依靠同学的支持和帮助，采取更为被动的态度来学习，认为学习者的责任是不收集批评的观点信息，并将评估作为预期机制进行报告。虽然他们认识到学生可能会有不同的意见，但认为获得知识的困难在于教师需通过调整方式来矫正理论、笔记或课堂。遵循接收模式的知识者看不到自己在建构知识方面的作用，他们的声音是沉默的。

精通掌握模式。与接收模式的学习方法相反，精通掌握模式者更多地侧重于言语互动方法。遵循精通掌握模式的知识者期望教师以有趣的、具有挑战性的方式分享他们的知识，老师往往是至关重要的人。这些学生接受各种老师的教导，与老师和同龄人交流，展示、测试和加强他们的知识。学生的思维和学习方法与现阶段的知识绝对一致，认为知识是肯定的，但要加上客观、逻辑思维的维度和自己的自主性观点。他们能够让其他学生参与到学习知识的过程中，作为展示和进一步理解的知识竞争活动。这一相互竞争的知识发展进程提供了更多的证据，在精通掌握模式中有重要作用。

随着学生的认知信念从绝对知识逐渐转向过渡知识，绝对的知识者开始越来越认识到知识具有不确定性，并认识到拥有的知识的局限性。遇到老师和同龄人的不同意见，发现知识不是绝对的。权威会影响学生如何面对知识内在的局限性和歧义，并产生复杂的想法。在精通掌握模式中，学生倾向于使用逻辑思维，他们考虑的知识增加不确定性。在接收模式下，学生缺乏识别权威的能力，使他们更容易接受知识的不确定性。学生在学习过程中变得更加活跃，此时他们进入过渡知识阶段。

过渡知识。过渡知识者与绝对知识者有不同的知识观，对老师的态度、与同学在学习过程中的关系都不一样。过渡知识者认为一些知识领域是确定的，有些是不确定的，需要学生了解复杂和矛盾的想法。听取其他观点成为发展这种认识理解的有意义的途径。过渡知识者相信通过积极的交流探索，可以让过渡知识替代绝对知识。（Baxter Magolda,M.B., 1992, 132）

这一模式下，学生更加重视学习过程，而不是通过教师的教学手段促进信息获取。教师通过学生的参与来接受学生的观点，让学生自我表达并与同学互动。教师创造学生应用知识的机会，理解他们的教育经历。过渡知识者期待对他们工作的评估，肯定他们个人的想法、经验和判断力。虽然他们认识到教师的知识有时可能不确定或是有限的，但期望教师能够评估他们对于知识材料的理解。

具有过渡知识特征的学生常陷进人际关系和非人际关系的与性别相关的某个模式。女性倾向于使用人际关系模式，男性倾向于使用非人际关系模式。虽然两种模式的学生都认识到这种知识的部分确定和部分不确定，他们的倾向是解决知识在不同方式的不确定性。

人际关系模式展示的学生知识和个人知识，是学习的核心处理方式。在这种模式下，学生往往更注重知识的不确定性方面，同学的信念也会影响学生本人的知识理解，同学的观点被认为是有效的理解，强调收集意见，而非否定那些意见。

知识的不确定性也打开了学生发出自己的声音的大门，信念与权威分离。学生与教师的关系尤其重要，在促进学生自我表达方面，有时出现意见分歧。学生们会查看老师的个人经历和个人特征，为判断知识的真伪提供重要决策条件。为了解决知识不确定性，他们期望老师评估知识判断过程中的差异。

在非人际关系模式中，学生专注于掌握知识的学习过程。这些学生与同龄人交流只是为了方便他们的学习过程。虽然知识者遵循非人际关系模式，承认知识的不确定性，他们仍然依赖老师和其他权威解决这种不确定性，并提高他们的知识理解。（Haynas,C., 1996, 36）教师面临同行的挑战，特别是以辩论或讨论的形式，并欢迎学生们参与这些活动。而对于人际关系模式知识者来说，这种交流可能会导致同行们对非人际关系模式知识者的看法，这些互动只是为了提高学生的理解而设计的。

权威与意见声音之间的关系因人而异。不像人际关系模式的知识者，他们与权威保持一定距离，其意见声音作为一个功能出现在那个距离，非人际关系的知识者更密切地识别权威。因为他们是过渡知识者，认为非人际关系的知识者的声音不该禁止。相反，他们的声音实际上是在于教师倾向于质疑和不同意之后的知识建模。学生信任的要素永远依赖权威知识，并解决不确定的知识。非人际关系的知识者期望更加明确和公平的客观评价。

人际关系和非人际关系知识的本质区别，由学习过程中最重要的因素定义。非人际关系的知识者重视向同行和权威学习并提出挑战，而人际关系的知识者重视与他们关系密切的同行的观点。作为过渡知识者，同时参与这两种学生模式，寻求他们对教师的反应和关心，但是人际关系知识者分享他们的经验，在课堂环境中更有效地发展他们的意见，期待学生与导师之间建立友好的关系；非人际关系者重视创造辩论和质疑教师的氛围。

学生的认知会从过渡认识发展到独立认识。对于人际关系和非人际关系知识者，这个与他人交往的过程奠定了发展和表达个人意见的基础，这预示着过渡知识发展到独立知识的水平。任何学生学习的意见和经验是有力量的工具，表现了个人发展的意见声音。但是，这个过程会因为人际关系和非人际关系的知识者有所不同，表现他们与权威和同行的关系。

随着学生的个人意见声音开始出现，挑战来自权威的人际关系知识者。另外，因为他们已经从同行那里寻求知识的共识，重视如何看待他人的意见的态度。另一方面，从权威的声音过渡到表达自己的认识，更是为了非人际关系知识者而努力。非人际关系知识者需要接受自己和他们的同龄人的意见作为潜在的知识来源，平衡权威知识，才能表达自己是独立的知识者。

独立知识的本质在于学生的"发现大多数知识是不确定的。这种信念的根本转变导致改变了知识的来源和过程"（Piper,T.D., 1997, 23）。学生们认识到他们有能力和拥有表达独立思考知识的权利。学生们认识到他们和同辈可以在创造思想方面承担权威知识的地位，他们期待导师鼓励他们的思考和表达。他们希望得到知识评估并以独立思考为依归。独立知识者的意见声音不再是沉默或暂时的，独立知识者评价自己和他人的意见，认为所有个人都拥有自己的信念权利。

尽管如此，独立知识者仍然保留不同意确定信念的权利，并根据自己的意见作出决定。学生能够与他人交流知识，尽力说服对方。他们接受不确定的固有差异的知识，开放地看世界，接受所有的观点，接受批评或验证。独立知识者之间的性别相关模式不同，主要是针对自己和他人思考的重点。学生们展现个人形象的，保持关于自己和他人的平衡的观点意见。个人思维模式认为自己的想法优先于别人的想法，女性倾向个体思维模式，男人倾向于个体形态模式。个体形态知识者交换自己与他人的观点来澄清和改进他们的思想。他们将知识和意见的差异归结为差异解释或个人偏见。个体形态知识者接受他人的意见和表达自己的意见是同时和互动的。个体形态知识者期望教师分享他们交流思想的价值，在评估过程中与学生进行合作。

巴克斯特 · 马戈达确定了进一步推动的两个因素使用个人思维模式在学生中发现个人意见声音。首先，独立阶段的开放性减少了个体知识者对别人如何看待他们的担忧，这使他们不用担心自由表达自己的意见声音。二，在他们的个人学术生活之间有助于澄清和验证他们知道方式。马戈达将这种互动描述为一种"转变成为一个真正的成人个体的过程，因为这样可以成为个人想法与其他人之间的对话"。（Baxter Magolda,M.B., 1992, 151）。

更强烈的表达声音和相应的自信也将个人的知识权威置于更加平等的地位。个人思维模式知识者专注于自己的想法和意见。他们重视与同行的交流，但不是为了适应他人的观点。面对不同意见时，个人思维模式知识者倾向于坚持自己的意见，而不是听从别人意见，这个独立思考的过程实际上有助于学生和同龄人参与的感觉制作。个人思维模式知识者期待课堂讨论和对他们知识进步的评估，表达对他们的思维过程的看法。

个人思维模式知识者加强对自己意见声音与权威的影响关系。学生的意见不同于他们的教师或他们的教科书的知识。他们对自己的知识和权威观念给予平等的信任，希望有权威认证的意见不再存在，他们希望在确定学习目标的过程中也起更积极的作用。

随着个人认识的发展，大学生的认知从独立知识过渡到一个更综合的知识体现，表现在语境知识方面。这样就慢慢发展为情境知识。

语境知识是学生在不同语境下如何学习应用知识和做出判断。在过渡时期开始质疑知识是理解理论有效性的重要依据。教育环境促进言论自由和学生与老师之间相互依存的关系，并促进情境认知。

独立知识者用显而易见的认知模式融合了语境知识者。虽然独立思考仍然是定义情境知识者的特征，但学生往往不会制定意见想法，不考虑每个问题或片段的语境知识。他们不再接受自己或他人的批判性分析，在整合和知识背景下应用知识做出判断的过程是语境作用的标志。虽然这种思维水平在大学生中很少见，研究者试图发展研究这种思维，将会鼓励对问题、观念和观点的批判性分析。

语境知识者对其他观念的相对价值依赖于适合的语境证据。语境知识让同行和老师具有交流思想的语境，并验证他们的知识。鼓励这种交流的教育者为学生提供应用知识的机会，他们对学生的决策能力和发展能力被称为“社区内自我责任”。语境知识者将自己的意见声音与特定情境、有效的知识结合起来，他们有能力表达和应用他们的知识。（Phinney,J.S., 1990, 511）

巴克斯特·马戈达继续探索语境的发展知识，研究认识的变化教育实践，以适应学生的学习需求。通过后续研究学生的学习方式，她指出学生可以使用多种认知和推理模式取决于语境。教育者的知识和教学方法，每个课程的性质和水平都影响学习环境。学生学习方式的变化更为频繁，认识信念的动态性变化更强烈反映在大学生思维进展中。虽然巴克斯特·马戈达在一定程度上解决了这些问题，但是个人认识论分析提醒我们要考虑语境的影响，教师要把自己的认识方式和学生的学习方式动态结合。

与佩里在该领域的工作相反，巴克斯特·马戈达拒绝量化发展阶段的尝试。相反，她写了关于知识方式的模型，并更多地依赖于叙事来表达自己的观点。通过这样做，她试图允许性别分组和不同知识方式之间具有明显的多样性。最后，她提出了学生智力发展的模型，而不是采用刚性阶段理论方法。

认识论反思模型仿效于郭费迪（Cornfeld,J.）的学生认知阶段理论。郭费迪将佩里智力发展理论分为四个阶段：二元论、早期多重性、后来的多样性和语境相对论。（Cornfeld,J. & Knefelkamp,L., 1979, 10）此外，马戈达智力发展模型的核心基础是将知识的四种方式与学习者的作用、同伴角色、教师角色、知识性质等等关联，似乎非常像郭费迪 1979 年开发的智力发展理论。不过，巴克斯特·马戈达智力发展理论的性别特征和性别差异的含义相当突出。她在大学生的智力理解和推理增加了一个知识体系，虽然没有完全定义和理解。此外，这些与实践协作、语言表达、活动参与、环境和学习本质有关的问题，与今天在高等教育中正在讨论的很多问题都是一致的。同时应该指出，认识论反思模型的四种性质不同的“知道方式”，不是一种大学生信念发展的阶段性理论方法，而是不同类型的“知道方式”。巴克斯特·马戈达的智力发展理论与郭费迪的学生认知阶段理论是有本质区别的。

其次，我们来讨论大学生认识信念的变化和认识论反思的性别差异。

认识论反思模型解释了大学生认识信念的变化，并且指明这些认识信念的变化过程。她从对比佩里模型的研究中，通过样本研究，得出这个结论。其样本由一个机构的大学生组成，这是一个中西部的中等规模大学，是传统的大学，学生大多是白人（97%），大部分来自中产阶级、双亲家庭。巴克斯特·马戈达提供了关于制度环境和学生文化的粗略描述，以便能够根据研究的定性方法来判断研究结果的可转移性。通过检查语言、权威、同学关系、社会化过程，以及在大学环境中的从属和统治模式的问题，探讨了将“知识模式”与多样化学生群体相关联的潜在影响。研究的初始范围是研究认识论假设如何影响教育经历的解释。

由于研究的学生参与者的相对同质性，巴克斯特·马戈达试图致力解决她的检测结果与其他环境和人群有很多相关的问题。在研究中，她介绍了有关多样性、边缘性、主导地位和从属关系，以及社会化等等问题。她认为研究中出现了不同的意见。她提出三个基本主题：意见的出现，学生发展自己的信念观点的程度；认识与权威的关系，学生将知识权威视为知识信念的程度；认识与同龄人的关系，学生的同伴从促进学习者转变为知识来源的提供者。她试图以开放和自我分析的方式参与研究人类智力发展所固有的哲学和范式问题。学生的意见表达，通常都有权威和信誉的知识影响。这肯定有助于学习者的信念意识的变化，把学习的设计作为学习者本质的中心，比忽视学习者更有潜力，而不只关注学科的内容。

认识论反思模型指出，高等教育要考虑大学生在大学期间转变自我价值中心，协助学生满足大学生活的典型期望。教育者认识到需要制定内部指南来指导大学生实行复杂的学习。大学生开始拥有批判性思维，需要自己定义在现有知识背景下的信念能力。这些认识信念转变发生在大学期间，大学生将学习如何探索多个观点，尊重不同观点，思考独立，建立和维护自己拥有知识的意见。他们会展示感兴趣的信念与行动，高等教育应该有效地满足大学生期望并为大学生毕业后工作做好准备。同样，教育者期望学生能够对他们的专业做出明智的选择和面对未来的职业生涯，分析工作领域中的多种选择，平衡自己的利益，制定行动的方向。

关注大学生智力成长和工作准备是教育部门的核心，最具挑战性的任务是欣赏多样性或跨文化信念能力，教育者希望学生了解自己的文化遗产，了解其他文化，远离以自我民族为中心的观点。巴克斯特·马戈达的跨文化概念成熟度的发展和使用面试数据显示，大学生需要三个方面的复杂性发展：接受多个视角（认识论复杂性），相互依赖的能力与他人的关系（人际复杂性），内在的自我意识不受差异的威胁（内在的复杂）。（Baxter Magolda,M.B., 2001）

这些认识论反思明确体现尊重以自我为核心的观点，倾向于自我塑造。自我塑造的概念不只是以自我为中心，而是与他人相互合作的动态关系。复杂多样性是具有关注发展的一个内在的自我意识。大学生的跨文化的信念能力在生活中逐渐成熟，不但依赖于校园内生活，而且需要校园外的信息与经验。相关的期望是学生相互交流，彼此尊重相互之间的关系。健康的关系需要自己沟通和平衡需求，这种技能建立在内部的自我意识之上。

由于大学生认识信念会产生变化，大学教育工作者具有共同的目标：引导大学生发展知识判断的方法。但是，从对学习知识的批判性到批判性地构建自己的观点，比学习技能要复杂得多。我们如何思考认识信念的转变？应该对知识确定性、来源和知识限制的变化加以分析。通过观察知识的确定性和权威性的演变，根据相关证据将其作为信念反思的依据，促进智力或认识论的发展。

巴克斯特·马戈达在智力发展中重点关注性别差异问题。这项研究的一个重要特征是研究样本包括男性和女性，因为佩里的智力与道德发展模型是男性样本，贝伦基等人基于妇女样本进行了拓展性研究。为此，巴克斯特·马戈达也不得不涉及性别相似性和差异性的问题，这是一个在概念上和经验上的复杂领域。

通过对男性和女性纵向研究，巴克斯特·马戈达建立了此前没有的单一性别研究模型。在这之前，没有发现知道的方式是按性别分离的，而是报告了跨越三种认知方式的性别相关推理模式。这些描述展示学生在每种知道方式中如何证明认识论假设的连续差异。在绝对的知识范围内，这两种模式在研究中女性比男性更常使用。独立知识者的模式是“个体之间”（在女性中更有可能）和“个体”（更可能在男性中）的关系。马戈达承认一种连接的、叙事的方法是复杂的，更常见的男人的客观主义方法，经常被假定为理论中的发展主线。

巴克斯特·马戈达在研究工作中发现了一个缺陷，试图通过研究男女两性来探索认识论发展的性别相关模式，并进行纵向研究以检查发展模式。她的整体研究结果表明在认识中可能存在与性别相关的模式，与贝伦基的模型有共同点。这两个模型出现在两个性别之间。这些模型如何发展，这些知识的社会化程度以及学校教育所带来的影响都是进一步研究的途径。

巴克斯特·马戈达发展了贝伦基模型的女性知道方式的研究，她研究女性的智力发展模式。在女性认识的过程中，她追踪不同群体的女性大学生。从她们元认知的知识点来考察，提出所有知识都是主观和个人的，主观决定了相信什么，主观构建知识信念体系。这是认识论反思模型的性别差异的核心观点。比较起来，男性认知信念较为容易受到社会和文化环境的影响而改变。

认识论反思模型详细地描述了四种“知识方式”：分别为“绝对知识”“过渡知识”“独立知识”和“语境知识”。她在前三个获取知识方式的“阶段”中，检测了不同的学习模式，认为存在一些性别差异。例如，在“绝对认识”领域，她认为这一阶段的男女都认为知识是绝对的，但一些学生（更多是女性）则被动接受知识，而其他人采取更积极和自信的学习方法。（Baxter Magolda, 1992, 16）

受佩里和贝伦基的研究个人认识论的工作启发，巴克斯特·马戈达 20 年的长期研究初步探索了性别在智力发展中的作用。以及后来应用性别结合智力、身份和年龄关系发展的交叉研究，她在 1992 年的“大学生学习与推理”中汇报了大学期间出现的性别相关模式。这些模式证实，单独和连接的知识同样具有复杂的风格，出现在整个认知系统中，并以复杂的知识方式表达。此外，她结合种族、民族、社会阶层和性取向等因素对性别在智力发展中的差异进行了研究。并对大学生智力发展和自主创作进行拓展研究，通过识别他们的语境变化来扩展和优化这些信念发展的过程。

巴克斯特·马戈达认为大学生的认识论信念是不断地变化的，过去、现在、将来的认识论信念都会有所不同。认识论信念也受到语境、经验、建构主义的影响。大学生会积极地创造自我信念，不断地修正自己的认识，这就是自我塑造。后来，她在认识论反思模型的研究基础上，提出了自我塑造的认识理论。这个认识理论将是我们未来研究拓展的一种路线。

3. 反思判断模型

反思判断模型是金格（King,P.M.）和基切驰（Kitchener,R.F.）创建的认识理论。反思判断模型的研究基础是英克特（Inhelder,B.）和皮亚杰（Piage,J.）的早期认识理论。他们认为认识反思正式的运算是智力发展的顶峰，成年人认知发展领域已经集中展现正式的运算，这是成年人认知不可或缺的能力，但儿童和青少年还未真正具有这种能力。（Basseches,M.A., 1984, 22）有些学者认为这些理论明显有不足之处，他们假设了几个新的反思模型。起初佩里等人提出一些认识反思观点，后来金格和基切驰根据佩里（1970）的研究和迪威（Dewey, C.）关于反思思维的著作，研究以推理为基础的认识假设。他们考察从高中生到中年人的个体，做了 15 年的面谈研究，改进了反思判断模型，这是 7 个阶段的认识发展模型，关注认识认知或“人们理解知道过程的方式和为他们的不良构造问题的信念辩护的相应方式”。（King & Kitchener, 1994, p.13）

反思判断模型的研究目的是对认识和认知综合判断，以及认识信念变化的研究。其核心观点是对知识“正确与错误”的理解，对不良结构化问题的感知和解决，并为这些观点提供辩护的论证。其主要内容是围绕 7 个性质不同的阶段性反思的研究，金格和基切驰把这 7 种反思分为前反思水平（阶段 1、2 和 3），准反思水平（阶段 4 和 5），反思水平（阶段 6 和 7）。金格和基切驰提出高水平阶段的推理更明显，低水平阶段的推理比较不明显；高等教育成就与反思判断的高水平阶段相关；大学生的年龄与阶段之间有强的线性关系等观点。

反思判断模型的研究方法主要用于评估反思判断的方法是围绕四个不良结构问题进行的访谈。要求参与者陈述和证明他们的观点，并回答六个后续问题，旨在研究关于知识的假设和如何获得。这些问题通常涉及如何构建金字塔，食品中化学添加剂的安全性，新闻报道的客观性以及创造和演化的问题。来自反思判断面试的成绩单由经过培训、经过认证的评估员在三个过程中进行评分。在每个阶段，评分规则分为两部分：知识的性质和辩护的性质，每个阶段都有三个小节。知识的本质包括一个人对知识“正确与错误”的理解，以及知识差异合法性的观点。辩护的性质包括证明的理由，证据的使用以及对辩护做出判断。

反思判断模型由 7 个性质不同的阶段组成，这些阶段描述个体如何感知和思考不良构造问题。每个反思判断阶段都关注个体关于知识性质和知识辩护过程的性质的观念。这个模型从 20 世纪 70 年代后期开始验证和修改。这个认知模式的一个重要贡献是对佩里原来的模式的较高水平的结构方面和认识论方面所作的理论阐述。构建这些较高水平的阶段最初是在反思思维以及自我、社会和认识论发展的文献的考察的刺激下进行的。（Broughton,J.M., 1975, 32）

在金格和基切驰（1994）提出的 7 个阶段的认识模型有三个水平：前反思水平（阶段 1、2 和 3），准反思水平（阶段 4 和 5），反思水平（阶段 6 和 7）。（King,P.M. & Kitchener,R.F., 1994, 16）。在前反思水平的各个阶段，个体不太可能认识到可能没有正确答案的问题存在。在阶段 1 对于幼儿是典型的，知识是简明的、具体的和绝对的，没有辩护的必要。人们观察到的事物与真理之间存在一一对应关系。阶段 2 类似于佩里的二元论阶段，假定权威知道真的实在，但并非所有人都知道真的实在。到了阶段 3，认识到了暂时的不确定性，权威可能不能确定拥有真理。这种暂时的不确定性允许基于个人意见和看法的判断。这些前反思阶段类似于其他模型的初始位置。

准反思思维是阶段 4 和 5 的推理所具有的特征，其标志是日益认识到人们不能确定地知道。从阶段 4 开始，知识和知识辩护被当作是抽象观念来感知，但还缺乏分化。类似于佩里的多元性认知时期，这个阶段的标志是这样的观点：每个人都有权利发表自己的意见。阶段 5 类似于佩里的认知相对主义时期，特征是这样的信念：知识是语境的和相对的。“知道的东西总是受到认识者的观点局限的”。（King,P.M. & Kitchener,R.F., 1994, 62）在这个阶段，个体能够将两个抽象观念联系起来，因而能够将证据与知道的论证联系起来，虽然将证据纳入严密论证的能力还没有出现。准反思思维涉及其他模型的几个不同位置或观点。

反思思维在阶段 6 和 7 出现。知识积极地被建构，必须在语境中理解，判断可以再评价。在阶段 6，知道行动转变，认识者从旁观者变成积极的意义创造者。知识是不确定的和语境的，但现在有可能协调知道和辩护不同观点而做出结论。专家权威再次被挑战，但现在是批判性的评价。在这个阶段结论仍然是有限制的和语境的。阶段 7 的思维标志是运用批判性探究和概率论的辩护来指导知识建构。通过这个过程，个体能够确定一些判断比另一些判断更加合理或有效，但同时认识到所有结论都是可以重新评价的。

运用费列维（Flavell）的阶段标准来对比反思判断模型。金格和基切驰主张它是一个发展阶段模型，因为这些阶段有基础结构，各个阶段有不同性质，形成一个不变的序列。发展变化的机制是皮亚杰式的，知识的假设在个体与环境的相互作用中，通过同化和现有认知结构的协调而发展。他们对其他学者关于发展是间断的和非连续的观念不抱希望。如在佩里的认识论模型中一样，金格和基切驰没有假定个体的推理只在任意时间点处于一个阶段。他们赞同费史驰（Fischer,K.M.）的观点，费史驰认为个体既有最佳化的水平又有功能的水平，他们之间的差异在于对个体发展范围的看法，即类似于维果斯基（Vygotsky）的接近发展区概念。按照这种观点，阶段变化的标志可以是增长迅速，接着是平稳时期，允许跨域概括。（Bidell,T.R. & Fischer,K.M., 1992, 110）

金格和基切驰的纵向长期实验结果表明：(a）高水平阶段的推理更明显，低水平阶段的推理比较不明显；(b）高等教育成就与反思判断的高水平阶段相关，发展的迸发期与大学在读期一致，在年龄与阶段之间有强的线性关系。（King,P.M. & Kitchener,R.F., 1994, 101）反思判断模型处于更广泛的智力发展领域，与其他相似模型（如批判性思维）在概念上有差别。

金格和基切驰提出具有认识论要素的最广泛的发展模式。虽然研究主要是依据大学生的访谈，但这个研究纲领更明显是来自发展心理学模型，而不是大学生的发展研究和高等教育研究。这个模型特别重要的是它阐述了佩里认知模式的高水平阶段，以及对于认识性认知的维度的探讨。反思判断模型关于结构不良问题的感知和解决，发展了个人认识论的智力发展领域。

然而，缺陷在于，在阶段 6 和 7 中指出的实际反思性判断似乎仅通过受访者中的小部分来实现，并且仅在高级研究生中一直出现。其存在的稀有性质及其在学术精英中的出现可能会导致对当前教育实践偏见提出质疑。

反思性判断模型的焦点是对不良结构化问题的感知和解决，是来自于对这些问题的个人反应，认识论假设是推理形成的。这种认识论发展的方法能够定义一个批判性思维研究的智力发展领域。然而，在认识论信念方面，它们不可能仅仅通过推理出结构不良的问题来挖掘。学生可能会有关于知识和知道的想法，这些知识在日常教育环境中被运用，并且在日常的基础上影响他们的学习。对访谈中提出的假设问题的回应可能不能解释学生的信念如何来源于实际经验。

此外，还有一些其他限制。首先，只有经过培训的评估者才能被允许利用反思判断面试，这限制了其评价方法的使用和验证。当有反思思维评估时，可能会有更广泛的使用。现有研究主要利用对白人大学生的访谈，因此对其他人群知之甚少；关于性别差异的信息仍然没有定论。

我们还没有完全理解反思判断的信念发展在语境和教育中是如何产生的。虽然看起来这和教育与发展阶段相关，而且反思判断与文科教育的目标有关，但是令人惊讶的是，在大学期间实际发生的案例数据不多，金格的反思判断报告的平均不到半个阶段。这需要对比课堂情况来研究这些变化是如何产生的，以及可能促进这些变化的教育环境的特点。

反思判断模型被金格和基切驰描述为属于智力发展的广泛领域，并且他们工作中的问题之一是将概念上相似的批判性思维区分开来。他们的区别是，批判性思维更关心解决封闭、结构良好的问题，认识论假设在批判性思维的工作中被忽略了。关于批判性思维和反思性判断之间的关系的实证研究表明，它们是相关的不同结构。类似地，批判性思维和语言推理之间的低度到中度的相关性使他们得出结论，这些也可能是相关的，但是可以彼此区分。其他研究揭示了反思判断和信念发展的各个方面之间的关系，结果表明反思判断和心理社会发展之间的温和关系，反思判断的发展是道德信念变化的结果。

基切驰在随后的认识论发展研究中指出，反思判断模型受到语境与技能的影响。他发现环境变量在认知技能展现中对儿童发挥了重要作用，评估这个环境变量在青少年和成年人的反思判断表现，表明这样的环境变量不能被忽略。他也认为不存在独立于环境之外的技能，环境因素（如记忆提示、练习和任务的性质）是支持高层次的反思判断表现，是从观察到信念变化的主要决定因素。（Lamborn,S.D. & Fischer,K.M., 1988, 4）其中影响最大的是语境支持的因素，牵涉到每一个认知技能。有了这样的语境支持，个人认识就表现出较高的发展水平。

反思判断是认识推理的基础，是关于不良结构的问题解决。在认知技能理论中，反思判断模型假设了童年和成年之间出现 7 个阶段。在童年阶段，个人认识以直接经验为基础，将知识视为一种具体的状态。到了青春期，个人认识会形成抽象的理解与知道，暗示认识反思是不确定的，取决于一个人的观点。在后来的认识反思阶段，他们是能够整合几个抽象概念的认识，他们超越不确定性的认识反思的重点考虑，利用证据和调查过程来证明结论是否正确。认知技能就是表现认知的能力与技巧，它与语境因素结合在一起，影响反思判断。在反思性判断模型的第 1 阶段，认识仅限于单个具体实例，例如，“我知道麦片在盒子里”。但是，在第 4 阶段的反思性判断中，知识被理解为一个抽象时间概念，有时无法联系的抽象概念的知识，认识开始出现信念的怀疑，例如，“信念辩护的概念是什么？”反思判断可以将抽象的概念相互联系起来，类似的认识发展出现在反思性判断阶段 5。在语境中证明知识的能力是依赖于将抽象概念联系起来的能力和对知识判断的推理。与反思技巧理论相反，反思判断的研究模式一般忽略环境和记录反思发展的变化。反思判断通过反思性评估访谈（RJI），要求个人反思形成对几个不合理的问题的判断和谈话，做出关于判断基础的认识论假设。它为反思性判断提供了背景知识的支持。作为一个研究结果，我们在研究中要假设在语境条件下得出支持的数据，分析反思判断的行为。

反思判断发展形式是另一个研究的重点，就是最近有几位学者记载那种特定行为的发展和发展大脑的功能，并不经常符合单调增长的标准模型，但往往表现出很大的变异性。反思判断的具体行为往往表现出这种变化，而综合判断措施结合了许多不同的发展水平、行为和领域，显示平稳增长的功能。换句话说，复杂性的特定行为的反思增长曲线往往是具有动态发展变化的。

反思判断模型显示了发展功能的具体行为在不同的系统下有不同评估条件。特别是最佳水平和功能水平显示不同的增长功能，最佳水平以可预见的方式显示阶段性的发展中的年龄不连续性，而功能水平倾向于显示渐进发展，出现连续改变或难以预测的反思判断能力增长。青少年反思判断在每个年龄段的一个新发展水平出现时，一个人在广泛的领域显示出最佳的反思技能。具体而言，每个技能等级都会出现新的水平。如果一个人没有达到成熟，没有出现反思技能初始突发的表现，则有可能会在下一个反思阶段出现反思技能高峰，反思判断缓慢增长。对于个人和文化团体来说，这些都是特发式的分布在相对较窄的年龄段。这些最佳水平增长函数被假设是最明显的反思判断变化，个人有很多机会学习或受到正规教学。

以前的研究发现，青少年在 14 岁至 16 岁之间，在理解算术概念方面有喷发式的反思判断，青少年认识自己的个性反思冲突，了解人际交往的诚实和善良行为，并有条件地理解逻辑推理。对于较大的年龄，在 19－20 岁和 24－25 岁，没有研究明确地测试到反思判断最佳水平，这些年龄较少出现喷发式的反思判断。（Fischer,K.M. & Lamborn,S.D., 1989, 38）

在目前的研究中，一种评估反思判断模型的新方法被设计出来，称为原型反思性判断面试（PRJI）。这种方法被设计用来提供强烈证据支持反思判断的每个阶段理论。此外，参与面试者有机会通过一些教学指导练习论证。因为在之前的某些年龄范围内已经发现了喷发式反思判断研究，一些具体年龄假设为不连续性的，在语境条件下表现了反思判断行为。构建抽象的反思能力应该在 14 岁左右到 15 岁左右出现，使用的能力抽象系统应该在 19－20 岁左右出现，构建抽象系统的单一原则的能力应该在 24 岁至 25 岁左右出现（Fischer,K.M., 1984, 49）。这些反思技能对应于反思性判断阶段 5、6 和 7。

另一方面，我们假设这个认识发展功能由传统反思性判断面谈（RJI）评估，将显示缓慢、渐进的反思行为。一般来说，具有功能性的水平评估，个人在某一特定水平的反思技能，将在最佳水平突发性发生，然后缓慢增加。当然，许多因素可以影响认识发展认识功能的成长曲线。例如，当青少年有强大动机或兴趣的时候，他们往往自发地接近反思功能的最佳水平。另外，当他们得到一些机会在认识领域中使用一些技能，这可能反映了他们的最佳水平，即使他们的反思结果并不理想。在这种情况下，他们可能会在功能条件下展示一个反思判断，因为他们反思功能接近最佳水平。

一般来说，这项反思判断研究提供了支持技能理论的预测，尤其是与认识发展有关的预测。这项工作检验反思性判断和反思性判断模型本身。青少年表现出较高水平的反思能力要有背景知识的支持，不断学习而得到更高的水平的评估能力。

4. 论证推理模型

论证推理模型是迪安娜·库恩（Kuhn,D.）在 1991 年创建的认识理论，她提出思维是论证推理的观念。她的非形式推理研究目的是要考察个体如何对日常的、没有确定答案的、结构不良问题作出的反应。这个研究最初目的是要探究论证思维，力图理解个体为什么产生关于知识的信念，这项研究特别关注认识论观点。论证推理模型就是用非形式推理方法对认识论进行推理的研究。其主要内容是探讨认识论信念变化的三个范畴：绝对主义者、多元论者和评价论者。库恩围绕这三个不同的阶段性信念变化的范畴进行研究。在非形式推理方法的论证中，她提出了修辞和对话论证之间的理论。

库恩的研究方法是设计一个关键要素而采用更广泛的主题样本。参与者来自四个年龄组：十几岁、20 岁、40 岁和 60 岁。在每个年龄组中有 40 个受试者，并且在每个群组中性别和教育水平（大学和非大学）有相同数量的代表。参与者每次单独面试两次，每次 45 至 90 分钟，访问参与者熟悉的设置，如家庭或工作环境。为了激发参与者关于复杂的现实世界现象的推理，库恩选择了三个当前的城市社会问题作为访谈的基础。要求受试者为每个主题作出因果解释：(a) 囚犯在释放后是什么原因返回犯罪？(b) 什么原因导致儿童在学校的学习失败？(c) 什么原因导致失业？参与者将解释他们如何来支持一个观点，并用证据证明这一立场。还要求与会者提出反对意见，然后提出补救措施。访谈的最后一段明确要求对提出的推理进行认识论思考。库恩指出，面试中有几个部分提供了论证推理的认识论标准，这些部分包括关于证据的问题。(Kuhn,D., 1991, 189)

库恩研究报告指出，在面谈中表明的认识论思想类似于佩里、金格和基切驰，以及其他学者报告的形式。她定义认识论观点的三个范畴：绝对主义者、多元论者和评价论者。

绝对主义者将知识看作是确定的和绝对的，强调事实和专业知识是知道的基础，表达关于他们自己信念的高度确定性。多元论者否定专家确定性的可能性，普遍怀疑专业知识。他们认为专家不仅意见有分歧，而且时间上也会前后矛盾。多元论观点的标志是"极端主观性"。在贬低专家时，多元论者可能重视和强调情绪和观念而不是事实。在这个框架中，信念呈现个人拥有的地位，每个人都有权利坚持自己的信念。因此，所有观点都可能同等合理，人们自己的观点都与专家的观点一样有效。评价论者也否定确定知识的可能性，他们认识到专业知识和观点本身与专家一样缺少确定性。最重要的是，他们理解各种观点都可以比较和评价它们的相对优点，冲突的意见之间是可以交替发生的，就像理论是可以修正的一样。库恩认为，论证是这个过程的核心，因为论证是影响他人思维的手段。

库恩将主体分类为这三个类别，这些类别类似于佩里和基切驰研究计划的精简版本，通过验证认为专业知识确定性的答复。但是库恩与他们的认识论观点是有区别的。她认为：绝对主义者声称专家可以肯定知道；多元主义者声称专家永远不会达到确定性，他们自己的确定性等于或超过专家的确定性；评价论者声称，尽管专家不能完全确定，但他们的相对性更加确定。

论证推理模型对研究中 169 名受试者的反应分析表明，在评价类别中，只有 2 名受试者在三个主题中被一致地分类，考虑到研究中年龄和背景的范围，这可能是令人惊讶的。她发现不存在显著的性别或年龄差异。教育背景与心理学水平之间存在相关性；高等教育群体更有可能处于评价类别，而不太像绝对主义者。

库恩考察认识论与论证能力之间的关系，识别出三种论证能力：真正证据的生成，替代理论的生成，任意形式的反论证的生成。这些个体能力之间关系的分析以及整个认识论范畴表明，评价范畴中的那些认识论更可能利用反论证和替代理论的生成做出辩护。她指出，“正是评价认识论的出现与论证能力发展相联系”。（Kuhn,D., 1991, 195）在这个水平上，个体最可能理解论证的价值以及比较和评价不同主张的需要。

库恩对认识论理解研究的贡献不仅是模型的发展，而且在于将认识论理论与推理联系起来。论证的能力似乎在认识论理解的水平上被预言（认识论理解要求替代理论和证据的考虑、评价和判断）。在她看来，这些认知过程要求人们反思自己思维的元认知能力。在早期的研究中，库恩主张这些能力不太可能先于青年早期出现，这个发现与皮亚杰的发展理论（Inhelder,B. & Piaget,J., 1958, 32）的形式运算思想一致。

库恩不重视确定构成认识论理论的要素。她的原始记录涉及证明、专业知识和确定性的认识论问题。这项研究的重点是日常生活中不良结构化的问题，以及对整个生命周期作认识研究，使用广泛的参与者样本。这种对非学术问题的更广泛人群的抽样消除了来自课堂领域的认识论信念，并将知识问题与教学和学习过程的问题分开。

论证推理模型主要是以非形式推理的研究方法来论证。然而，我们可能会发现最重要的方式是推理一般人在生活中的思想，思考涉及人们所拥有的一切信念和判断，以及他们得出的结论。

在库恩研究的论证推理中，她借鉴了社会和个人联系之间（或修辞）的论证。字典定义在后一种意义上的论证是“旨在示范推理过程一些事实的真相或伪证”。（Kuhn,D., 1993, 330）更常见的是，一个论据被视为在社会意义上，作为两个（或更多）持有反对者的对话观点。每个人都为自己的观点提供理由，至少在技术上每个人都试图反驳对方的看法。虽然这两种观点之间很少有联系，但实际上他们相互之间有密切关系，如前所述讨论的科学论证。在一个社会对话论证中，至少必须承认两种断言之间的对立，至少能证明表面上两者都不正确。然后必须支持每个断言都有驳斥证据，如果争论要走向解决方案，必须能够支持和驳回证据，综合评价对方观点的相对优势。

不太常见的是，这些相同的技能实际上需要更多的事实来表达修辞论证中隐含的形式，虽然修辞论证的争论可能表面看起来不那么复杂。如果支持断言的论据是一个伪证，确实是多余的论证，除非有人可以设想一个替代方案，支持断言或反对断言。一次或多次对比断言，从认知上讲，进一步的挑战也就是拿出证据来论证。衡量正面和负面的证据表明，一个人获得支持是由于他能提供有利论据。事实上，当我们说出一个科学理性的时候，这只是一个过程论据。因此，支持断言的任何有理由的论据都隐含一个完整的对话论证。

修辞和对话论证之间的这种认同提供了一个框架，用于探索较少的外部可观察到的修辞论点的性质。然而，当我们探索思维信念的基础时，对话论证的要素就显而易见于人们的信念和意见，而且这可以揭示人们思想素质的元素。（Kuhn,D., 1991）

在对话论证的框架建立之后，库恩首先要求专业描述和推理她们的论证，然后探讨她们的替代方案理论，进行辩护和反驳。论证推理也提出了一些与这个话题有关的证据，并要求她们进行评估。事实上，对于每个主题，研究者都希望能提供研究实验的真实证据。我们所说的真实证据绝对不是指证据是确定性的，甚至可能是不引人注目的、不一定令人信服的证据。相反，它的证据是：一，与理论不同，我们将看到的是一个重要的标准。二，承担其正确性。关于归因于真实证据的一半回应是指所谓原因的变化对应于结果的变化，但是其他种类认知心理学家熟悉的推理似乎也是反事实推理，运用对比和类比的方法。

在随后库恩对论证推理模型的研究中，于 2004 年提出了论证推理与思维起源和元认知的联系。并论述了因果推理和论证推理的相关性。她认为：“我们赞成推理的本质是一般主张在其认识起源和发展的背景下得到最好的理解。这是一个从童年到成年的发展维度，我们提出，正在加强对元认知的验证和研究，并解释因果推理和论证推理两个领域的相关性。”（Kuhn,D., 2004, 206）

论证推理能力是否不断发展？答案似乎必须是肯定的。对于复杂的推理的形式，我们可以辩论这个过程的确切性质，但很少有人会驳斥通过应用和实践来使推理技巧得到提高这一说法。此外，只有通过学习才能充分理解成熟的论证推理能力，他们的思维发展起源令传统建构主义者和现代认知科学家都关注。

成年人的论证推理能力所需要的认知技能在很多方面是不同的，论证速度和成果的发展差异是成年人个体差异的表征。当我们认为理所当然的时候，直观地给出了推理形式，实际上论证的成果因人而异。如果一个论证有很多的实证，那么可以成为多变量因果推理。论证推理也会出现这样的结果。

论证推理模型表明，在一个元认知层面上，人们对论证这个问题有了深入的了解。构建了元程序理解和元知识理解，这是运用智力技能所推理的结果。我们要求知识的价值成为发展论证推理的重要组成部分，因为这是一个重大知识构建的问题处置，而不只是单单应用认识技能。

因果推理和论证推理都可以是以最一般的方式引导理论来协调证据，儿童从小就建构理论作为了解世界的手段。这些理论随着儿童的经历和交往而得到互动和修正。（Gelman,S.A. & Wellman,H.M., 1998, 28）。然而在儿童早年，这个理论过程和证据协调不是在一个层次上进行有意识的认识或控制。我们需要获得在这个过程中元认知控制，论证推理认知发展的主要维度要从童年到青春期。到了青春期，元级认知构建逐渐承担较大的功能，在评价和推理程序层面上的论证技能发挥作用。青少年的个人论证推理在任何时候都可能有一系列的策略改变，带来了一个特定的问题，牵连一个元级认知论证过程的选择，在特定场合采用相应的策略，这个元级认知论证过程也可以否决其他可用的策略。

论证推理模型包含很多因果推理的特点，从确定人们可能期望的几个关键属性的推理开始，描述多变量因果关系的成熟心理模型。然后研究者检查各种推理的程度所承载的儿童和成年人的样本数据，可以得出儿童们论证推理模型的发展是更为通用的心理模型。论证推理开始于因果关系的模型，因为这个模型解释范围广泛并且易于修改，更具论证推理的实用性。

库恩提出三个关键特征作为成熟的多变量因果关系的论证推理模型的

属性：

一致性。所有其他的论据都是平等的，这是一个产生推理影响的原因，会在另一个场合产生同样的效果。

可加性。不止一个因素可能在论证推理结果上起作用，给定的时间或在特定的场合下，这些结果应是所有个体因素效应总和的合取。

交互性（不可加性）。在某些情况下，如必要或充分的真正互动原因，可能不适用于个体因素加和总效应。（Kuhn,D., 2004, 210）

这些属性反映的多变量因果关系对论证推理模型的影响，往往被认为是理所当然的论证推理方式。论证推理被广泛接受为个人的一种基本形式的推理方式，即使不需要学习，儿童也具有这种能力。个人构建一个论据来支持一个主张，其中的对话过程可以参考两个或两个以上的个人论证，反对的理由作为辩论或论证的话语来反驳结果的论据。尽管如此，作为论证结果是隐含在证据和反证据框架内的推理，这是论证推理话语的特征。

论证推理的基本技巧与因果推理的情况相同，推理过程和结果都被广泛认为是在儿童和成年人的认知能力范围内。实证研究表明儿童可以展示非常强大的论证推理能力。研究检查青少年和成年人的论证推理，相比之下，成年人的研究报告存在严重的弱点。成年人在支持论证理论时，受访者通常不会构建正反两面的论点或区分支持其主张的证据和解释，他们也显示出对信念偏见的宽泛敏感性（Klaczynski,P.A., 2000, 1353）。这涉及更复杂的论证推理技能在语境中共同构建一个论证的话语过程。

根据沃顿（Walton,D.）的说法，熟练的论证推理有两个目的。一是确保对手可以用来支持自己承诺的论点。二是通过破坏对手的论证位置识别和挑战他论点中的弱点。（Walton,D., 1989, 178）论证推理在话语技巧中确定两种潜在的发展形式。一个是增进对话语目标的理解，另一个是应用有效的策略来实现这些目标。这两种形式发展可以预见和相互强化。使用话语进展策略是通过更好地理解话语而达到推理的目标，同时在话语中运用这些策略也会得到论证推理对理论话语的目标有更精确的理解。

为了检验论证推理模型的话语能力发展，研究者进行了对青少年和成年人对话论证的比较，结果揭示了两者之间的惊人差异。青少年的话语主要集中在支持他们自己的观点的立场，但不会处理对手论点。青少年将理论话语的目标解释为优越地表现自己的立场，胜过对手。这个目标如果成功的话会破坏对手的论证推理位置，但是没有解决对手的论点。

相比之下，成年人除了推进自己的论点外，更有可能通过解决对手争论的相反观点来制胜。为了破坏对手的论点，并提出自己的论点，成年人的对话就更接近了实现辩论话语的双重目标。这说明论证推理技能在儿童和青少年时期仍然需要发展，学会深层次处理对手的论点，阐明自己的争论观点和谈判的话语机制。这可能代表新手论证推理者的认知超负荷，因此青少年要不断学习，提高论证推理能力。

库恩的这项论证推理模型研究帮助我们了解认知技能对话论证。在目前的情况下，从青少年个人认识论发展视角来看非正式的论证推理，要充分了解青少年的论证成熟的能力，还得深入发展探讨。

5. 认识论信念模型

认识论信念模型是史卓摩（Schommer,M.）创建的认识理论，她继续了对个人认识论的发展性研究，在前人研究的基础上建立了认识论信念模型。其研究目的关注认识论信念如何影响理解和学术成就问题，发展一个比以往学者更加定量的研究纲领，对信念的组成要素进行分析。史卓摩考察那些力图将认识论模式与元理解联系起来的冲突结果，对认识论信念是没有维度的并且按照固定阶段发展的观念提出挑战。认识论信念模型主要内容是提出一个信念系统由 5 个独立的维度组成，她假设这 5 个维度是：知识结构、知识确定性、知识来源、知识获得的控制和速度。史卓摩的研究是在前面学者们研究成果上的拓展性探讨。前三个的观念来源在佩里的工作中，后两个来自迪维克（Dweck,C.）和列格特（Leggett,E.）在 1988 年关于智力性质的信念研究以及史索费迪（Schoenfeld,A.）在 1983 年关于数学信念的研究。（Schommer,M., et al., 1992, 436）但是史卓摩有自己独特的贡献：她指出认识论信念可能是相对独立的维度组成的系统；促进了各个维度的经验研究；认识论信念与大学课堂学习联系起来等理论。

史卓摩的研究方法是制定了一个问卷，包括 63 个简短的陈述，描述认识论的信念，给予这些调查问卷负面或正面的说明，受访者给以 1（强烈不同意）到 5（非常同意）的评分。对于所提出的 5 个维度中的每一个，写入两个或更多个项目子集。在对本科生进行问卷调查之前，这些被三个教育心理学家分类为 12 个子集。在本研究和后续研究中进行因子分析，通常产生四个因素：固定能力、快速学习、简明知识和确定知识。然而，需要指出的是，在这些研究中报告的因子分析是通过使用 12 个项目子集作为变量进行的，而不是 63 个项目本身。

在认识论信念模型的四个因素中，每个都是一个连续体，虽然它们根据素朴观点来陈述。固定能力是从迪维克和列格特那里借用的概念，他们发现一些个体认为智力是固定实体，另一些认为智力是增长的，可以加以改善。快速学习提出这样的观点：学习或者快速发生，或者不发生；这个连续体是这样的信念：学习是渐进的。简明知识表明信念的范围，从孤立的、显明的单元的知识到高度联系的概念的知识。确定知识表明对知识的信念持肯定的态度，并认为这种知识是真知。

认识论信念模型提出将认识论的信念作为一个独立信念体系，个人认识要有多个信念需要考虑。个人可能在某些信念上是复杂的，但在其他信念中则不一定是复杂的。通过这个概念化，认识论信念可以被单独研究或以各种组合来研究。一个潜在的假设是，个人信念以及独特的信念组合可能会对学习产生不同的影响。例如，相信绝对的简单知识的个人可以通过记录事实和日期的备忘录来研究历史。而且他们可以假设所有的历史信息都是客观的。

史卓摩详细阐述了认识论信念的概念化。为了研究信念的复杂性，个人的认识论维度可以被描绘成频率分布，而不是作为连续统一体的单一点。例如，复杂的学习者可能会认为，大量的知识边界正在演变，某些知识还没有被发现，而总有少量知识是不变的。（Schommer,M., 1994, 297）有了这种信念分配，个人将成为批判性的读者，当提供了足够的证据时，他们会相信信息的真实性。另一方面，幼稚的学习者可能认为大量的信息是确定的，有些知识还没有被发现，知识的数量也在变化。有了这种信念分配，个人将是不加批判性地阅读，他们也是那些容易接受广告的人。

在认识论信念和学习的研究中，信念被认为是一种独立分配的体系。

有多个认识维度需要考虑，这些维度可以独立思考，也可以一起考虑，这两个功能具有重要的意义。认识论信念与学习进程不一定是同步发展的，单一的信念以及信念的组合可能会影响学习。这种认识论表征和对认识论信念的评价为认识论逻辑信念理论的扩展讨论提供了研究方法。在这些认识论信念模型中，个人认识论重要的关注点在于认识论的来源、确定性，以及知识获取的速度和控制。个人认识论的概念包括情感和认知成分，哲学家们可能会发现，这些知识的概念过于简单化或过于实用化。然而，对于教育心理学家来说，个人认识论的概念应用同样重要。

认识论信念模型对教学心理学的影响首先由维恩（Ryan,M.P.）探讨，他扩展了佩里的研究工作，研究认识论信念中的个体差异如何影响大学生的理解能力和学习成绩。维恩假设佩里从二元论到相对主义的转变，从知识作为离散事实的概念到知识概念作为相互关联的命题的运动，将与信息处理策略的变化相关联。（Ryan,M.P., 1984, 1230）史卓摩进一步推进了关于认识论信念如何影响学术研究工作的调查。在她的关于认识论信念的调查问卷的一系列研究中，她记录了关于知识和绩效信念之间的关系。

史卓摩进行了关于认识论信念的其他一些相关研究。她对大学生的研究结果表明所有四个方面的差异：大学生更有可能相信固定能力、简单的知识、确定知识和快速学习。（Schommer,M., 1993, 360）

认识论信念模型的认知导向为认识论信念与学习之间的关系提供了证据。对于认识论信念的概念，一般来说是研究具体学科的认识论信念。认识论信念影响着人的几个方面的认知：（a）积极参与学习，（b）坚持不懈地工作，（c）理解书面材料，（d）应付不良结构的管理。在这些领域中，证据表明认识论信念可以成为学习的帮助或阻碍。

认识论信念影响学生积极参与学习。一种观点认为，一些学生在学习中的作用是被动的。通常表现为一个人静静地听，而不是主动提出澄清或批评教学的内容。被动倾听是一种适当的信念，关键因素就是接受知识是绝对的、权威的。学生作为知识接受者而不是知识的来源者，当老师要求他们做原创工作时，学生就无能为力。这种对信息的被动接受也一直集中在关于历史知识的信念上。研究的检验已经表明，复杂的文本认为应该被动接受“事实”的历史报道，不要把握历史文本是诠释的观点。作者可能会采用说服性的论证使读者相信他们的解释具有持久性，认识论信念也一直是坚持不懈。研究表明，至少有两个因素可能有助于学生坚持艰巨的任务：对学习信念的控制以及对学习信念速度的控制。

认识论信念的研究集中在学习者可以控制学习的信念上。研究表明有些孩子认为学习的能力是固定的（固定理论家）。其他的孩子认为，学习信息实际上可以得到改善（增量理论家）。对于固定的理论家来说，学术任务的目的是记录他们的智力。对于增量理论家来说，学术任务的目的是提高智力。从事一项简单的任务时，这两类儿童理论家的表现大致相同。当一项任务变得困难时，固定理论家的反思是消极的，比如“这太强硬了”，“我弄不明白”。他们坚持相同的学习策略，并停止尝试。增量理论家的反思是积极的，“我需要更加努力”，“我必须尝试不同的东西”。（Schommer,M., 1994, 301）他们往往坚持超越固定理论。

学习信念速度控制还涉及坚持解决数学问题，跨学科阅读理解和学习外语沟通技巧。史卓摩在实验中发现许多高中生相信数学问题应该在 12 分钟或更短的时间内解决，花更多的时间是浪费时间。一些学生往往不会花费超过 5 或 6 分钟的时间来解决问题！研究结果表明，在她评估的四个认识论信念中，在学生掌握控制一般的智力信念之后，提高快速学习的信念是高中学生平均成绩最高的预测指标。学生相信快速学习能够获得较高的成绩。

认识论信念在阅读的各个方面起着重要的作用。有些学生认为学习阅读意味着记忆单词。例如，文盲成年人把他们自己的经历描述为年幼孩子的经历，并认为这种错误认识是他们不学习阅读的重要原因（Johnston,P.H., 1985, 165）。其他学生认为阅读学习意味着阅读和记忆事实。这些大学生认为不管知识是对还是错，没有灰色地带，如果他们回忆起基本的事实和定义，就越有可能认为他们理解了这些信息。另一方面，相信绝对知识的学生在能够将事实应用到新的情境中时，会感受到对信息的完全理解。但是，还有一些大学生认为阅读学习应该是一个快速的过程，它揭示了绝对的（某些）信息。在一项认识论信念实验研究中，大学生被要求阅读复杂的段落，并进行初步的研究。最后一段从段落中删除，学生通过自己的理解，写了一个结论性的章节，并完成了一个理解测试。在这个测试之前的一个月，这些学生完成了史卓摩的逻辑问卷。结果表明，大学生在全面学习中阅读越多，那么他们对信息的理解就越少。他们对这些段落的书面结论理解不好，那么他们在测试中就表现不佳，他们在评估的段落理解上的过度自信方面证明了这一点。另外，大学生对某些知识的信念，歪曲了传递信息的理解，暂定知识为绝对的。

认识论信念也与学生应对不良结构问题的能力有关。应对不规范的问题，涉及的问题是可能有不止一个正确的答案，解决问题的途径可能不止一条，也可能没有明确的答案。

史卓摩的认识论信念模型贡献表现在三个领域：第一，指出认识论信念可能是相对独立的维度组成的系统；第二，促进了各个维度的经验研究；第三，促进一条重要的研究路线，将认识论信念与大学课堂学习与学术成就问题联系起来。同时，这个模型有几个概念问题和度量问题没有解决。因此，四个维度的理论基础和依据多少是有问题的。简明知识和确定知识似乎与其他认识论模型一致。然而，固定能力似乎不属于认识论信念的构件。在史卓摩的研究中，虽然它继续作为一个因素，它不遵循其他维度的模式或者是一个有用的预测推理的研究。这似乎被解释为维度独立操作的证据。事实上，它可能表示固定信念能力和其他维度之间缺乏关系。正如迪维克（Dweck,C.S.）和列格特（Leggett,E.L.）所设想的，个人拥有实体视图或能力的增量视图的想法是一个隐含的智力理论的一部分。这些信念能力可以具有动机能力，因为它们导致认知目标的表征。（Dweck,C.S. & Leggett,E.L., 1988, 258）然而，智力观点通常不被认为是认识论信念的一部分，虽然它们可能间接与学习有关，因为他们激励目标的选择，从而影响随后的学习行为。在我们看来，固定信念能力关注智力的性质作为个人的心理特征。因此，它不是一个关于知识的性质作为一般认识论和哲学问题的维度。虽然关于知识的本质和智力性质的信念可能彼此相关，但它们是单独的结构。

从知识性质的观点看，快速学习维度也是有问题的。快速学习是学习任务的知觉难度。虽然学习信念与知识信念有关，但它们在概念上能够区分开来。关于知识是什么，为何被描述的信念不同于人们学习速度问题的信念。快速学习的观念也可以与智力和能力的隐式理论有关。相信能力是固定的，学生可能相信学习快速发生或者不会发生（作为这种能力的结果）。（Hofer,B.K., 1997, 109）如前所述，在史卓摩的一些研究中，定义为先天能力的项目子集成为快速学习的基础。对于学习是否快速的信念可能预测学生的理解和表现，但这并不意味着它是对知识的性质或知识如何形成合理的认识论信念。

史卓摩的第五个假设维度即知识来源在经验上需要验证。在素朴观点中陈述为无所不知的权威，这个维度被概念化为一个连续统一体，从关于知识是权威传授下来的信念到知识来自理性的信念。两组问题：不要批评权威，依靠权威。知识来源可以比之更加复杂，更多维度。

在测量问题方面，史卓摩构建了许多关于认识论信念工具的项目，这些项目具有内容代表性和内容相关性的有效性问题（Messick,S., 1989, 36）。一些项目是模糊的人格测量，有可疑的相关性，不太可能作为非常精确的知识信念指标。例如，对自助书的价值的怀疑可能不是最好的指标，人们不相信如何具有学习的能力（它的子集是一部分），更不能指示固定能力的信念。这些项目可能在实验中引入相当高程度的无关差异的构造。一般来说，对具体项目的仔细检查不会导致对项目是否认识论信念内容域的良好表征或样本的确定判断（Messick,S., 1995, 741）。此外，从其他选择的项目的措辞变化来看，使得难以确定受访者是指个人持有的认识论信念还是对他人的广义认识论信念的看法。

如前所述，对 63 个项目，而不仅仅是项目的子集，没有进行确证性因素分析，也使人怀疑有关调查问卷的实质性有效性的证据。从因素分析中不清楚是否全部 63 个项目实际上加载到四个或五个提议的因子上，因为没有报告项目分析，只有项目的先验子集的因子分析。此外，考虑到子集中的项目没有经过史卓摩的经验验证，因此因子的可信性取决于子集加载作为变量的程度，所以主要关注的是两个因素，快速学习和确定知识。

测量纸和铅笔问卷格式的认识论信念是一个有吸引力和方便的替代面谈，并使得史卓摩和其学者追求多个研究，关于知识与其他认知过程和实际学习的信念之间的关系，这是史卓摩对这个领域非常重要的贡献，也是未来研究的一个重要领域。然而，这种方法还存在很多问题，虽然每个维度都被概念化为一个连续统一体，但可能难以假设一个连续的认识论信念可以通过简单地陈述来表示或测量。

史卓摩认为：认识信念可能更好地表示为频率分布的可能性，但还没有经验证据。在提出认识论信念是一个独立维度的系统时，史卓摩声称学习者可以拥有某些信念而不是在其他信念中变得成熟。（Schommer,M., 1990, 501）关于这些维度是仍然存在独立程度的问题，鉴于先前关于认识论发展的研究，需要更多的证据来确定维度范围和测试他们的独立性。

6. 女性的知道方式模型

女性的知道方式模型是贝伦基（Belenky,M.F.）的认识论信念发展理论，其研究目的是：由于佩里的信念研究理论采用单一的男性样本，受到学者们的攻击，基于这种情况，贝伦基认为佩里的理论建构忽略了女性。他对女性的认识方式与自我概念进行交叉研究，提出在认识方式方面，女性有异于男性。其核心理论是论证女性的认识方式与男性存在差别。女性的知道方式模型的主要内容是提出女性的认识方式以及女性了解和看待世界的一套认识论观点。

贝伦基的研究背景是佩里的认知研究工作在 20 世纪 70 年代后期受到攻击，因其研究只限制于精英男性样本和普通大学生样本。吉利根（Gilligan,C.）挑战科尔伯格（Kohlberg,L.）的认知理论，在 1969 年建立的道德发展理论的基础上，他提出只有男性样本导致了权利的道德的规范性观点，但没有责任和关心的概念，他提出了对男性经验心理理论的广泛批评。（Gilligan,C., 1982, 86）这些理论往往提供了一个人类发展的模式，妇女认知被认为有缺陷。在理论构建阶段忽略女性的情况下，佩里开发的认识论模型通常只是对传统的男性属性和价值的研究，其理论存在不足之处。

在这种情况下，贝伦基对女性作为知识者和学习者的问题感兴趣。他们认为“使用女性经验来定义人类经验的模式比在智力发展模式中更清楚”。从佩里提供的模式开始研究，他们开始理解知识的主题，用面试研究了“女性的知道方式”的发展，这种模式由不同的观点组成，“女性从中现实观察，得出关于真理、知识和权威的结论”。（Belenky,M.F., et al, 1986,

128）他们明确地对女性的知识和认识论发展感兴趣，并认为女性的认识方式与自我概念相互交织。

贝伦基类似于吉利根的女性的道德发展的研究，做出有争议的决定，只对女性进行研究。他从女性的认知检测成绩单里反映到男性知道的发展模式。在一个面试案例研究中，他们访谈了135名女性，其中90名在六个不同的学术机构工作，另外45名参与人力服务机构工作。研究人员致力于一种现象学方法，允许受访者在半结构化访谈中提供自己的意义框架，范围从2到5小时。来自受教育程度较高的群体的个人被要求对一个或多个评论卡做出回应，这些评论卡对知识的概念做出陈述，并探讨了对专业知识和对真理概念的认识。接下来是需要进行智力判断的特定例子。受教育程度较低的女性接受了关于专业知识在自己学习中所起作用的五个问题。

女性的知道方式模型提出了女性了解和看待世界的一套认识论观点。他们提供一些关于认识发展过程的猜测，变化过程只能回顾性地推断。在所得到的模型中，与佩里的认识论模型所隐含的视觉隐喻相反，围绕隐喻来组织建构。贝伦基等人的认识论观点排列与佩里的模型的相关位置重合。

贝伦基围绕佩里的认识论研究计划组建了女性的智力发展模式，强调女性从“沉默”到“声音”的进展成为独立，但仍然与其他认知联系在一起的移情思想家。他们使用“沉默”“接受知识”“主观知识”“程序性知识”和“构建知识”来描述女性的五个认识发展阶段。

沉默，就是女性在无声无息的情况下自我体验外部权威的知识。接受知识，女性认为自己能够接受，甚至可以复制来自外部的知识，但无法创造自己的知识。主观知识，女性从真理的角度认为知识是个人的，私人拥有的，是主观上已知的直觉。程序性知识，女性投入学习和工作中，采用客观程序获取和交流知识。建构知识，女性将所有知识视为情境的存在，体验自己作为知识的创造者，并重视主观性和客观性的认识策略。

贝伦基的女性知道方式理论对比佩里的信念模型，在沉默的位置，女性经验是被动的，只听从外部权威。在下一个位置，平行于佩里的二元论的立场，是接受知识的一个认知观点，其中只有一个正确的答案，所有的想法被认为是好或坏，真或假。处于这种位置的女性认为知道是来源于自我之外，不像沉默的女性思维，她们可以复制和谈论这种知识，虽然知识起源是外部的。这些女性也不同于佩里的男性二元论者，他们在选择“正确”答案时认为自己与权威一致，处于这种位置的女性不倾向于认同权威。主观知识仍然是二元的，但是真理来源于自我内部。贝伦基描述主观主义与佩里的多重性的位置是可以互换的，但是注意到性别上的意义差异。男人被描述为对自己的意见主张“权利”，从别人手中夺取权威；女性在这项研究中更有可能看到真理是一种直觉反应，亲身经历。

在接受知识方面，贝伦基认为女性被推入负责任的角色，另外一些学习则有助于削弱女性依赖权威知识获得真相的信念，这是给予而不是接受的行为，使她们有更强的认识能力。研究实验提供给女性小组学习机会，为确保这一点，女性担任小组内的领导角色，是重要的信息策略决策者。在这个阶段的扫盲计划得到了认识。因为权威人物在这个阶段也是有强大的影响，这一点尤为重要地验证女性对课堂讨论和其他学习活动的贡献，而且现阶段的女性在适应新的接受知识方面可能会遇到特别困难的技术。因此，对于技术水平较低的学习者来说，这是一个适当的阶段，从事这样的接受信息技术能力提高很重要，可以导航浏览器屏幕，下载信息，使用电子邮件和列表服务以及使用简单的数据库。女性学生总是会享受各种信息技术，所以这些技能可能受益于通过在线教程模块教育。

在主观知识方面，贝伦基认为女性是主观认识者，仍然发现自己寻求正确的或错误的答案，但在此阶段，学习已成为答案的来源，而不是迷信全知教授和外部世界。女性的知道模型认为这是一个在自我保护、自我主张和自我定义的重要适应性行动。“即使它几乎完全依靠直觉，一个传统的女性特性。在这个阶段，可能很难让女性学生相信非直觉信息，尽管这就是权威的定期数据库、搜索引擎和股票交易”。（Belenky,M.F., 1986, 129）男性可能会试图推翻女学生在现阶段用信息来捍卫自己的意见，这是一种辩论往往让男人感觉更舒适，但往往会使女人沉默，开始感觉到自己的声音很小，女性可能会抛开与这些信念相冲突的信息。另一方面，在这个阶段观察和聆听对女性来说变得越来越重要。鼓励导师聆听女学生正在进行的发表研究成果的学术对话，是一个缓解紧张倾向的好办法，并推动女学生独立思考，又是基于对外部信息的深思熟虑的对话。作为终身学习者，例如，学习任务的自我评估，以及教师评估，也给女学生一种增强自己主观知识的力量感。

在程序性知识方面，女性展现出合理的思考，采用客观、系统的分析程序。然而，程序的知识可以采取两种形式，贝伦基等人描述为认识论取向。他们将这些描述为独立的知识和连接的知识。独立的知识是非人格的和分离的，最好的证据在于批判性思维。连接的知识仍然是程序性的，但真理通过人格的关怀出现。知识的模式是个人的，强调对判断的理解。这些认识论取向不被描述为性别特异性，但可能与性别相关。女性知道模型发现，虽然女性可以建立论据，但她们并不特别喜欢这样做，因为她们比男性更喜欢争论。研究人员的课堂经验表明，女性喜欢关注男人做不出判断的论题，女性自己能做出判断。她们也希望建立长期学习小组，让同学可以彼此建立互信的批评。这种信任对独立知识者来说并不那么重要，因为她们只重视知识间的关系。

构建的知识表征了知识的主观和客观的整合。女性认为“所有的知识都是建构的，而知识是知道的一部分”。（Belenky,M.F., 1986, 120）。知识和真理是语境的。但是，犹豫不定是女性的缺点，女性构建知识的态度和自信比不上男人。在社会地位方面，女性也不如男人，这些因素都会影响女性构建知识的信念与能力。另外，因为构建知识的社会因素和经济因素如此复杂，性别的差异也会减弱女性构建知识的能力。

贝伦基通过扩展佩里的工作，发展了女性认识观点的研究。他们保留了现象学方法，但增加了更多结构化的问题，以便在现有框架中找到结果。仅仅对女性进行访谈可能使她们只能从女性的声音中创造认识论类别，但选择这种做法也开启了他们的批评理论。虽然他们承认在男性的思维中可以找到相似的类别，但是他们的研究没有提供评估与性别相关的方法。

这项工作将不在学校的女性包括在内是值得注意的。然而，改变两个面试协议的决定使得很难得出关于认识论观点产生差异的结论。一个严重的问题是采访的顺序，关于“关系”的部分在“教育”和“知道的方式”部分之前。由于他们发现许多女性会通过一种关系的、相互关联的方法来知道，很难辨别她们的知道是否由访问员在早先的问题准备阶段透露，还是这种情境效应已经被证明影响问题解释。（Strack,F., 1991, 114）

贝伦基与佩里的主要概念差异之一就是佩里的立场是描述知识和真理的性质，而贝伦基更多地关注知识和真理的来源。在他的模型中，自我与他人的相关知识起着至关重要的作用。“对自我的理解的转变开始普遍化并影响女人如何思考真理、知道和专业知识”。（Belenky,M.F., et al, 1986, 138）这是贝伦基描述以皮亚杰式的智力水平运动方式的过程。因此，自我的知识改变是在理解知识和真理的观点之前。这些发展最终导致了个人的自我知识的建构性看法。

教育工作者在大学一级大量使用了“女性的认识方式”模式进行研究。最有用的启发式是独立的知道和相互连接的知识之间的区别，这已经成为理解与性别相关的学习方法的手段。（Clinchy,B.M., 1990, 53）贝伦基的研究提出了关于女性的学习和教学的建议，这些建议已在课堂和制度层面加以修改。他们倡导一种教学模式，教师作为“参与者和观察者”，在公共对话中模拟和展示学生的思维过程，接受不确定性的教室文化，由教师和学生共同分担的评价标准，因为知识创造不是通过信念冲突，而是通过信念的共识。

由于迄今为止对女性的知道方式和信息素养仍然缺乏系统的研究，这个讨论必须提出尽可能多的问题。它指出了需要纵向定性和定量研究，以女性为中心的个人认识发展框架可以描述为信息素养，加上一些措施定性研究，如反思性判断量表（RJI），可能会建立定性研究。因此往往导致这些样本相对较少，迄今为止，研究人员仍然试图用有效的量化措施，采集受试者样本。此外，研究应考虑到诸如女性年龄、工作经验、社会经济等变量水平，以及信息技术经验、中小学教育对女大学生学习的影响等等。因为教师选择的评估方法可以帮助学生提高学习能力，研究比较不同的评估方法是必要的。最后是结合各种信息素养标准，应用教学结果和绩效指标，在智力发展的不同阶段对女性进行评估。

7. 小结

个人认识论是一个涉及人类知识性质和认识过程的哲学领域。越来越多的心理学家和教育学家对个人认识论发展和认识论信念感兴趣：个人如何知道，他们持有的知识理论和知道信念，以及这种认识论前提是什么样的方式，关于思维和推理的认知过程等等。

皮亚杰在1950年使用发生认识论术语来描述他的智力发展理论，引发发展心理学家对这个哲学和心理学的交流的兴趣。这些兴趣是对行为主义支配地位的反对，知识的确认是新兴的道德判断和发展理论。沿着皮亚杰的研究传统，佩里试图解释学生的多元教育经验导致大学生个人认识论的发展。

佩里的认识论研究引起了很多学者的关注，马戈达、库恩、平切驰、金格、史卓摩、贝伦基等人建立了各种个人认识论发展模型。模型是研究理论和构建知识体系的必要工具，在科学理论的初始探索阶段，建立模型有重要的意义。理论的研究，通常“运用形式系统，对应规则和概念模型的方法”。（汤治成，系统开放性的组织理性模型，2017,5）

有一些研究计划调查了学生对知识和知识的性质的思考和信念，包括知识的定义，知识如何构建以及如何评估知识。然而，这些不同的研究计划追求不同的定义和概念框架，并使用相当不同的方法来检查学生的个人认识论信念和思维。在前文，我们提供了对这些不同研究计划的批评和全面的评论。在个人认识论发展模型里，上述6个模型是被大多数认知学家接受的。这些模型有代表性，它们极力解决个人认识论信念和推理的一般性问题。应当指出，这些个人认识论发展模型并不是孤立地存在的，各个模型之间有很大的相关性，它们有共同点，但也有各自的独特性。个人认识论的研究核心就是大学生的信念变化过程，个人认识论模型的研究对象是大学生，研究的样本采集主要来源于各种不同大学的大学生。这些模型展现了个人的认识发展的过程，从不同的层面解释了关于个人对知识本质特征的探究和知识的建构；对传统认识论和知识的经验性的看法；知识是否具有确定性；以及个人关于知识的知道方式；个人通过什么途径去认识知识；用什么方法去获得知识等等。

然而，在所有这些研究中，对所研究的实际认识构造；维度、认识论信念是否具有领域特定性；或者这种认识信念如何与学科信念相关联；以及认知中的其他构造和动机等问题未解释清楚。此外，没有尝试在概念上将早期的关于认识论信念的皮亚杰框架发展工作与新的认知方法相结合，如心理理论或概念变化相结合。我们需要对这些相互交叉的问题进行研究，识别需要解决的问题，并建议一些可能的共识，用以指导未来的研究工作。

三、个人认识论发展研究的重要问题

个人认识论是关于人类知识的本质和辩护的哲学领域。心理学家和教育学家感兴趣于个人认识论发展和个人的认识论信念：论述个体对于知识的知道过程；他们如何持有关于知道的理论和信念；这些认识论前提如何成为思维、推理的组成部分和影响因素的方式。个人认识论沿着皮亚杰认识论的研究传统，以佩里的认识论为理论基础，对他们的认识论做出超越和发展性的研究。其研究的对象以大学生为主体，大学生的学习和课堂教学成为重要的理论验证方法。个人认识论始终围绕着知识的本质与知道的方式进行探讨，研究认识过程的表现和变化，分析认识论信念的变化。在上一章，介绍过个人认识论的主要模型，详细地论述了个人认识论的基本理论。在这一章，我们将对个人认识论发展研究的两个重要问题进行讨论：个人认识论主要模型的问题分析；个人认识论与文化的问题。

1. 个人认识论主要理论模型的问题分析

个人认识论主要理论模型并不是孤立地存在的，各个模型之间有很大的相关性，它们有共同点，但也有各自的独特性。个人认识论主要理论模型的知识概念是什么？如何论述知道的信念？如何了解关于知识的性质和知道的过程？在这一节，我们将讨论这些问题。这些问题包括专业术语的概念定义；个人认识论的维度；认知发展阶段问题、年龄与教育的关系；域特殊性与域一般性；认识动机与认知变化的关系；性别、民族与作为环境的跨文化等等问题。基于个人认识论主要模型的研究，我们总结了各种模型的特点与要素，制成了如下的个人认识论发展模型表。

表 1 青春晚期与成人期（late adolescence and adulthood）认识论发展模型特点

智力与道德发展（Perry）	女性的知道方式（Belenky et al.）	认识论反思（Baxter Magolda）	反思判断（King & Kitchener）	论证推理（Kuhn）
位置（Positions）	认识论观点（Epistemological perspectives）	知道方式（Ways of knowing）	反思判断阶段（Reflective judgment stages）	认识论观点（Epistemological views）
二元论	沉默（Silence） 公认知识	绝对知道	前反思思维	绝对论者
多样性	主观知识	过渡性知道		多元论者
			准反思思维	
相对主义	程序知识 (a) 联系知识 Connected knowing (b) 分离知识 Separate knowing	独立知道		评价论者
相对主义内部承诺	构建的知识	语境知道	反思思维	

表 2 认识论信念与认识论思维的主要模型的各种要素

研究者	认识论理论的核心维度		关于学习、教学与智力的边缘信念	
	知识的性质	知道的性质	学习与教学的性质	智力的性质
佩里（Perry）	知识的确定性： Absolute Contextual Relativism	知识来源： Authorities <-> Self		
贝伦基（Belenky et al.）		知识来源： Received <-> Constructed Outside the self Self as maker of meaning		
马戈达（Baxter Magolda）	知识的确定性： Absolute Contextual	知识来源： Reliance on authority Self *Justification for knowing:* Received or mastery <-> Evidence judged in context	Role of learner Evaluation of learning Role of peers Role of instructor	

（续上表）

金格、基切驰 King & Kitchener	知识的确定性： Certain, right/wrong <-> Uncertain, contextual	知道的辩护： 知识不需要辩护。 知识是构建的，判断接受批评性的重新评价 知识来源： Reliance on authority <-> Knower as constructor of meaning		
库恩（Kuhn）	知识的确定性： Absolute, right/wrong answers Knowledge evaluated on relative merits	知道的辩护： Acceptance of facts, unexamined expertise Evaluation of expertise 知识来源：*Experts* Experts critically evaluated		
史卓摩（Schommer）	知识的确定性： Absolute Tentative and evolving 知识的简明性： Isolated, unambiguous bits Interrelated concepts	知识来源： Handed down from authority Derived from reason	学习与教学的性质： 快速学习	智力的性质： 先天能力

（1）专业术语的概念问题

基于前面章节谈论的个人认识论模型，其研究专业术语概念的构建存在一些问题，因为在命名结构以及概念结构方面存在差异，有时不清楚研究人员在什么程度上讨论相同的认识领域。有关构建概念存在三个问题。第一，在构建概念的名称中存在反映关于构建性质不同的理论假设的差异。第二，关于构建的边界问题，在作为构建的一部分边界问题存在不同意见。第三，认识论思维、一般思维和推理之间的关系，在不同的模型中有不同看法。下面详细地讨论这三个问题。

就第一个问题而言，每个模型描述了具有不同名称的构建体，其表示关于构建体的性质及其功能的不同理论假设。研究人员在描述构建体时有所不同，如：认知发展结构；影响认知过程的一组信念、态度或假设；认知过程本身等等。认识论发展意味着这些观念是结构上融贯的、逻辑的序列化发展过程的组成部分。（Boyes,M.C. & Chandler, M., 1992, 292）他们的认识论假设构建成认知发展结构，虽然这些模型认识到认识论思维不同要素，但这些模型中的认知结构意味着哲学组成要素是不可分离的或正统的维度。

另一方面，认识论标准（或态度偏爱的术语）和认识论信念使用的术语没有阶段性或层次性，不同信念或态度可以交叉，表明个体的认识变化，这些变化没有同类阶段结构。此外，态度和信念可以指个人信念或没有证实的意见，不是合理的认知结构。这个构建还有一种概念化，即认识论风格，指类特征的构建，表示关于认识论信念的个体差异。

除了形式问题，第二个问题涉及个体认识论信念和思维的内容。表 1 概述不同构建。研究不清楚的是，关于学习、智力和教学的信念是否应看作是认识论信念的重要要素。一方面，就知识的概念和辩护这个领域的哲学处理和心理学处理而言，它们不明显地涉及知识和知道的性质。表 1 显示，它们在所有模型中并非都是关于知识和知道的性质的信念。在我们看来，认识论信念领域应该限于个体关于知识的信念以及关于知识的推理和辩护过程的信念。从表 1 可以看出，这些认识论模型，包括这些模型结构和认识论信念，研究学习和教学问题可能源于早期的认识观点，这是大学生对他们的教育经历的理解。佩里在理解学生对多元化信念的看法时，他提到认识论信念作为“智力和道德发展”计划的一部分，认为这包括学生的经验意义。

由于构建概念的一部分边界问题存在不同意见，不清楚是否应将有关学习、智力和教学的信念视为认识论信念的核心组成部分。一方面，这些模型没有明确地处理知识的性质或如何定义和证明知识，因为很多哲学和心理学研究者已经定义了这个领域。如表 2 所示，它们在所有模型中都没有被表示为与关于知道和知识的本质的信念相同的程度。在概念清晰度方面，在我们看来，认识论信念的领域应该限于个人对知识的信念，以及关于知识的推理和辩护过程。另一方面，个人对学习和教学的信念是如何获得知识。在个人信念的心理现实方面，关于学习、教学和知识的信念可能是相互交织的。

第三个问题就是混乱的构建涉及关于知道过程的认识论假设与一般思维和推理过程（如论证能力和归纳推理）之间的差别。因为思维和推理过程，如各种形式的论证，以及关于结构不良问题的推理引出认识论假设，一起研究它们是有意义的，但它们在概念上是可分开的。事实上，通过区分认识论信念、思维和推理过程，这些构建的性质以及它们之间的关系就可以变得更加清楚。

认识论思维被当作认知过程，如认识性认知，或认识性反思，或简单地作为知道的方式，涉及个体思考知道过程的方式。如表 1 所示，不同的模型都包含知道的性质，而知道的性质涉及关于知识来源的信念，从相信专家提供知识到自我建构的过程。知道性质的第二个方面涉及证据和知识辩护过程的角色作用。这些过程通常认为是比简单归纳推理或一般的批判性思维更高水平的认知过程。基切驰（Kitchener,K.S.）指出，认识性认知要与认知和元认知区分开来。认识性认知是问题的知识性质的三阶监视过程，作为引导认知过程的高阶过程的认识论定位。（Kitchener,K.S., 1983, 226）如何用更加具体、特殊的归纳推理相比较去研究关于知识如何产生？辩护的思维与一般的思维之间如何区分？在未来的研究中是需要继续发展的。

有关认识论信念这个构建概念的上述三个问题的分析，我们提出认识论信念构建的内容限于个体关于知识的性质和知道过程的信念。我们认识到关于学习、智力和教学的信念与认识论信念有联系，一般思维和推理过程也与认识论思维有关系。然而，我们认为认识论构建的这种界定，采用更加整体全面的定义，将使这个领域的研究和理论建模变得明晰，使我们对于认识论信念的构建和功能的理解有更大的进步。

依据认识论信念的这种形式或构建，我们指出个体关于知识和知道过程的信念可以看作是个人认识论的理论。这个建构的概念变化和心智理论的研究一致，表明个体在某个领域的知识是按照科学中理论构造的方式来组织构建的。如在概念变化文献中，这个构建将认识论信念和认识论思维当作个体持有的个人认识论理论，能够过渡成一般化的阶段模型，这类模型不允许信念构建中的阶段内部的变化，即水平滞差问题。这表明认识论信念和认识论思维可以是交叉维度的，不必融贯构成更综合广泛的构建模型。

个人持有的认识论信念和认识论思维是否可以构建理论，还有待从经验上考察。然而，沃曼（Wellman,H.M.）指出知识体可以当作理论有三条标准。第一，构建理论的组成观念和概念之间具有一定的融贯性。融贯连续体的一端是缺乏联系的独立事实和观念；另一端是使得这些观念和概念融贯的形式化理论，如具有定理和原理的科学理论。（Wellman,H.M. & Gelman,S.A., 1992, 348）由于知识接近这个连续体的理论一端，所以概念和观念更加紧密联系，个别的概念依据它们与这个领域的其他观念和概念的关系来定义和确定。沃曼考察的先前那些认识论信念和认识论思维的研究，个体关于知识的信念以及他们怎样思考知识的方式是以复杂的和融贯的方式发生相互关系的。如表 1 所示，关于知识的性质和思维过程的信念的各个不同方面是以理论化的方式相互联系的。当然，我们不主张个体具有像专业哲学家那样的形式化认识论理论，但个体关于知识的观念是接近连续体的理论一端的，而不只是没有联系的独立的知识单元。

沃曼关于作为理论的知识体的第二条标准是，这个领域的某些实体与过程之间有某种本体论区分。也就是说，理论有助于规定什么是在这个领域中的，这个领域的客体如何范畴化。（Wellman,H.M. & Gelman,S.A., 1992, 350）表 2 可见，各个不同的认识论模型都似乎在知识性质与知道过程之间做出区分。此外，这些模型区分知识的确定性与知识来源。这些区分对于个体思维似乎有重要意义。例如，从我们这里考察的研究看，如果个体对有关知识确定性的特定立场做出本体论承诺（即绝对主义的与相对主义的），那么他们将以某种方式感知和思考他们的经验。这会支持这样的观念：个体的认识论信念可以作为引导他们的思维的理论发挥作用，如在其他理论驱动的科学思维的情形那样。

沃曼提出的第三条标准涉及这样的观念：理论为这个知识领域提供因果解释框架。例如，个体在生物学、物理学和心理学领域有“素朴的”理论，这些素朴理论包含关于各自领域的现象的各种因果解释框架。（Wellman,H.M. & Gelman,S.A., 1992, 352）认识论信念是否也是如此，我们还不清楚，虽然知识性质的各个方面可以作为知道过程的约束和限制起作用。例如，如果个人相信知识是绝对的，那么知识来源就会是权威人物。这不是因果解释框架的明显例子，肯定需要更多的经验研究来验证关于认识论信念可以看作是理论的说法。虽然前两条标准可以适用于作为理论的认识论信念，但因果解释框架标准是否适用仍然不清楚。然而，我们认为利用个体关于知识性质和思维过程的理论来对认识论信念和认识论思维概念化，将有助于澄清和构建认识论信念的概念。

(2) 维度

个人认识论理论模型涉及多个维度的内容。什么是个人认识论的维度？个人认识论的维度包含知识的性质（人们认为知识是什么）以及获得知识的过程（人们如何认识知识）。维度在知识本质上表现为知识的确定性和知识的简单性，在知识的获得过程表现为知识的来源和知识的辩护。（Hofer,B.K, 2004, 130）这些维度在一些发展模型中明确出现，在另一些模型则必须依据推论得到这些维度，但所有模型都包含与知识性质和知道性质有关的内容。这些维度的特定内容在不同认识论模型有所不同，我试图在认识论理论（即作为理论的认识论信念）的构建内识别出共同的要素。我排除那些明显与教育经验或者与学习相关的，而不是与知道相关的维度（如：认识论反思模型的教师角色，认识论信念模型的快速学习）以及在其他模型不出现的那些维度（如：认识论信念模型的固定能力），剩下的维度可以构成在前面识别的两个领域，即关于知识性质和知道性质或过程的信念（见表 2）。

我们认为，这两个一般领域代表着个体的认识论理论的核心结构。在知识性质和知道性质这两个领域内，我们指出每个领域有两个维度，它们提供认识论理论的四个维度。表 2 所示，在知识性质栏目下，我们指出有两个维度：知识的确定性和知识的简明性。在知道的性质领域，我们指出另外两个维度：知识来源和知道辩护。这四个维度在表 2 中的大多数模型中都有出现。此外，我们排除的方面在许多模型中不出现，其中一些方面在认识论上不太清楚。我们假设这四个维度应该看作是个人认识论的理论核心，而关于学习、教育和智力的其他信念可能与这些核心维度有关系，但是个人认识论的理论边缘成分，类似于概念变化的核心观念和边缘观念之间有所区分。当然，这四个维度模型需要在经验研究中加以验证。

或许关于学习和教育的边缘观念是认识论的核心观念的发展前奏。我们这里考察的研究表明，认识论思维是相对较晚发展的。但是儿童在家庭、学校和社区环境中的学习和教育的早期经验被忽略。因此，认识论理论在认知发展文献中假定的儿童的生物学、物理学和心理学的意义上不是框架理论。（Wellman, 1990, 28）然而，将上述四个维度看作是个体的个人认识论理论，表明了这些维度以融贯和相互一致的方式相互联系着，的确做出关于知识的一些重要区分，可以提供考察知识的某种因果解释框架。下面分别推论这些维度。

（a）知识性质：人们关于知识是什么的信念，是大多数现有模型的基础。在认识论发展研究计划中，这是从绝对主义的知识观到相对主义知识观再到语境的、建构主义立场的进一步理解。在认识论信念模型的因子分析中，知识性质是在简明知识和确定知识的因素中构建。知识性质的各个方面可以进一步按照两个维度加以确定。（见表 2）

知识的确定性：人们将知识看作是固定不变的还是变化的程度，现有研究都涉及这个问题，发展主义者可能将之看作是随时间变化的连续体，从固定不变的观点到更加易变的观点发展演变。在较低水平上，绝对真理肯定存在。在较高水平上，知识是暂时的、试探性的和变化着的。

知识的简明性：按照史卓摩的概念化理论，知识处于事实累积与高度关联概念两端的连续体上。在其思维发展中，较低水平的知识观点是独立的、具体的、可知的事实，在较高水平上，个体认为知识是相对的、偶然的和语境的。

（b）知道性质：关于人们知道的过程的信念一直是认识论发展研究的重要组成部分。包括关于知识来源和知道辩护的信念——包括证据的评价、权威的角色、辩护的过程（见表 2）。

知识来源：在大多数模型的较低水平上，知识来源于自我之外，存在于外部权威之中，知识可以通过权威来传递。佩里作为认识者的自我（及其在与他人互动中建构知识的能力）发展观念，是大多数模型的发展转折点，将这种意识看作是他的模型提及的一个转变。同样，金格和基驰切论述了较高阶段上知道行动发生的转变，其中认识者从旁观者转变为积极知识建构者。贝伦基论述了知识来源的问题。马戈达则指出，知道中的发展变化集中体现在学习者、同伴（同学）、教师的角色转变。史卓摩假定知识来源是认识论信念理论的第五个维度，虽然它的存在还没有在经验上获得验证。她力图度量关于权威信念的来源。

知道的辩护。这个维度包括个体怎样评价知识，包括他们对证据的运用，对权威和专业知识的运用，以及他们对专家的评价。随着个体学会评价证据以及运用证据来支持和辩护他们的信念，他们就从二元论信念的连续体到多元论信念，再到信念的合理辩护。

（3）认知发展阶段问题、年龄与教育的关系

认知发展的阶段性问题是个人认识论的一个重要论题。个人认识论是沿着皮亚杰与佩里的认识发展研究传统的拓展工作。个人认识论的认识发展模型受到皮亚杰的认识发展阶段论的影响。皮亚杰认为认识发展经历感知运动阶段、前运算阶段、具体运算阶段、形式运算阶段。这种认识阶段性是按顺序发展的，儿童在前面的阶段获得认知能力，才能为下一认识阶段获得认知做出准备。有一些认知学者认同皮亚杰的认识发展阶段性理论，但也有很多学者否定皮亚杰的认识阶段性理论，提出了认识发展的非阶段性理论。这样就形成了认识发展的阶段性与非阶段性的争论。

大多数认识论信念的研究都指出，认识论信念在儿童朝着成人期的发展演变中，存在一定的发展进步，特别是对于接受大学教育的人来说。金格和基切驰根据 15 年的长时追踪研究指出了这个发展过程的各个阶段的认识变化，构建反思判断模型，提出认识过程的阶段性理论。另一些学者不使用“阶段”概念，不接受认识过程的阶段性理论，而是采用“位置”和“观点”等概念。这些模型都表明，知识观点从绝对主义的位置转变到相对主义的位置再到积极的意义构建者的位置。

丹列夫（Dannefer,D.）认为，各种认识发展理论可能会陷入个体发生还原论的陷阱，将社会产生和模式化的现象当作根源于个体的特征。虽然皮亚杰式理论和这里推论的大多数认识论发展计划假定某种互动论模型，认识论信念的研究还是一直将它们看作是个体认知的构建。我们需要考察认识论理论的语境性质。（Dannefer,D., 1984, 111）

此外，有必要进行认识论理论发展的跨文化研究。大多数认识论发展模型共同的发展终点可能都是西方学校教育和文化的社会构建的人工物

（Moore,W.S., 1994, 52）。正如皮亚杰研究和皮亚杰理论都被批评是假定在西方文化基础上发展的一个固有的和逻辑的终点，认识论理论的研究也必须避免这个问题。

就认识论发展与认知发展之间的关系而言，存在一些问题。如其他的认识发展模型，科尔伯格（Kohlberg, L.）的道德发展计划，他假定伦理判断与知识判断之间的对应一致关系。他的道德判断的各个阶段平行、同构于皮亚杰的阶段。（Kohlberg,L., 1969, 367）虽然认知发展与认识论发展之间的这种一一对应关系是不太可能的，但对于某些种类的认识论信念是可能的，某些智力和知识前提是必要的（但不是充分的）。例如，依据皮亚杰的阶段启发性，个人可能难以利用构建主义的术语来看待知识，一些抽象的形式推理对于关于知识的高阶假设是必要的。

在超越形式运算的青少年晚期和成年期有高阶思维的阶段是可信的。辩证思维可以为运用相对主义的认识论信念的高阶过程提供更充分的条件。更多研究需要确定这些较高智力发展阶段以及它们与认识论理论的关系。（Benack,S. & Basseches,M.A., 1989, 99）

年龄和教育与认识论发展之间显然有密切关系，但我们不清楚认识论理解的过程从哪里开始，一些研究表明是在大学教育以前的时期，还有少数研究指出是在高中之前。大多数大学一年级学生在中学读书期间不太可能是二元论者，一个可信的解释是，这种发展是回归的。博亚斯（Boyes,M.C.）在佩里、金格、库恩以及其他学者的研究工作基础上提出一个四阶段模型，发现高中期间的所有认识水平代表了高中学生的认知水平。（Boyes,M.C. & Chandler,M., 1992, 296）他们猜测，大学年龄的学生的研究表明主要还是较低水平的认识论水平，在这个时段整个发展水平会出现第二条认知发展路径。当个体处于新的环境，他们可能回到更加安全、业已确立的位置是可信的。

除了皮亚杰关于儿童发生认识论的研究之外，幼儿的认识论信念很少受到注意。库恩的研究表明识别青春期前的认识论意识是困难的。这表明就真理辩护对个体的反应范畴化进行研究，需要一个认知发展研究计划，研究儿童从早期的绝对主义到接受主观主义的转变。蒙特沃（Montgomery,D.E.）最近的假设是，儿童的确具有关于知道和知识的信念，这些信念是心智理论的组成部分。儿童的这些信念的研究属于“大众认识论”的发展研究。（Montgomery,D.E., 1992, 420）从心智理论研究的观点看，3 到 4 岁时期个人世界观的变化的研究表明，青年早期与认识论推理的初始阶段是一致的。

对于大学生毕业后关于知识的信念发展或在课堂教学之外认识论信念发展的社会文化背景，我们需要继续发展研究。

（4）域特殊性与域一般性

认知心理学中有更强的转变，从一般机制走向信息处理的域特殊描述，特别表现在新手和专家的认知过程的差异研究中。发展心理学也有类似的转向，特别是在各种新皮亚杰理论的儿童认识发展理论中，有的理论在跨领域方面观察到发展水平的不平衡。皮亚杰解释跨领域差异是水平滞差的解释，即跨领域认知的行动和过程滞后。这种解释对于大多数学者来说是不满意的，只作为一种域描述或者思维的内容领域（方面的）差异的描述，而不是一种解释。水平滞差的有关例子是加西（Ceci,S.J.）进行的认识论研究，他们发现了学科专业与应用主题内设计评估大学生的形式操作来完成三个不同任务之间的表现关系。（Ceci,S.J., 1989, 131）这反映在文学和社会科学内容的形式运算过程的比较，物理学专业更可能对单摆问题展示形式运算；英语专业和社会科学专业大部分只对反映各自的专业知识的过程展示形式操作。认识论思维的域差异的角色一直没有仔细考察。

当然，域的含义和边界是有问题的。亚力山大（Alexander,P.A.）将域知识看作是个体关于特定学习研究领域的个人知识，包括直陈知识、程序知识和有条件的认识。他认为，域知识与学科知识之间的差异是在个体水平上的（个人知识或个人心理表征方面）的差异，取决于知识的广度和组织（知识组织）。（Alexander,P.A., 1992, 38）他举例指出，一个三年级的大学生有限的、无组织、无条理的生物学观念构成一个域，而医学专业学生的生物学知识是学科层面的。然而，在大多数认识论信念的研究中，“域”（domain）常常与“学科”互换使用（同义词）。这些明显不同于传统的学科领域，假如接受亚力山大的论证，可能有较低水平的“域”知识，来源于实际的内容知识。

无论如何，域特殊性问题一直在前面考察的认识论模型内部获得很少的注意。部分原因在于许多模型的认知发展传统预设认识论信念和认识论思维是一般的、普遍的和跨越域边界的。史卓摩最近检验认识论信念的域独立性假设，指出多数大学生表现出认识论信念跨域的适度一致水平（Schommer,M. & Walker,K., 1995, 426）。学科差异只在反思判断模型研究中发现，其中社会科学的研究生在认识推理方面比数学科学的研究生分数要高。

史特伯（Steinberg,R.）指出，认知的域特殊性与域一般性问题是一种伪二分法，二者不是对立面而是互补的，以相互作用方式联系。“发展具有既是域一般性又是域特殊性的要素，这个问题是将哪些发展要素理解为域一般性的或者域特殊性的问题”。（Steinberg,R., 1989, 120）他认为在认识论信念研究领域，这个问题是日益重要的，越来越多文献讨论特殊学科的知识信念，特别是数学和科学领域。这个域观点还必须整合到更多的域一般性的认识论发展研究中。利用认识论思维作为理论的观念，有可能在相互联系的观念网络（理论之网）上既有普遍性的知识信念，又有域特殊性的知识信念。然而，需要更多的研究来探究这个观念网络的性质，以确定认识论理论的哪些维度是域特殊性的，哪些是域一般性的。

一些有关学科信念的研究表明，认识论理论作为学科和领域的函数而发生变化，在不同学科和不同领域起着不同作用（或者有不同内容的信念），这些研究可以提供一定线索来讨论这个问题。例如，许多大学生相信数学与确定性有关（数学知识是确定的），迅速正确地回答说教师是知识的仲裁者或知识来源。史卓佛迪（Schoenfeld,A.）创造出一个典型的大学生关于数学性质的信念列表，如数学题只有一个唯一正确的解答等信念。他对关于学习数学和社会研究的态度和信念进行了广泛研究，考察小学五年级学生关于学科差异的素朴观点，他们认为这些差异来自小学水平的一般教育模式。在学生看来，数学是固定不变的知识，社会研究则缺少精确规定。利用认识论理论的维度来说明，他们指出，假如只有唯一解题的途径是普遍信念，学生可能认为数学的知识确定性高，数学知识的简明性也高。（Schoenfeld,A., 1992, 334）对于知道的性质来说，这些数据表明知识来源外在于学习者外部的东西，知识辩护（过程）也来自教师或某个学科领域。

还有一些研究讨论科学中的认识论信念：关于物理学知识结构的信念；物理学知识内容的信念；学习物理学的信念。汉摩（Hammer,D.）认为高中物理学的学生所谓的认识论承诺，是发现建构主义信念与客观主义信念的差异，后一种信念是主导的，无论课程是否强调前一种信念。（Hammer,D., 1994, 158）他们将客观主义看作西方教育默认的认识论，这个模式可以随着强调建构主义的教学来改变教学实践。他们也讨论了按照建构主义的科学教育进路的困难，这与七年级学生的常识认识论不一致。在这些研究中，大多数学生持有更多知识实在论或客观主义的知识观点，表明他们将科学学科的知识看作确定的。虽然科学可能不是必然简明的，但它有一些离散的事实，这些事实不是相对的和语境的。从知道的性质看，这些发现也表明学生对科学的看法依赖于辩护的权威。当然，大多数关于数学和科学的研究不是使用主题内设计，因此不可能区分一般的年龄发展差异和领域差异。我们需要在这些方面进一步通过主题内设计来探究学生跨域的认识论理论。

领域差异的研究很复杂，因为学科的确有不同的知识结构和认识论假设，所以变得复杂化。各个学科的定义特征包含用于确定知识的标准和验证过程。例如，英语系和文学系的教师更多依赖同行的判断，与自然科学或社会科学领域的教师相比，较少依赖经验证据。学科特殊的知道方式和推理方式已经在高中教师的教学实践和教学目标中有所发现。学者们对进一步研究确定各个学科的特征提出了建议，在特定学科内和不同学科之间进行，在专业发展的多个水平上，对专家与新手的认识差异进行研究。

（5）认知动机与认知变化

认识论信念的一些研究论述了信念与动机、学习、认知、学习成绩之间的联系。佩里曾经推测，大学生的知识概念的修正可能会导致学习策略的变化，这种变化来自学习和认知的过程。尔安（Ryan,M.P.）在这个领域开创了经验研究工作，假设信息处理策略的变化是从二元论到相对主义变化的过程，发现认识论与理解之间的相关性，通过分类系统来度量。（Ryan,M.P., 1984, 1232）史卓摩在一系列相关研究中发展了尔安的工作，探究大学生认识论信念、策略运用和学习成绩之间的关系。结果表明，认识论信念影响学习策略及其运用，也间接影响学习表现。

这样，认识论理论可以作为比较理解或学习的标准和目标。例如，如果个人相信知识是简明的，那么就不会采取更深层的处理策略。自我调节学习的研究表明，学习者必须具有某个目标或一组标准，参照这些标准来评价他们在学习上的进步。这个目标用于启动、激励或制止各种自我调节过程，如运用认知控制策略或元认知控制策略。这些目标通常概念化为个人的目标，但认识论理论可以提供另一种目标引导自我调节的学习。认识论信念也可以影响概念变化学习，认识论理论与动机、认知有密切联系。

学生的认识动机导向与课堂中的认知参与和自我调节有关，他们能够改变内在价值与认知策略，自我调节学习的持续性。关于数学的信念塑造行为的方式是强大的，目标导向也可能是关于学科的信念变量，在不同主题之间存在差异。（Stodolsky,S., 1991, 98）。

个人认识论的研究把认识信念与动机、认知联系起来，这样的工作需要更好地了解认识论的理论，研究学生的策略选择和学习动机，可能阻碍或提高他们的学习成绩。这些理论影响大学生如何根据他们的动机和认知来处理学习任务。这些学习动机随着时间的推移，形成认识论的信念。关于知识和知道的观念怎样成为个人的认知构建的组成部分，经验证据很少。在各种认识论发展模型，学者们假定某种互动论机制。从皮亚杰的观点来看，信念的变化触发了某种形式的认知失调，导致同化或适应。佩里将发展的动机看作趋向先天动机与环境的支持和约束之间的相互作用。

虽然很少经验证据表明究竟是什么东西促进认识论发展，或者认识论信念怎样改变，但学者们提出了大量看法，通常挑战现有的观念。在这个意义上，对这些模型提出认识论变化的失调机制。有些涉及观念变化条件的文献提出了各种论证，这些条件包括：个体在对现有观念不满意时，必须选择可理解的、有用的替代观念，并且找到新信念与先前观念的联系方式。这个认识论模型的观念变化是有局限性的，因为它没有考虑到认识动机和知识背景的因素。关于认识论理论变化机制的未来研究应该不仅考察认知机制和平衡机制的变化，也要考察能够约束和促进这些变化的激励机制。此外，可能约束和促进变化的背景（环境）因素也需要给予考虑。

确定认识论影响的各种教学要素至关重要，可能需要进行人类学研究。这些要素可能包括课堂内外的学习过程；测试和其他实践评估；教师和学生谈话的模式；课堂结构和物理课安排；奖励制度以及教科书的采用等等。我们还需要更多地了解教师的个人认识论理论。可能需要采用多种社会文化研究方法来解决这些问题。

学者们把社会文化的学习观的研究焦点从个体的普遍性转移到各种个人认识论发展模式，研究个人认识论理论的语境性。学生的作用成为社区实践概念的一部分，促进了学校教育的重新认识，学校认为学生是具有社会化的价值观和信念的学术团体。然而，如果在教室中的信念不是促进学科进一步学习或提高兴趣，那么在常见的数学领域中，对该学科的文化教育可能会失败。以同样的方式，个人认识论理论可以随着个体在不同的教育和学科环境而发展。

（6）性别、民族与环境的影响

关于性别对个人认识论的影响是学者们注意的课题。早期佩里的研究只涉及男性，后来的研究者对他的单一性别的研究提出质疑。贝伦基的研究提出了女性的知道方式模型，随后发现性别关联模式。但是有一些研究者发现没有性别差异或者结果不确定。不过，我支持贝伦基的女性知道方式模型，因为男性与女性之间天生就有生理和心理上的区别，这是认知模式的先天性的差异。男性与女性之间的社会工作有所不同，在社会与家庭的角色、地位也不同。例如：在中国古代男耕女织，现代男主外女主内。在中国广东省的很多农村地区，依然存在“太公分猪肉按丁（男性）分配”的习俗，即在清明祭祖时，通常烤一只猪来祭祖，然后把烤猪切块，平均分给家族男性成员，女性则不能参与分配。这些男女社会地位的差异在世界各地都存在，那么男性与女性之间的认知信念和认知接受过程就当然不同。另外，很多个人认识论的研究者是男性，其认知理论也会带着男性的性格特征来进行推理。总之，要在认识论理论中探讨潜在可能的性别关联模式，我们还需要更多研究。

还有一些研究者考察不同的民族差异的个人认识论问题。我们需要在理论上说明个人认识论为什么有性别的、民族的和文化的差异。例如，可以将性别和民族看作认识发展的不同环境。按照这个研究进路，性别和民族可以概念化，这会给个人认识论发展提供不同的认知机会、知识供给和认知的约束限制，而不只是看作个体的个性特征。不同民族的价值观、认识信念、宗教信仰、传统观念有所不同，因而个人认识论的发展与知识的构建过程都不同。不同的民族的自然环境、生活环境、社会环境、经济条件等因素都不同。所以，对于民族差异的个人认识论问题在将来有待做出拓展性的研究工作。

个人认识论理论的跨文化研究的文献较为少见。现有的理论框架基于美国大学生样本，无疑是依据基础文化的信念形成的。这标志大多数认识模型的较高阶段形式的抽象推理一直被当作西方风格的文化教育特征，在其他文化中的存在并不普遍。现有认识论模型常常假定一种日益朝向个人主义思想和权威知识的认识方向。在集体主义文化中，自我的观点可能有个体间的含义，个人的知识和知道理论可以朝着接受共同的认知方向发展，而不是依靠独立思维。这对于创造性和科学发现也是有意义的。在当前个人认识论的研究中，主要的学者大都来自西方国家，个人认识论的文化背景基本上是以西方文化为基础，其研究的大学生样本大都出自西方国家的高等学校。很显然，这些个人认识论的主要模型忽略了东方文化。因此，个人认识论理论的跨文化研究也将是未来研究的展望。

此外，目前学校教育所论述的“独立知识”是一种西方文化现象和价值观，它与独立的、有限的自我观念有密切联系（Markus,H.R. & Kitayama,S., 1991, 226）。跨文化研究也凸显了认识论信念构建的其他维度。例如，知识目的作为现有认识论模型讨论的课题，学生怎样看待知识的角色作用，在什么意义上只有实践的和功利的目的等问题也存在跨国文化的差异。强调理论建构而不是工具主义，在不同文化中也是不同的，不同学科之间以及分支学科领域之间明显表现不同。

（7）小结

这一节论述了个人认识论主要模型的一些重要问题。从这些问题可以看出，个人认识论是与传统的认识论相关联。它围绕知识本性；知识是否有确定性；个人的知道方式如何；知道的过程是怎么样的；个体通过什么方法才能获得“知道”；认识的信念是如何变化的；认识的变化过程是否有阶段性等等一系列的问题进行讨论。形成了个人认识论的主要理论。

前面所论述的个人认识论主要模型倾向于皮亚杰的认知发展阶段理论的研究传统。这些模型认定或默认个人认识发展的阶段性，即儿童或成人在不同的成长阶段存在根本的质的差异。并且假设了认识发展阶段具有普遍性，在多种不同的环境与文化的影响下都可以适用。我认为，这种研究的偏见有点脱离实际，虽然研究要采集不同环境的多种青少年样本是困难的。

相反，认知学者们的研究比较少涉及皮亚杰的认知发展的非阶段理论。即认为个人认识的不同发展时期并非存在质的改变，应当把认知发展看成是多种能力的获得过程。例如，知觉分辨、注意力的集中、记忆能力、心理联结、知识与策略等等。这些个人认识发展模型往往较少涉及这些方面。在未来拓展性的个人认识论研究中，应当加强这一方面的研究。

总之，个人认识论的发展理论是用来解释各种认识现象的方法，它们所描述的观点可以验证实验的假设。这些个人认识论发展模型，是认知领域里重要的理论。

2. 个人认识论与文化的联系

个人认识论研究主要以欧美研究为主，研究主要集中在美国，研究的对象以美国人为主。关于学生的知识和认知观念都以美国精英大学生为对象，最初的研究大多数模型是基于 20 世纪 50 年代和 60 年代的男性白人，并且他们是社会的精英分子。美国文化就成为个人认识论的主要文化背景。很多认知心理学家指出，这种单一的文化研究显然是存在缺陷的，因此跨文化的研究进路对个人认识论的理论发展有重大的意义。

学者们发展研究个人认识论与文化的观念，过去的认知信念测量通常在美国验证，而其他不同文化背景的国家通过翻译，简单地套用类似的结构。最近几年，个人认识信念的研究和发展正扩大它的全面性，特别是关于多元文化的研究，为此提出潜在的挑战和扩大现有的研究类型。个人认识论要从多个范式的跨文化综述开始，并提出对影响个人认识论的多元文化教育的进一步研究。

人们很少了解关于其他文化的复制，不管认知发展轨迹是否一致，还是在更高水平的研究计划扎根于西方教育。但实际上，在其他地方都不太可能出现相同的个人认知过程。一般来说，个人如何看待知识和知道的"个人认识论"的模式是研究个人认识论与文化联系的重要方法。所有这些方法的共同点是认识论哲学领域的心理研究方法，这些方法专注于个人认为什么是知识，个人如何知道知识，如何构建和评估知识。发展心理学家通常感兴趣于认知发展的过程变化，教育心理学家更关心认识论的文化环境如何影响思维和推理的认知过程，科学家和数学教育家也怀抱热情进入了这一领域的研究。这些研究进一步推动了我们对个人认识论与文化联系的理解。

（1）个人认识论发展的跨文化研究

个人认识论的跨文化研究有一个值得探讨的论题，就是在不同信念、风俗、认知能力、生活习惯的文化影响下，个人的认识是否存在普遍的规律。对于这个论题，有的学者持绝对性观点，有的学者持相对性观点，有的学者持否定性观点。

在我看来，不同的文化影响下，各种人群是很难存在普遍的个人认识规律的。基于不同的文化背景，人群对认知的信息加工过程和认知信念有所不同。大量研究资料表明，个人认识论在跨文化的不同人群中表现了不同的认知能力与信念。另外，不同地区的发展差异、性别差异、个体差异等等方面也会影响个人认识论的研究。以下是一些个人认识论跨文化研究的例子。

研究人员通过对多元文化与跨文化调查研究表明，中国学生与美国学生在学习上会表现不同的认知发展模式。好比北京的学生，他们在大学教育过程比美国学生的认知二元主义更加强烈。个人认知能力发展是一个人与环境相互作用的结果。这种效果受到文化价值与文化环境不同的两国国情的影响，从而产生不同的文化熏陶结果。

跨文化的个人认识论研究需要对多个敏感的文化背景变化为对象。研究机构用以色列的青少年为研究对象，把贝都因人和犹太人分了两个类别，以个人认知的三个阶段模型认识论发展进行实验，结果发现贝都因人在认知的绝对主义阶段比犹太人高出很多。研究者解释是文化指示和学校教育影响导致个人认识论的不同。类似的个人认识论与跨文化的研究在意大利的中学生中进行实验，也得到与美国文化不同的审美观、价值观，和对真理判断的不同。

认识论发展的其他模式在文化上还有芬兰的反思判断模型的实验研究。根据金格的反思判断模型研究，判断是隐含的成年期的认识论。这个以面试为基础的纵向研究，正规教育是主要的发展预测因素，有的学者提出了文化变革的意义，文化会影响可能存在隐含的认识论。（Pirtilla Backman & Kajanne, 2001, 90）目前的这些工作正在扩大研究。

跨文化的自我建构模式的重要组成部分是认识论发展。研究认识论跨文化研究发展的一个核心问题是测量问题。采访评估是最可靠和最有效的方法，但这也无疑导致在其他国家进行这些研究的复杂性。我们应该检查在认识论层面和其他结构之间关系，以及在这方面更多有可能推进的工作。

但令人担心的是，简化的书面措施可能会使复杂性变得轻而易举；例如，如果测量了一个观点是可以接受的，那么很多年轻人已经达到了佩里所论述的在大学二年级学生中最常见的发展水平。最近使用类似领域的研究提示可能多个模型是对的，这些跨文化的证据表明学龄前儿童在某些领域的多个观点重合。尽管如此，跨文化模式可能无法充分发挥整个认识论发展的研究，需要进一步推进书面认识论发展研究的措施，有助于解释多个跨文化模式的研究，而不只是信念框架。跨文化的认识论发展的进一步研究可以帮助提前了解前面描述的认识论发展过程是否符合西方学校的规范。这可能是重复佩里等人的早期现象学工作，或通过反思性判断模型的研究，在理论上进行更多包容其他文化世界观和基础概念的研究，以及对文化的更多个人认识论的比较研究。

我认为对个人认识论跨文化视域的研究，应该结合“文化症候群”理论一起探讨。“文化症候群”是指在一段特定历史时期中，在有界限的地理区域内，根据说某种特定语言的人们来确定主题，并围绕这一主题组织得到的共同态度、信仰、分类、自我界定、标准、角色界定和价值观的模式。（凯瑟琳·加洛蒂，2015, 252）个人认识论结合文化症候群的严密度、复杂性、主动与被动、荣誉、集体主义、个人主义、纵向与横向关系等方面进行研究。这将会为个人认识论与跨文化的扩展性研究提供新的视野。

（2）认识信念及其文化影响

在多种文化中探究个人认识论的最普遍的纲领是认识信念或知道信念的纲领。按照这种视角，个体关于知识和知道的观念是多维度的，各种维度不必以统一的方式发展。相反，在各种认识发展模型中，有一些相同的认识思维可以在各种认识信念模型中识别出来。

最初的认识信念模型由史卓摩提出，她认为认识信念有 5 个维度，她在经验上识别出其中 4 个维度：确定的知识、简明的知识、快速学习和先天能力。第 5 个是无所不知的知识权威，这在理论显然重要，在一些个人认识论发展模式中也是重要成分。（Schommer, 1990, 499）前面两个维度的认识信念发展路径是相同的，后两个似乎与认识论的定义关系不大，是从其他心理学构建中得到的（如关于能力的信念研究）。这些涉及知识的性质（知识的确定性和知识的简单性），另两个维度涉及知道的性质（知识的来源和知道的辩护）。这些概念都有一定的经验支持。

认知信念的测量通常采用问卷调查，最常见于认识论信念调查问卷是史卓摩的认识论信念设计模型。史卓摩问卷中的一些项目来自佩里的模型，部分设计用于评估知识的威权主义。佩里用来选择接受访问者近 50 场。虽然这些项目被批评为模糊和一般化（例如“我不喜欢没有结局的电影”，“自助书”没有多少帮助），但他们坚持使用这种方法，这可能是因为能利用其中出现的一些问题，对这个认识论信念的研究计划结果做出预测。

在认识论信念的模式里，很多个人认识论研究受到文化上的影响，研究的例示必须足够。一些研究工作旨在测试模型和新文化背景下的因素，其他研究重点是评估结果，研究本质上是用比较性的方法，检查两个或更多文化对认识的影响。学者们在欧洲、台湾、香港、巴西等地进行了相当多的研究，研究结果显示出可比的结构具有相似均值和较高可靠性系数的模型。强调本研究为文化基础提供了证据支持，并认为认识信念和个人认识论在儒家文化中有独特性质。

在许多已发表的关于认识论信念研究的文献中，看到的大都是以美国文化为认识背景。在上述情况下，其他文化与美国的研究结果进行比较，其他文化中的结果是根据什么来检验？然而，很多研究更加明确和直接对文化进行比较，在不同的环境中使用不相同的模型。

一项比较美国和中国中学生的研究表明，在某些简单的知识、快速学习和先天能力方面，显示出美国中学生对简单知识的一致性认同的水平低于中国人。这可以说是跨越一系列美国研究的个人认识论的核心维度，因此这种认识低水平是令人担忧的。中国学生更有可能将知识视为简单的、确定的、先天的，而美国学生更有可能根本看不到学习的确定性。其他文化对个人认识论影响的研究也采用类似的方法调查个人认识论信念问题。（Qian & Alvermann, 1995, 284）

将个人认识论和认识信念理解联系在一起，至关重要的是理解认知结构。我们质疑在文化之间是相似的假设。在前面提到的中国和美国学生的比较研究中，结果表明中国学业成绩较好的学生已经表现出更多美国的“复杂信念”，研究人员注意到关于确定性信念和知识的简单性可能会受到学校文化的影响，知识的信念和权威受到挑战。同样在进行日本和美国的学生的比较研究中，虽然日本学生表现出更加尊重权威和信念的确定性和简单性知识，这并不表示在文化背景下表现不佳，而是他们在那里受教育的影响。研究结果的文化比较为日本学生表现优于美国学生，尤其是数学和科学方面。我们需要更多的研究样本，包括各种变量，并涉及国内和国家之间的分析，以便更好地了解认识论信念的文化性质预测。

随着杂志评论者、编辑和研究人员对认识论的了解，他们已经进行了不同文化对个人认识论影响研究，研究的翻译复制也是一个值得探讨的方面。因此，我们往往不了解个人认识论受文化影响研究的稳定性和复杂性。在理想情况下，研究人员可能会找到文化合作的手段分析复杂的结果，做出不同的解释。在线网络的个人认识论研究新进展可能在这方面会有研究发展的希望。经常困扰翻译复制的另一个问题是在不同文化中个人认识论信念的研究遇到文化差异难识别时，很难确定是否主要归因于文化或其他混淆变量。

研究人员在不同文化中使用认识论信念模式，并做出最大的贡献。通过更多的结构检验和测量，可以推进共同理解这种文化构造的细微差别。我们需要扩大概念模型的研究，将新理论在新文化环境中进行测试，以及运用更多新措施验证研究文化对个人认识论的影响。我们还需要更广泛的批评建议。

(3) 个人认识论和性别文化的研究

个人认识论与文化的研究中，关于性别的研究是一个很重要的课题。在跨文化的个人认识论，性别研究越来越受到重视。个人认识论的早期研究，佩里（Perry,W.G.）等人只关注男性的研究，通常只以男性为研究样本。早期的个人认识论大都展现男性的认知特点。

贝伦基（Belenky,M.F.）在 1986 年对女性认识论的研究，从女性的生理和心理特征出发，提出“女性的认识方式”。随后，贝斯夫（Baxfer,M.B.）发现“性别关联模式”。个人认识论的性别便成为新的研究课题。

以女性为样本的研究证据表明，女性更可能倾向于用“连接”的方式来进行认识的发展，在典型的学术环境下，女性比男性接受认知的能力有更加“独立”的模式。但有关男女大学生的学习调查结果表明，在“个人认识论的反思”方面，男性和女性相似，在知识来源方面，男性比女性更容易看到权威和专业知识的来源。但是也有学者测试性别差异，他们推测归因于男性受到更多高水平的教育。在很多反思性判断测试中，结果却没有显示性别的差异。因此，尽管存在着性别差异的论题，个人认识论的研究更加需要审慎验证。

在道德判断的评估来访中，男性样本与女性也表现不同，女性在这个评估中的得分高于男性。运用四种个人认识信念（知识确定性、简单性、来源和辩护）对男性和女性进行访谈和对比，在相信知识是简单性方面，无论哪个国家，男性比女性更有可能接受没有争论的科学权威。在个人认识论的研究实验中，注重性别的影响变量，验证基本文化价值要对比认知的信念，因此要注意性别的差异对研究带来的影响。

以美国大学生研究为基础，对个人认识论的研究不很注重性别具体来源，其概念基础也可能在文化上有偏见。我们还不清楚性别的差异多大程度上会限制我们的理解和扭曲发现，我们需要对所描述类型有更多关于性别，适用于文化的研究。如贝伦基等人所说明的研究工作和对妇女的访谈，这涉及到访谈可能导致阶段或维度的其他文化识别，这在西方社会中很明显。我们也需要考察信念的定向性和层次结构发展水平，其他研究性别将是包括两种或更多文化比较的理论构建。

心理学的文化研究已被描述为包含两个阶段的科学探究。第一阶段涉及寻求文化差异，建立现象的界限。第二阶段的研究涉及追求潜在机制的文化差异。（Heine & Norenzayan, 2006, 254）调查个人认识论的研究人员是在第一阶段结束后，开始解决更多阶段的问题，特别是解决文化的差异对比与不同假设的学习意义。例如苏格拉底或孔子的影响，他们提出了不同的潜力关于知识和知识的信念。

我们认为，个人认识论的性别差异仍然值得进一步研究，现有的个人认识论的文献表明，性别的差异导致认识和感知的不同，虽然差别不是非常大，但这足以影响个人认识论理论研究的实验结果。因此在研究中应该重视这种性别差异。此外，还有一些研究发现不存在性别差异或者结果仍不确定。要在个人认识论中发现潜在可能的性别关联模式，还需要更多的探索。

（4）个人认识论和文化研究的未来发展

我结合学者们对个人认识论和文化的研究提出的一些研究计划展望，认为如下的个人认识论和文化的未来研究值得探讨：

（a）我们有一个认识论的文化结构，它是代表个人认识论的跨文化构想。是否有认知信念的维度可能补充美国模型的缺失，以界定在一个全面的文化和包容性模式？我们工作主要来自复制模式，固有文化世界观使我们缩短了调查。个人认识论的维度需要来自多个文化环境的测试。我们也需要改进研究方法，使我们能够识别个人认识论的哪些方面是普遍性的想象，可能体现在具体文化上。搜索心理普遍性已被确定为基础假设模式，但跨文化研究方法一直缺乏。（Norenzayan & Heine, 2005, 770）

（b）我们可能会超越大学生的研究范围，扩展到工业化国家和土著信念“民间心理学”的对比。这项工作不仅扩大到年轻人和老年人的样本，而且扩大到不同的亚文化和不同种族内部的团体以及工业化程度较低的国家。例如，“什么是知道：人们如何知道？他们知道了什么？”文献描述了民间心理学文化如何区分知识和知道的能力。我认为，对于跨文化的知识来源研究，研究人员不应限于考虑在传统教室学习的学生。还可以包括人性（或先天知识）、个人经验、模型、教学、梦想、愿望、拥有和幻想等等。不同信息来源被认为是提供“真正的知识”，是真实的文化的传达，也可能是其他人的直接经历。当然，它可能是经验证明的。理解这些真正多样化模式可能会导致我们走向更加全面和更广泛接受心理认识论模式。

（c）个人认识论模型在不同文化共同指向是什么？在一个文化中被认为是“复杂的信念”，同样喜欢和培养在另一个文化里。不管知识背景和文化环境如何，在许多情况下，接受权威知识是妥当的。我们目前的认识模型既不具有文本的敏感性，也不具有文化的细微差别，更多的文化探索可能会帮助我们摆脱西方文化霸权思想的复杂影响，并以个人认识论的观点理解更为广泛的语境和文化。

（d）我们是否有足够的跨文化研究措施？术语能否正确翻译？不同文化的翻译能否表达共同的意义？在研究西方乐器中的一些文化认知时，从翻译的最新报告可以看出，显然简单的翻译不能把沙特阿拉伯的乐器文化很好地展现出来。所以我们要做好基本的对比文化了解来应对翻译问题。一个埃及的学者说他已经阅读了关于个人认识论的材料，但曾经困惑于一个问题：“知识与会心之间有什么区别？它们是阿拉伯语中的同一个字。”这表明跨文化的个人认识论研究多么困难。（Schreiber & Al-Ghalib, 2007）因此，我们的个人认识论未来研究必须重视跨文化的翻译问题。

（e）我们是否过分集中于个人认识，无视社会分配知识的方面？目前大量研究集中于个人主义和集体主义文化，研究独立的和自我相互依赖的结构，我们需要质疑这个最基本的假设。我们对“个人认识论”的看法可能忽略了一种更加有共同认知观念的会心。

（f）因素结构不能复制暗示什么？它是必不可少的，这样做是为了有效的比较。个人认识论的研究工作展示了如何有可能解释不同的因素结构，并将其作为有意义的跨文化差异调查依据。这种工作是在一些其他的社会科学中，比如政治学，在那里跨文化工作有着悠久的历史。例如，建议的项目“对政府的信念”在多种文化中可能并不完全相同，每个国家都提出了一个共同的基本思想。然而在心理学上，我们更加抵制这种做法，可能需要重新考虑这一点，只要我们对建构的知识有信心，可以合理地捍卫我们个人认识论的变化。

（g）怎样适应和预测在不同文化里的个人认识论本质？我们可以借鉴更广泛的心理整合、教育文献帮助我们做出更丰富的预测？在不同文化之间，研究认知信念与学习策略的结构不同，认知模型整体复制的学习和权威也不同。我们要更多地了解这些教育制度，价值观和信念文化，以预测和解释我们的发现，而不是假设这些变量之间的关系是否有普遍性。

（h）文化心理学如何引导我们走向更丰富的文化调查与解释？我们可以更好地通过社会化调查个人认识论的文化基础和文化实践，在这个领域要发展跨文化的研究工作。

（i）越来越多的个人认识论的文化模式会产生何种教育意义？如何对多元文化进行教育实践？越来越多的移民，全球化和多元化的跨文化冲突的例子要求我们注意学校不同的个人认识论假设、权威观点，并了解如何知道知识。具备敏感的文化教学方向对于提高学生文化素质来说是一种需要。当家庭和学校的个人认识信念相冲突时，教师也需要注意学生的紧张情绪。

（j）最后，我们怎样共同努力，合作创建并丰富这些模型，测试我们的假设，并扩大我们的文化理解网络？从根本上说，我建议需要更多的跨文化协作，以便我们可以在设计测量中进行文化敏感性的调查，扩大我们的理论和概念基础，从不同的角度解读研究结果。（Hofer, 2008, 18）

个人认识论与文化的研究发展探索，展现了一幅丰富的未来研究图景。但个人认识论与文化的研究还存在很多复杂的问题，比如：个人的民族、宗教、受教育程度、生存环境等等很多的因素，仍然需要研究者努力探索。

（5）小结

对于个人认识论与不同文化的研究，上文已经陈述了个人认识论的发展、认识信念受到多元文化、跨文化、性别文化差异等影响，个人认识论受文化深刻影响。在此基础上，提出了个人认识论和文化研究的未来展望。

目前，从研究个人认识论与文化关系的文献来看，研究的对象大多数都是美国或欧洲的人群。各种个人认识论的推理和假设都是以欧美文化为背景，研究样本的行为趋势和生活习惯也是以欧美人种的文化为基础。在一些西方学者看来，他们所研究的个人认识论结果适用于全世界的每种人。我当然对这种个人认识论与文化的沙龙主义持反对意见。因此，个人认识论的研究必须要与跨文化相联系，进行系统性、整体性的检验。近年来，有一些心理学家、教育学家、认知专家都关心这个论题。

个人认识论的跨文化研究有一个值得探讨的论题，就是在不同信念、风俗、认知能力、生活习惯的文化影响下，个人的认识是否存在普遍的规律。对于这个论题，有的学者持绝对性观点，有的学者持相对性观点，有的学者持否定性观点。

在我看来，不同的文化影响下，各种人群是很难存在普遍的个人认识规律的。基于不同的文化背景，人群对认知的信息加工过程和认知信念就有所不同。大量研究资料表明，个人认识论在跨文化的不同人群中表现了不同的认知能力与信念。另外，不同地区的发展差异、性别差异、个体差异等等问题也会影响个人认识论的研究。

四、个人认识论的方法论和视域

个人认识论的研究是遵从皮亚杰的认识论研究传统发展而来的，皮亚杰的研究方法对个人认识论产生很大的影响。皮亚杰的认知理论的一个重要特征是认知发展的阶段理论。这一理论认为：个人会经历不同的认知发展阶段，每一个发展阶段有不同的认知差异。认知的发展是循序渐进的，认知发展的阶段性是固定的。儿童的认知发展是从认知水平的低级阶段向高级阶段发展，后认知阶段是建立在前认知阶段的基础上，不会出现飞跃式的阶段发展。后来有一些认知学者认同皮亚杰的认知发展的阶段理论，并认为这种认知阶段性普遍存在。

但是，皮亚杰的认知发展阶段性理论很快受到认知科学研究者的批评。很多学者认为认知发展是非阶段性的，认知在不同的发展时期并没有存在本质性的差别。认知发展是复杂的，受到不同的社会环境因素的影响。认知的发展也受到结构主义、联结主义、分辨能力、记忆力、知识背景等方面的影响，认知的发展并不出现阶段性。因此，后来从事个人认识论研究的学者们超越皮亚杰的认知发展理论，拓展性地对认知发展进行研究，研究方法是多种多样的。

我们认为，从元认知和心智视域对个人认识论进行研究的方法很重要，对儿童和青少年的认识问题探讨，也是弥补个人认识论对大学生研究的不足。

在认识论的研究领域里，元认知与心智理论是两个重要的认识理论。个人认识论与元认知、心智理论有很大的相关性。在这里，我们从元认知与心智理论的视域，分析个人认识论，并对个人的认识信念变化做出解读。探讨个人的知识性质和知道的来源、知识的构建。另外，鉴于个人认识论主要是对大学生的认识论展开研究，缺乏对儿童和青少年的认识问题的探讨，我们将对个人认识论进行发展研究，扩大和补充儿童和青少年的认识发展的分析。

1. 个人认识论的研究方法

(1) 皮亚杰的研究方法对个人认识论的影响

个人认识论的研究是沿着皮亚杰“发生认识论”研究传统发展而成的一种认知理论。我们回顾一下皮亚杰“发生认识论”关于儿童认知的主要内容。

皮亚杰对儿童思维发展的研究有突出的贡献，他长期对智力和认知过程的发生做出深刻调查。他认为心理发展的主要方式是适应，并提出心理活动与环境之间的同化与顺应的认知过程。

皮亚杰认为：在所有认识水平上，都存在着一个在不同程度上知道自己的能力（即使这些能力被归结为只是对客体的知觉）的主体；存在着对主体而言作为客体而存在的客体（即使这些客体被归结为“现象”）；而首先是存在着从主体到客体、客体到主体之间起中介作用的一些中介物（知觉或概念）（皮亚杰，发生认识论，1981，21）

皮亚杰把儿童的心理发展分为四个阶段：

第一阶段：感知运动阶段

这个阶段大约是从婴儿出生到18个月的时期，这个时期婴儿主要靠感觉来表现与外部世界的接触。婴儿在这个时期还没有形成心理表征的能力，但婴儿会把注意力集中于眼前事物，并通过感觉与动作表达情绪。婴儿对新鲜的物体会产生好奇，皮亚杰用再生性同化的概念对婴儿的好奇进行解释。

感知运动阶段或智力活动阶段的主体是有主动性的，而且这样的主体用反映抽象的程序为自己组成他自己的结构，除了在相当特殊的情况之外，反映抽象与知觉的成图形过程是没有什么关系的。（皮亚杰，1984，50）

第二阶段：前运算阶段

儿童的这个发展阶段大约在18个月至7岁之间，此时期儿童已经拥有了心理表征能力。儿童在前运算时期，会用复杂的方法来理解外部世界，并且能使用语言作为交流的工具。儿童的思维集中在知觉上，前运算阶段的儿童常常只是注意事物的静态，缺少对事物的动态性变化的考虑，缺乏思维的可逆性。

第三阶段：具体运算阶段

儿童的这个阶段大约在 7 至 12 岁之间，这个时期儿童能掌握比以往更多的信息，而且还能考虑到思维转化过程，比起以前的知觉思维更进了一步。此时，儿童可以产生思维的可逆性，并学会如何对不同的事物进一步分类，思维能力进一步细化。但是，这一阶段仍然缺乏抽象的思维方法，缺乏思维的全面性和系统性。

第四阶段：形式运算阶段

随着儿童的成长，进入了青春期，皮亚杰称这个时期为形式运算阶段。这时的青少年思维就变得系统性和复杂性。青少年已经学会如何抽象思考问题。在抽象思维的基础上更进一步产生逻辑推理能力，这些逻辑思维产生新的认知能力，即皮亚杰所称的“反省抽象”能力。

皮亚杰对婴儿到儿童，再到青少年的认知能力发展做出了理论的描述。在儿童心理认知发展方面有很大的贡献，很多学者在继承皮亚杰的心理研究传统的基础上，对认识论作进一步的拓展性研究。个人认识论也是在皮亚杰研究传统下发展形成的。

不过，后来的研究者对皮亚杰的儿童心理认知研究提出了很多批判。于是很多研究人员建立了各种心理发展模型，进一步丰富个人认识论的发展研究。

从研究方法来看，皮亚杰的发生认识论描述的认识发展过程呈阶段性变化，在不同的认知发展水平，有不同阶段的认知特点。皮亚杰的这种研究方法给个人认识论的研究提供了方法论，深刻地影响了个人认识论。在后来的个人认识论发展研究中，各种不同的认知发展模型都以“认知发展变化”为核心，探讨不同情景和视域的认识发展。皮亚杰认为“发生认识论的特有问题是认识的成长问题”。（皮亚杰，发生认识论，1981，18）他很注重认识的不断演变，并认为这些演变就是一个认识建构的变化过程。基于这种研究方法，在以后的个人认识论拓展性的模型讨论中，各种模型都受到皮亚杰的动态认识信念影响。

另一方面，皮亚杰的认识论研究是一种跨学科、跨专业的研究。以致后来的个人认识论研究也是将哲学、心理学、教育学等理论交叉在一起，进行综合性的研究。直至今天，个人认识论一直是哲学家、认知心理学家和教育学家共同关注的论题。

皮亚杰曾在心理实验室工作过，并且接受过格式塔心理学的理论，做过西蒙（Simon, T.）的实验助理。他应用了访问、观察、测验和实验等心理学的临床研究方法。皮亚杰注重实验的自然性，同时他也对人的生物本能性、自我调节性等进行探讨。这些研究方法在个人认识论的实验方法中被效仿。例如：在金格（King,P.M.）的反思判断模型中，提出前反思水平、准反思水平和反思水平。这个模型聚焦于应付不良结构问题的解决，这个过程实际类似于皮亚杰对自我调节的认识研究。

皮亚杰认为认识结构的核心是格局，婴儿通过各种感知运动逐渐适应格局变化，婴儿对外界的刺激用同化的方法进行调节。通过适应、同化和调节，机体会处于一个平衡的状态。皮亚杰的这种认识方法影响着个人认识论的研究。库恩（kuhn,D.）在她的论证推理模型中，研究方法受到皮亚杰的影响，她认为认知过程要求反思人自身的思维的元认知能力。在我看来，她的这种元认知能力实际上也类似于皮亚杰的适应与同化，最后达到平衡的认识水平。

皮亚杰在认识论研究中利用逻辑和数学的概念方法来论述认知的发展过程。他描述认识的高级阶段就是形式运算阶段，其主要特征是“它们有能力处理假设而不只是单纯地处理客体”，“认识超越于现实本身”（皮亚杰，发生认识论，1981，57）皮亚杰认为这个阶段的儿童成长到 11 岁的青少年，他们已经形成逻辑思维的高级认知能力。他的这种研究方法影响到个人认识论的发展模型研究。我认为，史卓摩（Schommer,M.）的认识论信念模型受到皮亚杰形式运算的理论影响。史卓摩提出认识信念的四个因素：固定能力、快速学习、简单知识和确定知识。这些因素是逻辑推演的认知发展过程，其研究方法受到皮亚杰认识理论影响。

总之，个人认识论从认知发展的视域来探究认识论信念的变化，它是沿着皮亚杰认识论研究传统发展而成的一种认知理论。个人认识论的各种认识发展模型，其研究方法很多都受到皮亚杰“发生认识论”研究的影响。

（2）个人认识论的一些研究方法问题

认识论信念的发展性研究通过识别一个重要但难以捉摸的信念系统。然而，这种方法的困难是，访问者预先确定了问卷框架。当面试官询问，例如，“如果你想说服别人你的观点是对的，你会给什么证据试图论证这个观点？”或要求提出一个观点的推理，受访者要遵守证据和推理的框架。（Kuhn,D., 1991, 299）如果这是受访者感兴趣的特定领域，这几乎没有问题。但是，通过在证据和推理方面提出问题，访问员可能导致被访者集中注意这些方面，排除其他更具个人意义的方面。

摩尔（Moore,W,S.）认为，采用探究的现象学形式对于研究这种认识论发展的本质是必要的。佩里选择了这种方法，寻求听到个人如何建构他们对想法、经验和知识的认识。佩里不仅提出了开放式的问题（例如 :“你想说一下在这一年里，你做了什么吗？”），佩里的访谈几乎完全是非结构化的，这可能不是一个高度有意义的研究策略，但是佩里的研究缺乏具体的研究重点。相比之下，贝伦基的女性知道方式模型采取了一种更结构化的方法，将开放式问题与更集中的问题相结合。（Moore,W,S., 1991）更加开放的面试方法在工作的最初阶段可能是最有成果的，然而在认识论理论模型发展的这一阶段，有必要开发更精确的验证认识论假设的方法。但是在女性知道方式模型的面试研究中，是为参与者提供不良结构化的问题，并评估她们的推理和潜在的认识论假设。面试方法的一个中心问题是可复制性。尽管对“女性的知道方式”有着浓厚的兴趣，但似乎并没有重复出现这种工作，无论是否用另一个女性样本，还是混合性别的设计。

一些研究人员开发了用于评估认识论发展和认识论信念的纸和铅笔方法，其中大部分是基于佩里的认识论研究计划。史卓摩的认识论信念模型就是采用了这种研究方法，史卓摩对认识论信念的测量，通过制作一个 63 项目问卷调查，作为一份自我报告，不允许受访者表达自己的意思，但它提供了一个相对有效的方法来收集大量学生的数据。因此，她提供了一种方法来研究认识论信念，证明认知和学习之间的相关性。然而，他只能探讨少量的认识论信念，并依赖于非常宽泛的陈述项目，其中一些项目可能不是最具代表性的领域。最后，虽然她利用因子分析研究，但是实际的 63

个项目的内部因素结构没有经过史卓摩的经验性证明。

我们对这些主要的个人认识论模型问题的讨论表明，在未来的研究中有一些重要的概念和方法问题需要解决。我们认为，最关键的问题之一是定义和描述认识论信念和思维的结构。我们提出了认识论理论的结构，它由知识的确定性、知识的简单性、知识的来源、知识的辩护以及知道的发展过程组成。这样可以帮助澄清这一领域的研究和思考方法的四个维度。虽然我们不是二元论或绝对论者，并且不相信有一个正确的答案，但我们希望对这些问题的讨论，给主要的个人认识论模型建构提供一个共识的基础，并为未来关于认识论思维的讨论提供证据。同时，我们意识到，当前教育思维向建构主义方法的转变无疑将继续影响这方面的研究，女权主义认识论的阐述也将继续受到影响。皮亚杰指出："发展，或个人发展，概括社会发展或集体发展。"（Ginsburg & Opper, 1969）我们可以在个体层面的建构主义之间找到类似的个人认识论特征，以及一个建构主义者在社会文化方面的学科知识建构方法。在任何情况下，对认识论理论发展的考察将有助于我们理解学生和教师对知识的认识和他们对知道思考的信念。这些信息将帮助我们更好地了解教室中的教学和学习过程。

2. 元认知视域与研究路径

元认知的一个构成要素包含人们关于自己的认知过程的个人知识和信念，包括知道及其产物（知识）。元认知的这个直陈部分事实上与大众认识论相联系。我们提出个人认识论的观念涉及元认知的程序部分，这个部分涉及认知过程的控制。我们推广这个观念到知识构建期间的认知控制以及认识变化的控制，阐述了这样的假设：关于知识性质和知道性质的认识信念影响着知识构建期间的认知控制过程。因此，关于知道的信念影响这种控制过程本身，而关于知识性质的信念在最后阶段，主体必须确定哪些信息源最有价值。关于这些问题，我们要对个人认识论的元认知视域与研究路径进行探讨。

（1）元认知的定义与发展研究

个人对知识和知道的信念引起了教育心理学家的关注，因为他们注意到学习对于认识信念变化的重要性。研究人员已经确定了认知信念如何与学习计划、动机、概念变迁和其他变量相关联，以及信念如何在认知和功能上发挥作用。他们对元认知这个特殊领域的继续研究，探索认知信念、元认知和自我控制。研究人员深入这个新的领域，但作为先驱者，他们面临严峻的挑战。

在个人认识论和元认知交叉研究中，元认知术语没有在文献中使用一致的定义，元认知通常被定义为思考或关于知识的认知，或认知的控制。个人认识论一般被概念化为个人的知道和知识的概念。元认知被定义为“一种信念，有组织地在元认知层面上运作”，一个概念涵盖元认知中的“知道和知识”，与早期的想法一致的信念（Flavell, J., 1979, 908）。元认知原来指关于人们在学习过程中的认知活动的知识和控制。大众认识论涉及关于知识和知道的“信念”，我们将谈及关于人们的认知活动的信念和个人知识的问题。

元认知目前有各种各样的定义和争论，大多数学者同意这个领域的先驱弗拉维尔（Flavell, J.）的基本定义，他按照两个方面来刻画元认知现象：一是，个人拥有的关于自己认知过程（以及促进或阻碍这些过程的各种因素）的知识（即个人的知识或信念）；二是，为了一定目的而对这些认知过程的积极控制。这个定义的第一部分包含着元认知的直陈部分，第二部分指的是执行的或程序的部分。（Flavell,J., 1979, 908）

如果我们接受这样的观念：知识和知道是认知的构成要素（认知的特殊对象和特殊的认知过程），我们就能够设想元知识（即关于知识的性质的信念）和元知道（即关于知识获得过程的性质的信念）就包含在元认知（即关于人们自己的认知过程的信念）的直陈维度部分。但是，如何理解第二个部分？在心智理论和个人认识论中是否有元认知的执行部分的位置？在什么意义上可以认为元知识和元知道都是元认知的直陈部分，这是否必然意味着这些不同的理论领域可以整合和相互影响？

认知的研究在记忆和说明推理、认识论的逻辑理解、知识获取和解决问题等方面，都需要运用一个元级认知来解释各种现象。构建元认知理论可以在概念化发展框架中形成。幼儿的心理意识功能在发展进程中慢慢变得复杂，这时元认知变得更加明确和有效。元认知的发展涉及到知识的获取成果。

弗拉维尔认为元认知就是认知针对监控或调控一阶认知特征的反应，是一个“有前途的新领域研究”。元认知是“该如何在哪里行动”，是理解智力性能将满足很多（虽然不是所有）循环现象的解释范围。如果是这样，我们为什么需要了解这种结构？我们着重于两个基本的问题，但缺乏明确的答案：元认知是如何产生？来自于什么类型？如何考虑元认知和认知之间的关系：它们的关系紧密，或者松散？类似于形而上学与物理学的关系？我们建议第一个问题的答案是：元认知的发展，它不会突然出现在一阶认知关系中。（汤治成，迪安娜·库恩的儿童和青少年认知发展的分析，2017，55）

元认知出现在生命的早期，也就是幼儿阶段，其形式不显示来源于何种启发。元认知的发现过程是趋向更加明确和强大，更加有效地发展，直至发展到个人可以有意识地控制。元认知的发展框架有助于阐明幼儿的自然属性和生命的意义，对幼儿的认知能力的发展有重要的作用，直接影响幼儿的智力发育。在元认知的心理起源理论方面，在过去的十年中，对儿童心理的理解研究强调最早有价值形式的元认知。儿童在 3 岁时得到了一些认知对象，他们区分和感知动作行为，并开始重新建立自己的知识状态，使用动词，如思考和认识等。儿童在 4 岁时，他们懂得别人的行为是由信念和欲望引导，这样的信念可能与他们自己的不相符，并可能是不正确的。这种所谓的错误信念理解是一种思维发展的里程碑，因为这是人类认知的发展开始。这是早年关于认知意识和个人的知识来源的理论。（汤治成，迪安娜·库恩的儿童和青少年认知发展的分析，2017，55）

元认知理论描述了概念认知原理的元认知标准，定义其自然结构和本体论的选择。这些讨论来自最近关于对学生进行科学设计模式的在线研究。研究通过应用一些拟定的思维，通过在线测试个人的认知能力来探索学生思维，研究不会脱离设定的信念，但作为活跃的因素影响知识结构的认知过程。由此可见，科学思维向高阶的思考形式的发展来源于幼儿早期的元认知成果，然后才能逐步建立原始判别的思维，再学会处理与协调新的现象，学会意识的支配和控制。研究表明，幼儿早期会产生自我控制或抑制的行动，学会辨别一些简单的对象。在元认知的基础上，幼儿向儿童阶段发展，慢慢形成记忆功能，再进一步发展成简单的推理。（汤治成，迪安娜·库恩的儿童和青少年认知发展的分析，2017，55）

（2）从元认知视域看个人认识论

元认知是一种认知的方式，它属于认知心理学的研究领域。个人认识论则属于教育心理学领域。从元认知视域看个人认识论的研究进路，就是教育心理学家运用认知心理学的研究方法，对大学生的认识信念进行研究。这是认知心理学与教育心理学的交汇。

奔迪生（Bendixen）在阐述他们的整合的个人认识论模型时指出，元认知涉及个人认识论的不同研究进路。元认知“类似于执行性控制过程，包括变化的机制以及认识论信念本身”（Bendixen,L.D. & Rule,D.C., 2004, 74）。元认知的两个部分可以在他们的模型找到：整个模型的执行的或程序的构成要素，它调节控制认识变化；直陈部分，主要涉及关于知识和知道的信念。将个人认识论放在元认知领域的做法不是新的尝试，最初是由基切驰（Kitchener,R.F.）在反思判断模型的框架内提出的，这个理论进一步被库恩采纳和发展。

元认知与反思判断有相关的联系，依据从有关不良构造的问题或争论问题的面谈而得出，这些问题有两个特征：问题不能高度精确地定义；问题不能足够确定地解决。尤其是这些问题与传播的信息的目标有关，与世界的创造和进化的概念有关。参与者要求就这些问题发表自己的看法，回答指向他们涉及知识和知道的信念的问题。金格在 20 多年的时间一直研究这个课题，也一直依据这些研究提出反思判断模型。反思判断是“个体认识到对于不能单独由形式逻辑回答的问题，对于这些问题存在有争论和怀疑时产生的，包含着依据支持证据对某人的信念的仔细思考”。（King,P.M. & Kitchener,K.S., 2004, 6）

这些反思判断可以看作是与知识有特殊关系的元认知的特殊形式。基切驰在20世纪80年代提出反思判断模型时指出有三个水平组成的认知模型，每个水平都为下一个水平起平台的作用。这个模型可以表述如下：第一个水平（认知）包括诸如计算、阅读、感知等等任务，第二个水平（元认知）允许与这些任务有关的知识发展，如运用各种策略和监视。第三个水平（认识性认知）"涉及监视问题求解的认识性质，包括对知识的局限性和确定性的意识以及知道过程所涉及的标准"。（King,P.M. & Kitchener,K.S., 2004, 8）按照这个模型，个人认识论的不同要素（知识的性质和知道的性质）位于第三个水平，它与前面两个水平一起运作。

依据金格提出一个新的模型，叫做"认识性元认知"。力图将认识论意识与平切驰（Pintrich, et al.）的元认知模型联系起来。她参照平切驰的模型来排列不同的认识论要素。特别地，她区分关于知识的信念，关于知道的信念以及知识建构期间的认知控制。为了在一定语境中分析各种认识论理论，她在互联网上检验她的模型。她关注不同的认识要素，查看是否可能独立地分析它们，以及参照元认知模型分析它们。

霍费尔评论其主要结果有五点：(a）大学生在在线搜索时能够且应该做出认识判断。他们也监视其学习的认识论性质。(b）有明显证据支持期待四个认识维度，最难以把握的维度是"知识来源"，要求大量推理参与。(c）信念以互动方式运作，这些信念需要借助于"类理论性质"的假设，而不是史卓摩认识信念模型的那些独立信念。(d）与大学生的年龄或在校的时间长短相比，个体的专业知识与学校课程有更密切关系。(e）特定领域中专业知识的转移和更一般的思考比预期的要低，域特殊与域一般之间的关系仍然在扩展。（Hofer,B.K., 2004, 143）

我们认为，霍费尔所区分的三个要素的互动关系需要进一步研究。正如认识变化的控制过程中元认知的作用需要进一步考察一样。首先，关于知识的信念、关于知道的信念和认知控制在知识构建期间是怎样互动的？其次，关于知识和知道的信念对于认识变化的控制过程有什么样的影响？我们可以合乎逻辑地假设，关于知道的信念作为知识构建期间认知的控制过程的主要影响因子起作用。但是，关于知识的信念在这过程中是否起作用？要探究这个问题，就要以准纵向的观点来考察知识构建过程（例如，采用的研究设计，要求信息选择任务，而且在不同时间点对相同的受试者进行测试）。

个人认识论类似于个体的变量，存在多维视角的认知和理解。这可以组建成一个可变的认识模型，模型会是一个定义的离散系统，对认识的理解是隐喻的、理性的，或者是经验的。调查和访谈的结果表明，大学生对认识理解为隐喻的只占少数，大多数会认为是理性的或经验的。

元认知和自我调节进一步的问题存在于认知的概念化中，它们时常是可以互换和分层级的，元认知从属于自我调节。这是一个该认识领域的困扰问题，相关教育学和心理学理论得到广泛的讨论。

迪斯摩（Dinsmore,D.L.）对元认知和自我调节的论题认为：研究人员可以把元认知作为一个很大的构建，并把自我调节嵌套在元认知里面，虽然这特定的立场必需推断，建立理论观点写进文献里。（ Dinsmore,D.L., 2008, 391）

霍费尔在个人认识论与元认知发展方面持一种变化与发展观念。她以幼儿到儿童再到青少年的发展作为研究对象，将发展的视角放置此项研究中。年幼的孩子对知识的看法，大多数不同于大人。但这时思维能力会推进到青春期再到成年，会发生明显的变化。

个人认识论与元认知领域，几个模型暗示着信念发展的层级，表现为从“天真”的观念向“高精准”的发展，从简单的层面来讲，个人从认识知识的二元或专制的立场，亦即是肯定真理是众所周知的，向多元化发展的认知观念发展。认为知识是深奥的、不确定的，需要评估知识，在相互竞争的知识中，用实验和证据支持做出判断。

我们认为，大多数个人认识论的研究是以青少年和成人时期作为研究对象，而个人认识论和元认知的研究涉及到生命的早期认知研究，相对而言，针对婴儿期和儿童期的个人认识论研究很少。因此，个人认识与元认知的研究是个重要的课题。元认知是认知发展学家所做的研究工作，研究个人认识论与元认知关系，以论述关于认识的信念为目标。个人认识论与元认知的研究，接受了两个研究系统：其一是皮亚杰的认知传统；其二是心理学要求的元认知传统。这也是未来从元认知视域研究个人认识论的展望。

(3) 小结

我们讨论元认知概念。元认知的一个构成要素包含人们关于自己的认知过程的个人知识和信念，包括知道及其产物（知识）。元认知的这个直陈部分事实上似乎与大众认识论相联系。

虽然元认知与一般认知现象有关，但元认知与心智理论目前还是缺乏联系的，还没有真正的互补性。但是，最近研究表明幼儿是有元认知能力的，比以往表明的年龄要早。研究指出了两个领域联系的证据，其中一个是儿童认知的假信念能力（即他们的心智理论），他们的元认知词汇的获得，以及他们关于影响记忆的变量的知识之间存在着预言性关系。换言之，两个领域之间的一些联系是明显的，因为早期心智理论能力可以看作是随后元记忆的起源。研究结果的发展过程可以概述为：认识论意识是心智理论发展的起源，早期心智理论能力可以看作是后来元记忆的起源。所以，从认识论意识到元认知的发展是通过心智理论的直线发展变化而进步。

布尔使用知识来源验证评估“认识意识”，而我们可以认为它是“原初的”认识论反思，因为这些任务只包含知识与人们的认识通道之间联系的识别。依靠认识论思维，如果儿童成功处理假信念过程，他们获得表征概念时，达到二元论阶段，我们可以期待哪些进步？借助于评估更深度的认识论反思，可以利用实验来评估“知识来源的本质”的重要性的意识。这些实验普遍用于心智理论传统，能帮助我们确定儿童是否理解知识不仅是“灌输的”，而且知识是“主体构建的”（心智理论传统中“心智容器”与“心智构建器”之间的对立）。需要进一步研究来揭示心智理论的不同构成要素的获得与认识反思进化之间的发展路径。

此外，还需要进一步研究元认知词汇的把握与识别知识来源的研究之间的联系。例如，将诸如“知道”和“猜测”这类动词的理解置入元认知词汇测试中，从心智理论观点看，一些研究关注儿童区分知道与猜测的能力，取决于知觉信息的通道。

3. 心智理论视域与研究路径

个人掌握知识和知道的信念一直是“个人认识论”的研究重点，越来越多的研究人员关心青春期和成年认识论理解的发展过程，很少有关于儿童的研究。然而我们很少知道认识论意识的起源或其早期发展。一个独立的研究小组研究了儿童的“心智理论”和了解人的信念、行动和欲望，主要关注儿童在 3 至 5 岁之间的认知发生。讨论儿童对知识和知道的信念，这一过程涉及到目标和主观意识之间的持续张力。我们认为认识论发展应扩大到包括儿童的自我中心的初始阶段，他们具有认识论思维的主体性。如何知道儿童的认识是什么？如何决定儿童建构自己对世界的认识？如何理解知识的信念和知道的影响力？这些问题是研究人员对“个人认识论”的拓展研究。因此，我们要在这里探讨一下个人认识论的心智理论视域与研究路径。

（1）心智理论的定义与发展研究

我们要了解心智理论，首先要看心智理论在大众心理学、认知科学方面的一些描述。在大众心理学中，心智理论一直被当作是：(a)“大众心理学”的进路或个体将他人看作具有不同心理状态的心理存在；(b)“大众认识论”，讨论认识性知道的个体认识发生过程；个人认识论与心智理论讨论相似的问题；个人认识论与心智理论共同关注知识和知道的理论的发展，两个领域是交叉的。

认知科学是对心智和智能的跨学科研究，涵括哲学、心理学、人工智能、神经科学、语言学和人类学。它的学术起源在 20 世纪 50 年代中期，一些不同领域的研究者开始借助复杂的表征和计算程序来发展关于心智的理论。来自不同学科的读者介绍认知科学至少有三种方式。第一种是集中介绍各个不同的领域，如心理学、人工智能等等；第二个是以心智的不同功能来组织讨论，如解题、记忆、学习和语言。第三种方式，即系统地介绍和评价认知科学家提出的关于心理表征的主要理论，包括逻辑的、规则

的、概念的、类比的、表象的和联结的（人工神经网络）理论。（保罗·萨伽德，2012，6）

儿童的心智理论指儿童形成对于心理活动的三个方面的了解和认识的能力：人心存在，人心可以有不同的状态和过程，心理过程和行动之间存在因果性。（Lee,K. & Homer,B., 1999, 230）心智理论的形成标志着人们理解个体的信念和欲望如何与他们有意图的行动发生关系。许多学者认为，通过假信念任务测试表明了成熟的心智理论，或者完全发展的心理表征集合，因此表明了对主观知识和客观知识的完全成熟的理解。在经典假信念任务测试中，大多数4、5岁儿童可以正确地理解不同个体对于相同物体的不同心理表征，因此他们通过测试。但大多数3岁的儿童不能通过测试。

最近的研究包括更年幼的儿童，以便确定心智理论最初形成的时间表。有些学者发现，2、3岁的儿童也能够通过假信念任务测试。其他研究包括考察主观信念（如道德、价值和社会规范，涉及诸如儿童的知识归属、跨文化研究、物种等等）。心智理论研究的元分析支持学龄前儿童的心智理论形成的一致的发展模式。此外，心智理论不仅是重要的认知成就，而且是具有社会影响的成就。心智理论与儿童的社会调整能力有联系，心智理论的缺失是自闭症儿童患者难以在社会环境中交流的原因之一。

理解假信念复杂性的不断进步能力被看作是“理论之理论”的一个方面，其支持者假定儿童关于世界的、非形式的、日常的框架发展到最后的“信念—欲望心理学”，或者是成人的心智理论，按照类似于科学家修正科学理论的方式运作。学者们也认为，儿童的社会经验对于他们的心智理论发展成熟也是重要的。（Kuhn,D., 2000, 178）

其他学者探究儿童对于他们的信念的来源的理解，这个方面将心智理论与认识论信念的维度度量联系起来。这些研究力图更好地理解那些没有通过假信念任务测试的儿童为什么不能考虑他人的信念。这些研究采用变体的方法论，但得到相似的结果。一般说来，儿童最初通过假信念任务测试的年龄，与儿童开始准确报告他们已持有某个信念的时间长度的年龄相同，以及开始根据他们的感觉经验的知识准确预测他人的信念的年龄相同，都是大致发生在3岁。

（2）个人认识论与心智理论的关系

个人认识论主要以对大学生的知识与知道的信念的研究为核心理论，对大学生之前的成长过程的信念变化的文献并不多见。我认为，对大学生之前的认识发展研究是必要的。这可以更加充分了解个人认识论的发展和变化过程。因此，我们必须关注儿童和青少年的认识问题。而心智理论主要是研究儿童和青少年认识变化的理论，研究个人认识论与心智理论的关系，有助于我们进一步拓展个人认识论理论。以下是对这两者关系的分析。

从心智理论看个人认识论

心理学家研究心智理论和个人认识论虽然使用不同的术语和不同年龄的测试，但他们得到相似的认知结果。二者之间的基本联系是这样的观念：要成功完成假信念构建，个体必须认识到某人关于某个问题的主张，实际上是此人关于该问题的信念。因此，成功完成假信念构建或理解他人持有基于其经验的知识的不同信念，等于形成、达到二元论的认识论观点，等于承认可以存在关于实在的观念。因此有些观念是正确的，有些是错误的。可见，心智理论的形成可能标志着重要的认识论里程碑。

我们不知道这种二元论与青少年所识别的二元论是否有相同的认知状态，可能的情况是，二元论以几种形式存在，在几个不同的发展阶段存在，或者二元论之前存在一个早期的前二元论状态。至于多元论，曼斯菲特（Mansfield,A.）指出，发展到多元论的过程可能是双重过程，其中个体首先发展形成客观的多元论，然后再达到主观多元论的信念集。同样，儿童可能不会自发地达到二元论的理解。如果后一个发展起点的论证正确，那么学龄前儿童持有的二元论不可能等同于青少年持有的二元论，特别是考虑到儿童期的认知成果，如皮亚杰关于达到前具体的和形式的运算的发展。（Mansfield,A. & Clinchy,B., 1985）因此，与多元论一样，二元论可能是复杂的阶段，可以进一步划分为次级阶段。

一些学者指出早期发展阶段的标志是缺乏知识与信念的区分。如果关于心智理论与认识论的关系的假设是正确的，那么心智理论的形成就表明了从前二元论或实在论到基础二元论的转变。我们关于认识论思维的知识在这个时期是相当有限的，儿童在 3、4 岁时似乎展示的一些证据，表明那些不具备通过假信念任务测试能力的认识论信念。他们所识别的绝对主义同样被当作年纪较大的个体研究中表明的那种二元论，但有两点重要的差异。在曼斯菲特的研究中，3、4 岁的儿童不喜欢意见分歧，即使是对个人偏好和看法的问题，因为这些意见分歧会使他们感到不安或不自在。比较这个方面，曼斯菲特与佩里的认识论模型的绝对主义对立，即其中一些个体知道真理而另一些不知道真理。其次，曼斯菲特表明他们的研究中的绝对论者倾向于用个人经验做出知识辩护，不像佩里模型中的二元论者，倾向于引用权威来为知识辩护。曼斯菲特将他们的学龄前儿童受试者都称为绝对论者，但儿童的测试表现对意见分歧感到不安，相信个人经验，这表明了某种不同于传统二元论的观点。它展示了知识与信念之间没有区分，将知识看作是对所有人直接可知的，无论经验如何。因此，这可能成为某些前二元论的认识论思想的第一手证据。

在另一些考察幼儿思维的研究中，研究者考察了 3、4、5、6 岁儿童以及成人对“知道”和“猜测”语词的理解。5 岁以上的儿童按照成人的方式区分语词“认为”和“猜测”。因此，他们能够看作是展示一种二元论的认识论立场，因为他们承认个体持有潜在为假的观念是可能的。研究结果表明，小于 4 岁的儿童不明显区分这些语词，或许是表明他们的思维是“前二元论的”倾向。研究者没有采用这些术语来称呼，但他们可能也有证据表明前二元论的认识论思想。此外，这两个研究中用这种“前二元论”来描述的儿童的年龄与儿童最早开始发展形成成熟的心智理论并成功完成假信念任务的年龄相当。个人认识论与心智理论之间一个重要的概念联系是对（也可能是心智理论组成部分的）认识论理论的各个维度的关注。这表明了知识来源、知道的辩护以及知识的确定性和简明性与构建个人认识论和心智理论有关。

库恩认为，如果人还没有形成成熟的心智理论，不能通过假信念任务，那么知识来源问题就与他们的思维完全无关。前二元论的认识论立场假定，如果知识是绝对的，而且存在真理，那么知识来源是无关的，因为所有来源都是同等正确和可靠的。同样，没有理由要求知识辩护。总之，心智理论的形成似乎标志着从前二元论到二元论的转变，其中知识来源等于确定可辩护真理是根本性的。（Kuhn,D., 2000, 179）

对于前二元论者而言，知识是确定的和简明的，对于二元论者来说，知识继续是确定的和简明的。但是，对于前二元论者，所有知识都是等价的和有效的，无论它们来源于什么，而对于二元论者来说，这点不成立。因此，从前二元论发展到二元论，这个进步过程的标志应该是承认知识来源和知道的辩护二者都是重要的。这些观念得到 3 岁儿童实验的经验发现的支持，这个年龄的儿童是前二元论者，难以理解他们自己的信念和他人的信念二者的来源。（Gopnik,A. & Graf,P., 1988, 1368）

通过评价知识来源和知道的辩护二者在个体认识论理论中的相对重要性，前二元论思想者与二元论思想者之间的区分变得可能。此外，从前二元论思想到二元论思想的转变应该通过成功地完成假信念任务的能力来凸显和补充。最后，沿着这些路线进行的研究应该使我们能够推广关于主观与客观协调的理解，这是认识论思维发展的基础。

我们认为，学龄前儿童从前二元论或朴素实在论时期（特征是不能提供辩护，缺乏心智理论能力）发展到过渡性的二元论时期（其中辩护是相关的，但因为缺乏心智理论而显得不重要），再到第三个时期（其中提供有关辩护的能力与心智理论框架相联系）。在这个认识发展过程中，年龄也是有关因素，它与认识论阶段相关。过渡性阶段的存在支持这样的假设：认识论意识是心智理论发展的前奏。

要成功完成心智理论构建或认识论构建，儿童必须要做出某种程度的有意识决定，将自己当前的知识放在一边，理解他人的观点或自己先前的信念，能够在语言上表述自己的思想。对于心智理论构建，是否成功也取决于儿童理解个体能够持有假信念。按照认识论测验，儿童离开自己的知识转而考虑他人持有的合适水平的知识（基于不同的感觉经验的知识）是心智构建成功的必要条件。

这个研究的一个局限是不像大多数心智理论的研究，在年龄与总体的心智理论能力之间没有重要的关联性。

心智理论与个人认识论的联系与差异

知识的性质与知道的性质是心智理论和个人认识论的研究者都感兴趣的两个领域。但是，这些概念在两个领域中地位不同。对于心智理论研究领域，知识问题虽然不能忽视，但不处于核心位置。相反，个人认识论的研究者直接关注知识问题，但结合各种不同的理论研究进路。心智理论主要关注儿童早期，主要兴趣是儿童最初对各种心理客体（从认知现象到情绪现象）的理解。个人认识论传统上主要关注青春末期和成人早期，主要兴趣是大学生对于一个认知概念（知识）和一种认知过程（知道）的性质的深度理解。

由于研究的受试者的年龄是分阶段的，值得在发展观点中考察这两个领域。从理论的观点看，我们至少可以设想两种可能的概念联系。知识确定性问题是可从发展观点研究的共同课题。在个人认识论中，“知识确定性”维度与个人将知识看作固定不变的还是“可塑变化的”程度相联系，这个程度从绝对真理的知识确定性观点到知识是试探性的、暂时的和变化的观点而发展。在心智理论领域，实验情境组织用于测试儿童区分知识（在经验证据的意义上）与信念（个人关于某个情境的观念的意义上）的能力。在这类纲领中，知识不同于其他心理状态，因为它不仅仅是真信念，而且信念可以是错误的、确定的，这个特征使得区分知道与猜测成为可能。各种尝试力图协调这两种研究进路，但人们可以设想儿童首先需要考虑知识是真的和确定的，以便将这种心理状态与其他心理状态区分开来。然后必须认识到这种确定性是可疑的，因为知识不是由绝对真理组成的而是相对的、有条件的和暂时的。

知识来源是另一有趣例子。在个人认识论的大多数发展模型中，这条研究路线涉及从知识存在于个人之外，通过经验或外部权威传达的观点，发展到认为个人是知识的积极建构者。知识来源的研究与心智理论的研究有广泛的联系，在一些实验中，儿童只是识别信息源，他们必须感知到信息通道与知识获得之间的联系。例如，要区分看起来相同但感觉不同的两个不同物体，人们就必须接触这个物体来获得相关信息的通道。换言之，如果某人只能看这些物体，那么此人没有通道获得用于知识构建的信息（这里只限识别该物体）。在这种实验中，只是可疑看作是存在于个人的外部，直接被一个外部个体（典型的是成人）传达，或者通过根据某种经验传达。其他实验强调“信息源的品质”，或先验知识的可靠性。例如在实验研究中，一张长颈鹿的图片和一张大象的图片被展示给儿童。然后实验员给儿童展示图片不同部分的信息：一些部分完全空白，一些呈现图片的部分，但素朴观察者不可识别它们（即之前没有见过整幅图片的受试者），一些是图片的有意义部分（即那个动物的部分，每个人都可以识别，无论受试者之前是否看过整幅图片）。

儿童必须理解不同的人可能根据相同的信息构建不同的心理表征。更一般地，由于知识是被构建的，相同信息可能被不同的个体接收，做出不同的整合，取决于他们先前的知识以及信息的处理方式。随着认识发展过程延伸，知识不再存在于个人的外部，不再只是通达该信息源的个体内部的印象。个人逐渐被看作在知识构建中起积极作用。

从经验观点看，在个人认识论传统中，很少研究是针对儿童的，可能是因为许多学者认为认识论发展似乎是在青春后期开始的。有学者对这种观念提出质疑，认为幼儿可以展示精致的认知成果。大约 4、5 岁时，大多数儿童似乎拥有确定的心智理论。在这个语境中，依据无疑地存在认识论思维的某些认知来源，研究者通过探究幼儿关于知识和知道的信念已经收获很多。他们建议研究个人认识论更早的阶段，先于二元论观点，这个“前二元论的”阶段，并且假设发生在二元论和绝对主义阶段之前的特征，是“自我中心的主观性”或“朴素实在论”。(Burr,J.E. & Hofer,B.K., 2002, 206)

为了在经验上研究认识思维的起源及其与心智理论的关系，布尔（Burr,J.E.）完成了一项解释性的研究，其中他们实施两个构件的度量。受试对象是 25 个儿童，年龄从 3 岁到 5 岁。实验有两类：一是，知识来源，用于评价认识论意识（即要求受试者确定有关信息的通道与知识构建之间的联系）；二是，假信念，评价儿童的心智理论能力（即要求儿童理解某人可能具有不同于现实的信念的事实；认识到假信念不同于事实知识）。结果突出显示了三个阶段的发展进步：前二元论或朴素实在论时期（这个阶段的儿童没有成功完成），过渡性的二元论时期（这时的儿童成功完成知识来源测试，但不通过假信念测试），二元论时期（这时儿童成功完成那两类测试）。布尔论证指出过渡性时期的存在“为认识论意识是心智理论发展的先驱这个假设提供证据支持”。(Burr,J.E. & Hofer,B.K., 2002, 218)

直觉上，个人认识发展的顺序是相反的，心智理论的获得先于认识论思维。这里的混淆是，布尔提出的研究计划是评估儿童的认识水平，这也是心智理论的传统研究（Montgomery,D.E., 1992, 414）。最近维曼

（Wellman,H.M.）提出心智两类研究的维度，其中一个计划是知识通道。他们的测试结果确证了布尔的结论：知识通道测试比经典假信念测试更加容易（受试者在更早的年龄易于成功处理知识通道测试）。（Wellman,H.M., 2001, 704）

我们承认成功完成知识来源的认知可以看作是认识论思维的意识的标志（它先于成功完成心智理论的假信念），但是我们要质问心智理论的其他认知能力对于更深度的认识反思的影响。按照认识论思维领域体现的发展路径，布尔的研究结果促使他们提出一个先于二元论发生的认识论发展阶段，他们认为其解释性研究提供一定证据支持朴素实在论的前二元论时期。这个前二元论时期的特征不是客观性而是自我中心的主观性：幼儿对世界持有纯主观的观点，因为他们认为其观点是唯一的观点。他们没有通过假信念的测试，因为他们不能想象其他人可以忽视或不理会他们（儿童）所知道的东西。在这个意义上，我们认为，前二元论时期是心智理论形成的开端，儿童没有整个地获得完整的心智理论的一切组成要素，而是可能获得某些初期形式的方面。心智理论与个人认识论的关系研究可以使我们思考认识信念的起源以及这种信念的演变。

我们考察的两个当代研究领域都关注与知识和知道的性质有关的各种素朴理论（心智理论和个人认识论），它们可以整合到大众认识论的概念中。我们讨论了这些领域的联系和差异，要点如下：第一，个人认识论领域由多种理论研究进路构成，这些不同进路还没有相同一致起作用，而心智理论则是有组织结构的领域。第二，个人认识论关注的中心是人们对单个认知对象（知识的性质）和单个认知过程（知道的性质）的深度理解，而心智理论的核心是儿童对各种对象和过程的最初理解，从认知领域到情绪领域。知识在两个领域都存在，使它们在大众认识论概念中结合在一起。

我们将两个研究领域作为发展路径的组成部分。这使得我们能够凸显这样的观念：对于心智理论与个人认识论之间关系的研究可以产生关于认识论信念起源以及这些信念进化的理由的某些反思。布尔的探索性研究为这个问题提供了有趣的看法。他们的主要结果之一是认识到在二元论之前存在一个认识论发展阶段（前二元论阶段或朴素实在论阶段），强调了在前二元论阶段与二元论阶段之间存在一个过渡性的时期。他们指出，这个过渡性时期的存在“为认识论意识是心智理论发展的先驱这个假设提供支持”。(Burr,J.E. & Hofer,B.K., 2002, 218)

(3) 元认知与心智理论的关系

弗拉维尔认为，元认知和心智理论两个研究传统都有相同的一般目标:“探究儿童关于心理现象的知识和认知的发展。”此外，他主张几个心理学家使用心智理论和元认知术语是“指称相同的认知现象的不同方式”。(Flavell, J., 2000, 17)

按照弗拉维尔的理论，关于元认知发展的研究主要是以主体知道他们自己心智的东西为基础。理解其他个体在不同情境中怎样运用他们的心智，不是研究元认知的学者所关心的重要问题。相反，理解他人心智的活动甚或一般的人心的活动，才是心智理论和个人认识论的核心。

弗拉维尔提出的另一个假设是，两个领域关注不同的研究受试对象。在儿童心理学传统内，与心智理论有关的研究主要考察关于大多数基本的心理状态（如欲望、知觉、信念、知识、思想、意图等）的知识（或信念）的起源和最初的表达，特别是关注幼儿。相反，元认知发展领域的研究关注与特殊任务联系的心理活动。这些元认知活动包括与完成复杂任务固有的控制、监视和调节过程有关的策略。由于研究元认知涉及的知识和工具一般预设对心理状态的理解，所以这个领域主要关注年龄较大的儿童和青少年。

从发展观点看，学者们普遍承认儿童的心智理论在 3 至 5 岁之间发展形成，而元认知能力大致在 8 到 10 岁之间出现。最近的研究力图发现更早的元认知能力（到 5 岁），这使得元认知与心智理论的关系成为我们关注的课题。学者们最近的研究讨论这两个理论研究领域的互补性，他们选择对象为 4、5 到 6 岁的儿童，评价他们的心智理论和元认知能力（特别是元记忆）。一个重要结果是，儿童归属假信念的能力（即他们的心智理论），他们的元认知词汇的获得，以及儿童关于影响记忆的变量之间存在可预言的关系。换句话说，这些结果促使学者们认为他们的实验数据提供一定证据支持，早期心智理论能力可以看作随后出现的元记忆的先驱，表征概念的获得可能是儿童发展的重要一步，这最终使得儿童能够思考他们自己的和他人的记忆等假设。

这个研究突出了心智理论与元认知的特殊领域即元记忆之间的联系。元记忆不关注知识和知道，有人因此认为这种研究超出了大众认识论范围。同样，元认知词汇也不涉及认识问题。但是，这些测试涉及诸如知识的问题，使用“知道”和“猜测”动词，从心智理论观点看是重要的。

（4）小结

认识论发展过程的修正图景描述了心智理论与个人认识论之间存在重要的关系。心智理论包含认识到他人对认识对象持有不同的观点，这种认识基本上就是个人发展认识论思想的一个方面，这与二元论的认识论立场相联系。

实验的结果使我们同意其他学者提出的在二元论之前存在一个认识论发展阶段。我们认为，学者们的研究提供一定证据支持朴素实在论的前二元论时期是存在的。但是，我们不同意认为这两个时期的特征都是客观性。在实验研究中，幼儿似乎对世界有纯主观的观点，而且他们认为这些观点是唯一的观点。库恩提出的认识发展模式中加上一个主观性的前二元论阶段，可以进一步说明个人认识发展的中心是协调客观性与主观性。已有研究者提出一种三阶段模型，从客观性到主观性再到协调主观和客观的知道方式的立场。

个人认识论理解的本质包含客观性与主观性之间持续存在的演变。认识论不是始于确定的、绝对的和客观的二元论知识观点。我们认为，认识论发展起源于更早的时期，即前二元论时期，特征是坚定的、自我中心的主观性，它是心智理论形成的前奏。这个最初阶段（自我中心的主观性）发展到确定的、绝对的和客观的知识观点（二元论），其中已经认识到他人的观点，认识到他人有不同于自己的观点但可以挑战，再发展到不确定的主观性（多元论），最后发展到主观性与客观性的协调以及认识者与被认识对象的协调一致（建构主义或评价论）。

认识论发展起源先于二元论存在的这个阶段，拓展了认识论理解的发展观念，使之与心智理论相联系。儿童最初不是二元论者，开始时似乎相信他人知道世界如同他们那样。此外，这种观点所采用的主观性根本不同于多元论的主观性。这个早期发展过程的标志是皮亚杰注意到的自我中心论，不同于多元论的主观性。多元论的主观性的特点在于，个体认识到他人的多种观点和看法，承认它们都是同等有效的，但还不能评价各种竞争的观点。

进一步的研究需要继续在经验上查明儿童的认识论思维，努力澄清和验证这个认识发展模式。我们需要在个人发展的各个时期考察认识论信念，需要批判性地评价和发展形成标准化的认识论度量，用于不同年龄组的测试，推广考察的范围，包括讨论认识论信念的领域依赖性问题，进一步考察认识论与心智理论的关系，而且从简单的演示水平发展到支持机制解释，特别是促进变化的机制，如认识怀疑。

虽然个人认识论研究者被批评忽视儿童参与者，那些调查心智理论的研究者也被同样批评忽略年长的参与者。心智理论涉及到理解他人的信念、行动和欲望的能力，了解儿童早期阶段的认知过程，通常研究 3 至 5 岁的儿童。心智理论已被描述为民俗心理学的研究方法，或如何将个人解释为具有不同精神状态的心理生物，或者作为一个“民间认识论”的知识发展。研究者相互关注个人如何发展知识，个人认识论和心智理论正在解决类似的问题。我们认为，虽然个人认识论和心智理论表现为两个不同的认知方式，研究人员验证了不同的阶段发展，事实上他们解决了对认识论发展的共同关注的知识理论，需要相互概念化的经验探索。

我认为多数认知学者对个人认识论与心智理论的研究是沿着皮亚杰的研究传统。很多心理学家直接把成年人的认知模式理解成儿童的认知模式，这显然是不合理的。其实，儿童的心智发展并不一定沿着不同的阶段与时期而进行。研究者应当从认知能力和心智形成的认知技巧方面进行调查，从认知能力是逐渐获得的视域进行研究。

我们也可以从另一位伟大的心理学家，前苏联的列夫 · 维果茨基（Lev vggotsky）的心理学理论去理解个人认识论与心智理论。维果茨基心理学理论与皮亚杰的最大区别是，他认为儿童的心智活动与他们所处的环境紧密地联系。所以，要评价儿童心智的理解概念能力或推理能力，必须要把儿童所处的自然环境和社会环境一起研究。

另外，维果茨基提出了“最近发展区”的理论，我们可以用这种理论来理解儿童在成年人指导和帮助下的认知理解。如果能从这一视域出发，那么个人认识论与心智理论的研究会更进一步发展。这当然不是一件容易的事情，因为这些研究需要采集更多的实验数据与结果。这也是将来拓展研究的展望。

4. 个人认识论的拓展研究

大多数的个人认识论研究关注在大学生和成人时期发生的认识发展，较少注意其他年龄组。受试对象的有限范围是可以理解的。佩里及其追随者的研究是考察大学生的知识观念的变化过程，因而个人认识论最初的研究目的是要更好地理解和证明大学生在大学期间的这种认识发展构成。他们一直在发展成人时期认识论思维的知识，因为有几个研究对这些受试者进行不断的追踪，另一些研究在最初的设计中用于考察年纪更大的成人。少数几个研究针对大学之前的青少年，还有个别研究涉及到幼儿，尽管这时已有一些学者强调进行这类研究的重要性。

研究忽视儿童和青少年，也可能有这样的观念误区：认识论发展似乎在青春后期开始，这个过程是由大学的多元论智力需求引发的。关于个体的遗传，对幼儿进行认识论思维的研究很少考虑到这方面。显然，个人认识论研究欠缺了这一方面。在这一节，我试探性地对儿童和青少年的认识发展做出探讨。

(1) 个人认识论关于儿童认识发展的研究

研究人员普遍忽视了儿童的认识论发展，大量研究表明，即使生命最初的几年，儿童已经达到了精致的认知水平。在 2 岁前，儿童学习言语交流，依据他人的反应来评价新物体，展示出对他人真诚的感情。到了 4、5 岁，儿童已有个体意图与行动之间因果关系的清晰观念。这个年龄的大多数儿童也具有了心智理论。在这个背景中，根据认识论思维的某些认知预兆的认识，一些学者通过考察儿童关于知识和知道而有所收获。（Burr,J.E. & Hofer,B.K, 2002, 205）

关于对少年和儿童的个人认识论研究的文献尚不多见。少数关于幼儿的认识论研究也识别出类似于大学生的认识发展阶段（二元论或绝对主义或多元论）以及类似的认识发展观点。无论我们在什么年龄上研究大学生，二元论都是出现在大学前的阶段。为什么在大学之前的儿童、青少年群体的各个阶段与青春后期和成人中识别出的阶段那么相似？这有待于进一步的研究。从目前的研究情况来看，以下几个关于儿童和青少年认识论的问题是值得探讨的。

儿童和青少年认识论的研究

儿童和青少年有如下与大学生相似的认识特征，包括：早发、迟发、递归、抑制以及域依赖。这些表现如下：

早发：在某些方面，儿童在认识论推理上比大学生的研究所表明的更加精致，实际上在小学时期就达到多元论的认识理解。用于大学生的研究手段设计可能涉及更加复杂的认知任务，这些任务对于儿童来说是难以理解的，因此那些研究有关联效应。卓特兰（Chandler,M.J.）引用几个间接考察青春期前的认识论信念的研究。他要求受试者回答有关他们自己变化着的世界观的问题或者组织心理动词，作为早发论证的经验支持。结果表明，青春期前的儿童受试者持有比二元论更精致的认识论立场。在小学之前，个体可能已经进步达到大学生的精致认识论思想水平。（Chandler,M.J., et al., 2002, 148）

迟发：不过，也有学者反对“早发”的认识，提出“迟发”的概念。他们认为：真正的认识论发展或许只在高等教育场所发生，研究者以往高估了幼儿的能力，不正确地假定儿童时期达到的认知进步的其他方面的预测认识论的发展。佩里和金格支持关于儿童认识论发展假设的这种看法，表明虽然二元论在幼年形成，但更加精致的信念直到青春晚期才发展形成。

递归：认识论发展可能也是递归的，表现为螺旋式进步而不是直线的。例如，在关于高中生的认识怀疑研究中识别出的阶段，类似于大学生的各个发展阶段。

抑制：卓特兰提出的最后论证是抑制模型。儿童或许已经达到二元论立场，他们进入学校环境时就开始走向多元论，最初与老师不恰当地使用“思考”“猜测”等词汇与成人互动，因而抑制了他们的多元论信念，直至成人开始恰当使用这些词汇。（Chandler,M.J., et al., 2002, 160）

域依赖：关于早期认识论思想的复杂和矛盾发现的另一种解释认为，这种解释是域依赖的（Kuhn,D. & Weinstock,M., 2002, 131）。关于这个知识的多元论信念，如个人偏好和审美判断可能在早期就发展出来。但是，关于特别客观的学科（如数学和物理世界的“事实”）的多元论信念，可能直到后来才发展形成。支持域依赖论证的研究包括个人认识论信念变化测试，研究者通过与儿童讨论故事直接评估 3、4、7、10 岁的认识论信念。在他们的研究中，学龄前儿童普遍是绝对主义者，主张故事中只有一个人物可以是正确的。这些儿童很少顾及权威人物，利用个人经验作为他们的知道进行辩护的依据。小学阶段的儿童一般是多元论者，最初是偏好问题的多元论者，后来是真理问题的多元论者。他们也使用个人经验来辩护他们的知识，但在经验不足以做到这点时倾向于对权威的诉求。

认识论思维始于儿童阶段

从现有的认识论发展模型中我们可以概括个人认识论起源的图景。

佩里主张，二元论的、客观的、绝对主义的和基于权威的世界观“可能是最简单的、人们对认识论问题和价值论问题所采取的各种观点”（Perry,W.G., 1970, 59）。他认为，儿童在最初与世界的意向性互动过程中，通过交流互动，开始做出各种二元论的划分。这意味着在二元论开始之前存在一个初始时期，儿童有一些认识论观点。

一种建议是，前二元论发展水平是反思判断的初始阶段，在这个时期，“知识被看作是绝对的和预定的，各种不同的合理主张的存在都被否定。这样的知识观点意味着信念不需要辩护，因为人们只需观察就可以达到知道的目的。因此，知识和信念没有区分，它们只是被假定存在”（King,P.M. & Kitchener,K.S., 1994, 48）。在这个阶段，不会有不确定的任何建议，因而不承认不可解决的问题。金格的实验发现，幼儿难以回应在反思判断谈话中结构不良的问题。这与卓特兰认为认识论思维在大学生时期才发展起来的观点假设一致。

在库恩的最初认识论模式中，绝对主义在她的研究中被认为是原始观点，没有比这更早的阶段。在最近的研究中，库恩认为绝对主义之前可能是“实在论”水平，在这两个阶段上，个体都认为知识是客观的、确定的、可知的。两个阶段的区别在于，实在论者将断言和主张看作就是外部实在的摹本，而绝对主义者将断言和主张看作正确或不正确的事实。因此，对于实在论者而言，辩护不是必要的。这个模型映射在心智理论的发展上，但需要经验验证。同样，卓特兰的假设存在“朴素实在论”阶段，绝对主义发生在认识到存在竞争的知识主张之前，他们也当作客观主义的一种形式加以分类。

认识论发展的性质：协调主观性与客观性

各种认识论发展模式的一个共同点是人们对自己的知识、他人的知识和知道过程的主观视角和客观视角之间持续存在的张力。认识论思维发展过程中固有的核心发展任务是协调知道的各个主观和客观的维度。这种认识论进步基本上可以概括为个体的信念从最初的客观立场到主观看法，再到以协调知道的主观方式和客观方式为特征的状态的进步过程。例如，绝对论者坚持世界的客观性观点，认为任何事件和问题都只可能有一个有效解释。相反，多元论者坚持世界的主观性观点，认为所有个体都有权利发表自己的意见，没有哪一个人比另一个人更加正确。评价阶段似乎在调解这些冲突观点，标志是对各种主观观点和客观观点进行协调。评价论者认为人们可以对相同的问题做出不同的理解，但那些具有经验支持或得到辩护的理解是更可靠的观点。这种视角对于参照心智理论来了解认识论思维的起源特别有价值。

（2）儿童和青少年的认识信念发展分析

认知活动是生成知识的重要因素，它涉及到作为主体——人与社会、环境、教育和习得的一个复杂的过程。近年来，很多心理学家和哲学家在个人认识论领域里深入研究，并取得了大量科研成果。但是早期的研究大都以大学生与成年人作为研究对象，忽略了儿童和青少年的个人认识论研究。随后，认知专家包括美国心理学教授迪安娜·库恩（Deanna Kuhn）、凯里（Carey,S.）、弗拉维尔（Flavell,J.）、金切尔（Kitcher,P.）、霍费尔

（Hofer,B.）等学者对儿童和青少年的认知进行长期的研究和实验，得到一系列的科研成果，阐述了儿童和青少年的个人认识论发展过程。

以下几个儿童和青少年的认知发展问题被学者们关注。[(1)-(4) 引自：汤治成，迪安娜·库恩的儿童和青少年认知发展的分析，自然辩证法通讯，2017，53-58]

儿童和成人如同直觉的科学家

关于儿童和外行成人如同直觉的科学家这一隐喻已得到很多心理学家和哲学家的广泛认可。尼斯贝特和罗斯（Nisbett,R. & Ross,L.）认为：如同科学家探索环境和构建模型作为认知基础，建立和修正模型而获得认知一样，外行成人使自己的直觉观念形成模型数据或构建精神模型。（汤治成，2017，53）

但是库恩却不完全同意这种隐喻，她认为这个隐喻会从根本上产生误导。库恩在概念化科学思维方法的发展框架中提出，围绕着渐进分化和协调的理论和证据，运用科学思维如同科学认知的观点，分析了科学思维和日常思维的区别，从而给她的论证以有力的辩护。她认为儿童和外行成人可以具有科学家的思维方式，因此研究专注于这种隐喻科学家，也认为儿童与外行成年人的思维和科学家有相似点。库恩探讨了两个截然不同的比喻，可能采取正反不同的意义，虽然它可能是有用的。对于某种一体意义来说，儿童和成人如同直觉科学家的隐喻在另一种意义上可能是从根本上误导。库恩认为科学的核心思想是理论和证据的协调，基础科学是科学理论对应关系的实际证据或潜在的证伪，它们是可以被评估的。当前的心理学理论认为，科学知识和观念的变化，已经清楚地说明了“儿童如同直觉科学家”的隐喻存在，直觉科学家的隐喻描绘儿童的科学理论和构造，以及科学思维观。但研究认知理论的心理学家和教育工作者的大量证据表明，儿童和外行成人的直觉概念通常被误解。如果理论修订认知发展，应该了解一下认知是如何发生的。这个认知过程意义对检验“儿童和外行成人如同直觉科学家”的隐喻应该值得思考，是否在认知过程中儿童与外行的大人和科学家一样去探索世界，探索所产生的解释数据会体现他们的心智模式，具有可比性。（汤治成，2017，53）

个人认识论科学思维的发展起源

这里的研究目标是确定科学思维的发展起源。已获得关于早期形式的科学思维的一些可检测幼儿的实验数据。研究人员在教育上更注重强调幼儿的技能活动，例如观察、描述和分类。我们在寻找思维起源的问题上，研究早期幼儿的认知特征是否影响他们以后的认知发展思路，可能确定其本质的范围和分类。例如，一般认知能力根源显然在婴儿期，这需要科学思考，但目前还不能清楚地定义它的本质。在这里代表科学思维的萌芽和为进一步发展奠定了基础。（汤治成，2017，55）

成熟的科学思维是理论的协调并有意识地控制行为方式。儿童有意识的控制是非常重要的，这是他们开始理解世界的一种手段。科学思维的发展在儿童和青少年时期可能会被定性为实现提高认知控制理论的证据。这种认知性质，需要心理操作，并属于自己的心理活动的实体。科学思维的发展起源于幼儿时期，3 岁的儿童会理解错误的信念。他们能够去思考个人的活动和一些吸引他们注意的事物，并学会开始使用精神状态的概念。例如，很喜欢一只小狗，或者是意图解释自己和他人的行为。然而这个年龄段的儿童表现显然受到思想概念的限制，他们对待所信任的世界和人会回答或表达与外部现实同构的景象。在幼儿心中，世界是一个简单的事物，没有不准确的事件，他们在这阶段表现出理解错误的信念。幼儿在科学思维起源阶段的意识表现薄弱。在儿童理解过程中，不同的感觉方式会产生不同类型的知识来源。幼儿萌芽状态的想象力表现为形成心理表征。幼儿在 3、4 岁时还表现出对问题的敏感性，儿童的意识能力迅速地发展，这是他们接受知识的最早来源。（汤治成，2017，55）

个人认识论的理解和智力价值的发展

个人认识论理解的研究被融入认知发展的主流研究，认知发展的研究日益重视对生命早期的认知能力起源的研究。库恩在研究这个论题时引入了智力价值概念，研究从幼儿转向以青少年的认知为主，以社会文化不同的价值观与传统观念为基础，对美国和亚洲其他国家不同的儿童向青少年的成长文化进行深入调查、实验和分析，取得了一定的研究成果。库恩提出智力价值概念：（a）在一组共享和定义为智力的参与，被认为是有利于群体的利益，（b）以支持认识论信念系统，（c）社会文化一个重要方面是实践和学习。一系列的研究中描述智力价值评估和认识论的信念，显示跨文化的不同模式和亚文化群体的父母和孩子的差异。这些组织强调青年人参与的内在价值的作用（而不是实现其工具性价值的个体识别）。重视智力的参与，提供从青春期到成年维持精神动力发展最坚定的基础支持。（汤治成，2017，56）

认识论理解和发展研究认为，学龄前儿童的心态是现实主义者，他们认为可以认识和理解外界可直接观察的东西，直接认识世界，这些知识不是构建认知组成的，他们会认为每个人都在感知同一个外部世界。但是儿童并不是机械式地接受认知知识，儿童到了4岁时就会出现主观认知者在观念上的会心和理解。他们会意识到认识者的心理表征是人的心灵产品，不一定重复外部现实；会产生不准确的可能性信念，会认为可能产生假的信息。理解认识论的一个重要环节是对智力价值的发展研究，认识某些关键的智力基础技能。确定认识论的理解和论证认知能力的关系，重点关注智力价值，确定倾向性结构，即在确定的范围内的智力技能。（汤治成，2017，56）

超越变量的控制，达到成熟的科学思维

认知心理学家的预测会在解决问题中发挥作用。认知的思维里存在着很多动态性的变量，它如何能超越变量的控制，达到成熟的科学思维？这是认知心理学家需要努力解释的事情。研究认知能力有三大领域：一是不得不参与的技能实验，二是技能论证，第三是认识论理解的自然科学本质。科学教育工作者比心理学家更关注后两者，但需要更多的研究来获得经验证据，教育工作者需要有关的论证技能发展和理解科学认识论。我们不赞同扩展讨论三种能力的关系，要强调的是这三个领域的作用。科学现象通常包含多个相互作用和相互影响的变量，一个变量影响其中另一个变量的确定性。变量的控制显然相当重要，其他的影响变量必须保持恒定，使得焦点变量的影响可以被识别。实现这一目标需要掌握变量的控制技术，一旦控制变量的策略成功，那么研究对于其目标和现象而言就较为容易。但是现实世界中的科学和科学思维普遍是多个变量共存的情况。通常每个单独的变量影响不能确定时，心理学家就会采取所有影响相关预测目标来评估共同变量反映的结果。这显然是多变量的科学推理，需要协调区分多个变量或特

征，这是一种多元科学推理研究方法。（汤治成，2017，57）

那么科学思维是否严重限制解释？目前的研究成果还不能支持解释。从对学生的实验研究可知，程序性技能是对概念的元级认识论的理解。青少年学生要达到成熟的科学思维，就必须认识到科学知识是人类构建的，而不是简单的世界发现。这种研究进入到“个人认识论”的发展探讨，比较了青少年对认识论的理解在跨越科学和非科学领域的不同点。（汤治成，2017，57）

（3）小结

个人认识论的发展方式有所不同，但大多数早期研究计划是在大学研究的基础上构建的，人们忽视了早期的个人认识论发展，发展研究构建出认识论思想的起源，并提出年幼的孩子从朴素实在论的状态开始发展到现实主义或自我中心主观性，幼儿开始知道的知觉是唯一的，随着长大，他们在思维中实现转变的思维方式，通常发生在 3 至 5 岁之间。这个认知转型允许意识到别人可能有不同的信念、欲望和意图，从而引发了解知识的潜力和一些早期的认识论客观性意识。进而发展到高度认可的二元论或绝对主义遵循阶段，标志着客观信念的形成。个人将知识视为确定的、明确的，相信有一种对与错，知识是黑白的二分法。幼儿通过不断地学习知道这些真理。

当个人认识开始遇到和改变时，二元世界观被修改并接受灰色阴影，承认权威认知的瑕疵和谬误。因此，多元论是主观主义者，但是与幼儿不同，儿童早期的表现是自我中心主义，他们承认了多种观点但缺乏区分的手段。在认识发展中，个人在开始会看到一些观点比别人更好，更加权威和可靠。随着年龄的增长，儿童明白知道是什么，理解客观性和主观性的评估主义，这时也开始协调自己的知识与外部衍生的经验知识。（Kuhn & Weinstock, 2002, 126）

虽然这只是大致的个人认识论发展模式，儿童在 3 岁到 9 岁之间，有许多不同的阶段的认知水平变化。学者们也对之提出各种不同的模型，把握了一般的认识论发展趋势。但是，与许多其他认识论发展模式不同（如道德发展、认知发展、视角选取的发展，等等）这些学说常常忽视的是某种意义的儿童阶段。

显然，个人认识论研究欠缺了这一方面。在这一节，我试探性地对儿童和青少年的认识发展做出探讨。不过，要真正深入这一问题的研究，需要大量的实验和工作，这也是将来个人认识论研究的展望。

五、个人认识论的教学实践应用

1. 个人认识论研究在学习和教学中的应用

个人认识论对知识和知识的观念具有不同名称的研究计划，如认识论信念、反思判断、认识方式和认识论反思，这都是“个人认识论”研究工作的一部分。学术界认为，认识论观点在理论、实践、经验方面与各种学习有关，并影响我们生活中的推理和判断，影响教学的成果。

在整个学习过程中，学生会遇到各种新信息，并对之进行解释和评估，无论这些信息是隐含的或明确的。认知和信念的发展变化过程涉及到一系列教育心理学家熟悉的问题：学生有没有充分的先验知识来了解认识材料？学生是否充分积极参与所需的认知任务？信息适应现有的知识方案，还是需要对目前的概念理解进行一些改变？越来越多的教育家和心理学家也对学生的学习潜质感兴趣，并认为知识和知识的信念都是学习过程的一部分，以及这些信念如何影响或理解知识获取和知识构建的过程。学生认为知识是怎么样的？他们认为自己的知道过程会成为理解学习的关键。

个人认识论观点在许多学术经验中是明显的，不仅仅是遇到新的信息，研究者提出关于认识论信念与学习之间的关系。例如，关于知识本质的信念可能会影响学习方法的使用、认知处理和认识概念演变。同样重要的是，认识论思想不仅与学生学习有关，而且是他们终身学习的重要组成部分，通过学习实践加深个人认识论理解，帮助我们了解个人如何选择知识，评估新信息。我们如何知道所了解的知识？我们怎么做的？我们选择什么信念？学生的高阶思维能力做出合理的判断一直是自由教育的标志，并且更多地了解认识论思想是智力发展的一部分，可以帮助我们研究这些重要的教育方法。然而大多数研究表明知识的复杂性、批判的意识立场在青少年期间就出现。

认识论的领域（人性的本质知识）一直是哲学家的兴趣，但心理学家的兴趣是比较新的。个人认识论发展信念和知识本质是皮亚杰认知研究工作的核心，后来的研究者在最近几十年把它发展壮大。在上面章节，我已经把个人认识论的发展模型：佩里的智力和道德发展模型、女性知道方式模型、认识论反思模型、反思判断模型、论证推理模型等等作了介绍。我们可以看出，各种个人认识论发展模型都与学习、教学有密切的关系。这些模型相互联系，建构主义的假设和描绘相似的发展轨迹。认识论发展的路径开始于客观主义的认识，过渡到二元观的认识论，随之而来由于个人开始产生不确定性观念，转而采取多元主义的认识观。通常，极端主观性的时期之后是承认不同观点、相对优点，并开始区分证据在支持自己的立场上发挥的作用。在最后阶段，知识和真理积极地构建，使得大学生的认知与推理协调发展。

(1) 个人认识论与学习、教育的联系

对于个人认识论关联概念的理解，学习和教育是源于特定的本体论和每个理论模型的假设。学者们存在三个一般意见：

一是，个人认识论具有发展性，发展是教育的目的，因此教育目标的一部分是促进认识论发展。

二是，个人认识论以信念的形式存在，学习受到由个人持有的认识论信念影响。

三是，个人认识论是建构理论，是具有维度的认识论资源，教育要求学习这些理论和资源。

这三个意见意味着学习兴趣的不同会产生不同的处理结果。第一种情况下，认识论发展是变量的结果，经常被视为更广泛的智力发展。第二种情况，信念通常会影响学习成绩，学习需要调节信念。第三种情况，变量结果可能受到认识论资源的影响，是学习和知识建构以及在元认知过程中的理论发展。这使我们考虑个人认识论与教育的实证证据，理解学习、教育和认知的关系。(Hofer, 2001, 368)

在解释个人认识论发展观的争论时，摩尔认为学习在其最完整感觉本质上是发展的。对于佩里等人来说："真正的教育，特别是文科教育，基本上就是这样的发展：即个人思维结构的演变意味着要实现更大的复杂性自适应。"（King and Kitchener, 2002, 26）因此，一些研究使用认识论的指标作为衡量在大学期间更普遍的学生认知发展。例如，个人认识论发展有时被视为技能的批判性思维指标，是西方教育的共同目标。因此，大学评估研究经常采用佩里的发展模式。类似的评估研究已经使用认知论的方法和反思判断。

研究人员的这个研究传统对个人认识论发展的更高阶段以及教育方面的研究有促进作用。这些研究重视与大学生进行交流，由于这一直是人们的兴趣，特别是参与学生发展工作的研究人员。作为一个研究结果，我们对教育与个人认识论之间的关系是建立在这个层次上的认识。

对反思性判断的纵向研究的回顾表明较高的教育程度的相关判断，不同的认识阶段的认识水平增长在大学时期平均地发生。特别是在研究生阶段，高级认知发展更有可能发生，学生的平均成绩比本科生高。此外，具有高学历的非学生成年人表现出相似的模式。

总而言之，这些研究表明，在美国成年人口里，综合检查个人认识论教学实践影响学生的结论是：大学生的认知是选择性的，加强证据的权衡，使个人能够在有效的情况下区分推论或认知假设。因此，最终导致反思判断推理的发展过程在这个国家的成年人中并不常见。我们的"受过教育的公民"实际上可能主要从绝对主义的角度来看待世界，或者简单地看待世界，接受关于复杂问题的多种意见，不需要有证据的支持。这样的人可能不仅缺乏解决不良结构问题的技能，也可能缺乏这样做的动机。专注于发展的教育认知论思维有可能解决这一迫切需要。

（2）认识论信念与学习的关系

研究人员从瑞恩（Ryan, 1984）开始，研究个人认识论对知识和知识的信念如何影响学习的过程。他初步发现存在一个关于学生的认识论层面（二元论或相对主义）及其信息处理过程。他把布鲁（Bloom）的分类法应用于衡量监督理解能力，检验从事教育的心理学家在这个领域的研究。特别是在史卓摩的一系列研究中已经证明了认识论信念的维度。（Kardash & Scholes, 1996, 262）例如，研究表明把知识视为肯定的人可能会产生绝对主义的认识结论，那些相信快速学习的人可能会给出过于简单的结论，测试成绩较低。通过进一步研究统计表明，学生的学习表现与简单的认识信念以及相关知识联系。认知过程分析表明信念对绩效的间接影响，具有选择的认识信念会影响学习策略。学习速度和认识论信念也与认知处理策略相关，知识确定性的信念可能会受到有争议的问题的证据影响。

个人认识论信念影响学生的学习，学生使用的学习方法表明需要考虑一个概念框架，它包括个人认识论在学习自我调节中的作用。学生的认识信念和推理，关于知识确定的目标和学习标准，需要深度处理和理解。研究者帮助学生用认识论信念作为促进认知发展的手段。

对于高中生的研究表明，对知识的信念确定和简单知识（如综合规模所示，基于来自史卓摩的问卷）与认识论概念相关。同样学生关于科学的信念，无论是动态还是静态，或是混合的信念，可以帮助他们整合一个理解的命题和运用策略（Davis，1997，80）。

许多其他研究链接特定领域的个人认识论信念，关于科学与学习的基本假设，关于科学知识和知识结构的信念起源。研究者把科学与学习交织在一起研究，虽然这些研究的措施和方法差别很大。定性研究结果表明，具有更多经验主义信念的学生比建构主义者更有可能采用类似的学习策略。其中一个重要的科学信念研究是使学生跨越更广泛的年龄范围，采集更广泛领域的研究数据，一些研究集中在小学生的个人认识论信念的发展。

(3）个人认识论影响教育的发展

研究者要了解个人认识论观点和学生学习的关系，使学生侧重于个人认识论作为理论上的指导，需要拓展认识论资源。成人和儿童都有收藏认识论资源的习惯，在不同的背景下刺激多种思维的组合连接。虽然这个模式需要进一步的经验测试，他们注意到几个相关的研究提供了对这种工作有用的方法示范，包括使用开放式访谈的课堂观察和以某种方式进行的案例研究，与正在调查的学习背景密切相关，并允许深度理解（Hammer, 1994, 38）。研究这种方法要求学生对他们的信念做出广泛的反应，但是忽略了学生不同阶段的不同认知体验。

个人认识论如何与教学有关？无论认识论模式如何，都会影响教学领域的工作。教育经历在学生培育中发挥作用，并使其信念改变发展。但什么类型的经验最有利？什么样的教学策略能最好地发挥作用？研究者对教学工作充满了意见，需要澄清研究方法与个人认识论之间的关系。这是一个重要的关注，因为对教学的看法可以影响认识信念和个人认识论发展。在大学生中存在知识信念的广泛差异，表明我们需要进一步调查学生特定的认知发展过程，指出个人认识论在这个时期的指导作用，而且教师的信念也可能影响这个过程。

研究者对个人认识论信念进行教学实践，这些信念的改变，导致新的解释。教学实验在认识发展的每一个阶段都提出了几个认识发展计划。肯尼克坎普（Knefelkamp）提供了一个分析，她的研究与佩里计划相比，通过分析语境相对主义，说明学生在二元论中的每个阶段上学习过程的意义。她指出“学习者特征”包括对教师角色的看法和学生角色的观点，以及初级智力认知。每一种学生在她的认识论反思模式中把知道定性地表现出来，将自己视为学习者、教师，并在同行评估中进行分析。（Hofer, 2001, 373）

其他调查重点是学生的信念如何影响他们参与特定学习任务或特定教学环境。一项研究的科学认识论观点和他们在实验室的学习设定发现，持有建构主义观念的学生更多地关注谈论同行的实验意义，比从事经验主义工作的学生有更深层次的概念探索，并有一个更加丰富的理解结果。教学类型也可能影响信念。在一项研究中指出，建构主义的大学生证明比传统的大学生有更复杂的数学信念。

个人认识论信念之间可能存在互动的教学类型，正如一些早期的发展预测工作描述的。有的研究结果报告了信念治疗的相互作用，他们利用计算机做模拟研究，旨在促进用概念改变大学生认知信念。使学生个人认识论信念通过建构主义治疗而获得更多的知识（一个探索性的计算机模拟）和通过客观主义的治疗（一个验证模拟）学到更多的东西。

在这些教学环境中，教师的认识信念是一个重要但尚未解决的因素。关注教师个人认识论观点，评估教师的教学态度和信念，是未来支持认识信念及其实践的拓展性研究。

（4）学习与教育促进个人认识论发展

大学生不断地产生多种认知挑战，促进了他们对认识信念的怀疑，但是教育的新知识超出他们的理解，怀疑可能是无效的。促进个人认识论发展的早期努力与那些促进道德或自我发展的努力是一样的，相信学生认知推理会随着不断的教育而增强。总的来说，这些想法已经成为推荐的一部分导师们教导的“成长的前沿”，正如佩里所说，需要知道认识发展轨迹和对个别学生进行评估的能力。（Bendixen, 2002, 129）

密切关注学生个人的成长和发展是佩里道德与智力发展模型方法的标志，并解释教学的力量影响个人成长的认知和信念水平，许多人已经努力提高对知识的关注程度。佩里还强调了环境社区的观念，并强调教师自己的个人认识论思想，对学生来说产生认知怀疑是显而易见的。

更具体来说，建议在课堂加强个人认识论的教育发展，包括鼓励学生提出问题和意见，教师认可学生的反应，并加强对学生参与的重视。这种发展也可能通过课程方法进一步验证，将学习情境置于学生的经验之中，为学生创造良好的认知环境。纵向研究结果表明，自从大学一年级以来，已经接受采访的人都表示在大学期间以学习者为中心，教师探索为学生持续创造知识的方法。

有些研究报告提供了一个全面综合关于促进个人认识论发展的文献摘要。这些包括提供机会让学生在课堂上讨论和分析不合理的问题，教学生收集和评估技能的数据，引导学生讨论有争议的问题，并协助他们研究关于知识的假设以及知识是如何获得的。此外，鼓励教师对学生认识水平的尊重，无论个人认识论发展水平如何，提供反馈并支持认知和信念层面的研究。

越来越多的研究工作提供了个人认识论影响学生学习的证据，这是学生学习的重要方法。这里列举的一般认识模式都为我们深入了解学生学习提供了宝贵的经验，而从基于不同学科的个人认识论研究的工作也增强我们对知识和知识信念的理解。我们可以从深入考虑如何运用认知心理学信念与认知发展相结合的研究。因此，我们需要继续考察各种认知发展模型对个人认识论更多的语境、位置、细微的理解。我们可能会将多种模型的思想融合在一起：应用可信赖的信念维度集合作为理论组织的基础，进一步合理确定可预测的方向，促进个人认识论发展。

个人认识论的发展还有很多东西要学习理解。促进它的经验是什么？我们需要检查学术任务以促进发展到更高层次的反思判断。如何增强个人认识论的经验以提供思考的前提？还是有认知或成熟的前提将解释为什么最高阶段的推理仅仅在高年级研究生出现？我们需要更多地了解可能的学术任务的类型，以便促进智力发展，有效地提供给学生良好的教育。

我们当前研究需要考虑到学生正在学习的环境，以及在不同环境产生的认知差异。关于"知识来源"的问题现在可能涉及学生如何解读互联网的信息或文本。大学生是面对多元化的价值观，不仅在课程上，学校里也有多元化的学生团体。如果学生有多样性的观点，那么学生就是对自己的认识论假设的挑战，我们显然需要更多关于学生如何制作的最新信息，感受后现代主义课程和高度差异化的文化多样性，并进一步了解这如何影响学生个人认识论发展。

正如库恩（Kuhn,D.）所指出的那样，"关于个人认识论思想的事情，我们需要关注先进认识论的稀缺性理解，给予这种理解的区别，个人有能够解读和评估信息的能力，对复杂问题的决定"。（Kuhn & Weinstock, 2002, 130）然而，库恩等人担心当前的智力和课堂气氛是否会抑制推动认识论发展的理性论证，社会容忍和接受的价值观是否可能导致学生的多元观点。我们可以解释对社会建构的理解，通过个人认识论观点表达我们自己的不同认识。我们的教室可能是学生提高认知能力的最佳选择场所。

（5）小结

个人认识论的研究是一个与学习、教学实践息息相关的工作。认识的信念涉及到知识的获取和知识构建的过程。许多学者认为个人认识论与经验、背景知识、学习方法相关联。在研究青少年的个人认识论过程中，学者们总结出认识论从客观主义到二元论，再到多元主义和相对主义的阶段发展。他们认为个人认识论发展是教育的目的，个人认识论以信念的形式存在，是具有维度的认识论资源。

研究发现，个人认识论在学习中有自我调节的作用，教师可以帮助学生利用认识论信念作为促进认知发展的手段。学生对知识的信念确定与认识论概念相关。学生的信念会受到特定的学习任务或教学环境的影响。另外，对教师的认识信念研究仍然是不足的，对于教师的个人认识论观点、教学态度等等研究还需要继续拓展。

个人认识论的学习与教学实践有很多工作可以进一步发展研究。例如，如何研究反思判断模型与学习、教学的应用。在现阶段的大数据环境下，如何运用网络学习教育和个人认识论相结合，这些都将是未来的个人认识论在学习和教学应用方面的研究展望。

2. 个人认识论的维度与教学实践

个人认识论的维度是重要的认知理论，本文在前面章节有简单的描述。在个人的知识形成过程中，个人认识论的维度与教学实践有密切的联系。个人认识论的研究通常涉及到知识理论和信念，个人如何掌握知识，以及认识论的信念等等，这些认知都与学习有关。我们研究个人认识论的维度与教学实践，探索性的案例分析集中在关于解释教学实践的认识论。我们采用对学生的课堂观察和访谈方法，为研究提供了一个确定的信念维度的语境化视角：知识的确定性、知识的简单性、知识的来源和知识的辩护。通过对学生的认识论假设，研究学生对教学实践的看法。但导师可能会以多种方式影响他们的认识信念。

现有的个人认识论模型表明，个人认识论理论关于知道和知识是由多个维度组成的，每个维度都表示为一个认识连续体。认识论信念模型是基于这一假设，这些维度可能是独立的，但可以各自表示从简单到复杂的认识连续体。在两种模式中出现的个人认识论的维度都是相对的。虽然一些模型包含关于学习和教育的信念，这些模型可以分为维度的两部分：知识的性质（人们认为知识是什么）以及知识的本质或过程（人们如何认识知识）。在知识的本质上是知识的确定性和知识的简单性，在内部知识性质的领域是知识的来源和知识的辩护。这四个维度可以描述如下：

知识的确定性：个人对知识的认知程度是个人认识论的一个方面。认知连续发展被描述为从固定模式到变动的模式，从相信绝对真理存在的确定知识立场发展到知识是暂时性和演变性的立场。（King & Kitchener, 1994, 82）

知识的简单性：在较低层次上，知识被认为是离散的、可知的事实，在更高层次上，个人将知识视为相对的，有偶然性和语境性。个人认知描述了从一系列信念转向将知识视为积累事实，将知识视为高度相关的概念。（Schommer, 1990, 501）

知识的来源：知识的来源是知识本质的一个方面，这个维度是指知识的地位，认为知识是来自外部的权威，或是积极地由个人与环境相互作用而构建。（Baxter Magolda, 1992, 68）

知识的辩护：这个维度涉及个人如何证明他们知道什么，个人如何评估自己的知识和他人的知识。个人可以通过观察或者权威来证明信念是否正确，或通过评估证据，专业知识和权威性，专家意见评估与整合（King & Kitchener, 1994, 84）。

这四个维度构成了所谓的个人认识论理论的核心是具有系统性的、相对一致的相关信念。研究者在具有规则的教学领域进行了经验测试。本文的分析支持多个模型存在跨学科的个人认识论，但知识的确定性和简单性没有成为独立因素。调查访谈在认识论研究中发挥重要作用，有可能确定各种学习结构（认识论信念、动机、概念改变、学习策略、成就等）的关系。维度研究需要相当大的发展，以分析特定结构的复杂性，在个人认识论发展研究中尤为突出。在个人认识论的维度与教学实践的研究中，需要努力结合访谈和观察来证明这些维度的作用。这也有助于进一步了解教学实践对个人认识论的促进。

我们需要更多地了解学生如何理解个人认识论和他们的教学环境的联系，哪些实践最突出，以及他们如何通过现有的信念和知识对认知过程的改变进行解释。理解个人如何看待知识、理解信念，显然不仅仅是一个简单的传播过程。信念产生于社会文化之中，我们需要更多地了解教学实践的环境影响，以及学生在认识论上如何解释他们适应新的教育环境。

下面的分析聚焦个人认识论层面（简单性、确定性、来源和辩护）。在每个维度内，对问题的回答介绍了教学实践。这个分析的意图是扩大对个人认识论维度的理论认识和信念的连续性。

（1）知识的简单性教学实践

观念只有采取简单明了的形式，才能被群体所接受，因此它必须经过一番彻底的改造，才能变得通俗易懂。（勒庞，2015，34）在现有的个人认识论文献中，知识的简单化被视为在从观察知识作为积累的连续体上离散的、具体的、可知的事实。将其视为一个相互关联的网络的概念是相对的、偶然的和语境的。在这种情况下，知识的简单性，通过一般性的认识论问题访谈，针对的课堂实践，研究这个特定的维度。

这些测试领域为学生提供关于知识的简单性或复杂性推理机会，包括测试实践和考试审查会议。学生们也受访了特定的导师，这些评论与相对简单的信念知识有关。

两个面试时间恰好与考试期间相同，所以这种测试方法特别突出，有可能获得自然主义证明，学生如何在两个科目的考试做好准备，在这两个化学课程中，测试主要是开放性问题，一般的化学期末考试除外。学生们被问及他们对此的看法，以及他们为什么想象导师以这种方式进行测试。

对于一些学生来说，这些问题引起了对开放性测试的抱怨。并对测试偏好选择好格式。这些学生喜欢多项选择的简单问题，发现化学性质检查的开放格式有问题，他们不熟悉相对性问题。一位学生评论他们的高中科学考试说："在我的高中考试有一张便签卡，它有所有的公式。她会给我们的问题却是我们以前见过的。所以她上课的东西就在上面的测试，不是确切的问题，而是一样的想法。这个测试是以前从未见过的东西，真的让我们困惑！"（Hofer, 2004, 144）

这样的学生想要熟悉复制离散事实和知道一个领域的基本知识可以包

含在公式中，把它贴在便条卡上毫不奇怪。考虑到这些知识的观点，当这些学生被问及他们如何为考试而学习，他们描述了记忆主要研究方式。这些开放式策略问题在准备测试中的价值很低，但更有用的是其他课程的多项选择考试，如介绍心理课。令人不安的是，测试报告访问四个人中的三个在第二次访问之后，放弃了最简单的知识观点。他们对准备的类型熟悉程度，他们对知识的信念，以及公式化的教学方式使他们很难在考试中表现良好，这是一个需要超过公式的识别和计算的测试。

对于这些学生来说，超越一个简单的知识观是重要的似乎是大学的假设部分。几位学生回忆说有机化学教授的辩护是更加开放的做法，并肯定了这一点。

在有机化学课堂的第一天，如前所述，导师们进行了讨论思想和符号在化学中的作用和意义之间的差异和解释。在采访中，学生被给予了一个特别的例子，并询问这对他们意味着什么。以下三个答复表明关于知识简单性的不同层次的观点。

第一个学生有比较具体的解释如下:

他只是试图让我们看看这是什么东西。我想这可能是核化学的东西，他希望我们不要忘记什么是基本的元素。这不只是代表什么，但他们是什么？像是一片森林。

第二个学生有点神秘，但似乎认识到她的挑战与这种思维方式联系起来:

我有点懊恼，因为我根本没有真正的帮助。“这个家伙真的很酷，但是我不知道我会如何让我的头脑与他一起工作！”我只是想想第一件事进入你的脑海，而想了更多的事情。我觉得这很有趣，但是在化学上有点粗糙!

第三名学生是那些可以看到所需过程的典型代表，他可以接受一个更复杂的知识观和一个意识所需的“批判性思维”。

这是一种完全不同的化学教学方法。这让人们学会如何认真思考。这似乎是我们所有课程中的一件批判性思维的大事。在我们所有课程中，我们正在讨论什么？你会分析自己的意见，重新学习和挑选它。（Hofer, 2004, 145）

几个学生反复强调批判性思维，在采访中作为一些第一年课程的明确目标和大学课程的隐含议程，批判性思维需要一个特定的个人认识论发展水平。认识发展中的一个有问题的观点就是，这种方法是如何被认识论较低层次的人理解和需要什么额外的支持来发展这些技能。

（2）知识的确定性教学实践

知识确定性的维度涉及到人们认识的知识程度是固定的或变动的。在较低层次上，确实存在绝对真理。在更高的层次上，知识是暂时的、不断发展的，并且在真正的知识交换中进行了修改。这里评估了学生对知识确定性的信念一般问题和课堂上的具体事件。

当被问及“你如何界定真相？”学生们提供了一系列预期的答案。霍费尔发现，这些一年级的大学生将所有知识都描述为一定的，尽管有几位提供相当数量信念答案的学生认同知识的确定性。几个例子如下：

“我想我只是将它定义为真实的东西，不能被证明是错误的，并且总是将会在那里，它永远是什么。像我一样，男性和女性，一些东西。”

“绝对确定的东西。而据我认为是真实的，这是100%的真实，像数学概念。”随着学生们开始将这种转变从这种坚定的信念转移出去，知识的确定性的意见成为焦点。

“我不确定是否有绝对的道理。因为每个人都有个人的真理，而且我也认为这是真相的最佳定义，你认为是真实的，你的信念是什么？”

“真相对每个人都是不同的。你可以相信某事，这对你而言是真的，但对方是完全不同。这一切都是关于意见的。对你来说真相是你的特别模式。”

对于一些学生来说，这种认知过渡是很难讨论的，也许一些事情是相当新的，他们还没有想出来。（Hofer, 2004, 145）

我们来看看知识确定性的课堂观察，以下是一些片段。

导师在讲座期间说：在科学中，我们所有解释和理论，必须被视为暂时的。我们从来不满意，这是最后的解释。

这是讲师所做的陈述，适用于他们对化学的信念，第一次面试重复给学生讲述，然后要求学生对它进行评论。这似乎提供了一种方法来衡量他们对概念和感觉的知识确定性的理解。

接受访问的 25 名学生中没有一个对这个陈述提出质疑，而且似乎都是这样接受对科学的解释和理论的批判，但有一些学生很快限定了这一点论题，而其他人认为这是一个广泛的现象。

他们对科学知识初步性质的理解产生变化。受到“信息爆炸”的高度影响，“许多这些学生将科学的暂时性质视为世界必要权威知识基础的继续快速变化。”

每天都会发现新事物，也许你可能会学到一些东西，而且你相信它是最好的，但是 5 年后，他们发现信念产生变化。

这意味着你可以随时测试一些东西，我也许可以这样说没有什么是绝对的。一切都可以改变，像 50 年后的东西我们相信是真实的，现在我们可以了解到，到了那个时候不一定是真的。

有些学生对知识的初步性质表达了普遍的开放态度：我们会发现，总是有新东西，所以没有什么可以做到最终，总是可以有一些新的角度出现，你必须从不同的角度来考察它。

相比之下，另一位学生谈到她的确定性需求：我认为这是真的，因为我真的很喜欢在我完成某件事之后感觉到我有一个明确的答案。

（3）知识的来源教学实践

在大多数个人认识论模式的较低层次，知识就是被视为来源于个人自身的外部世界，并在外部权威机构中传播自我发展的概念。知识来源具有与他人互动的知识构建能力，是一个认识发展的转折点。佩里将这种意识描述为认识模式的转变之一，就是智力发展，同样，金格描述了在更高阶段的知识行动的转变认识论发展，从观众或被动倾听者转移到一个有意义的建构者。

在一次面试中，学生们被问到一系列关于他们面临各种知识来源互相冲突时的选择。几个人谈到这种冲突的个人认识经历，以及他们如何应对这个问题。学生也回想起与老师在课堂上有什么不同的经历，他们的解释揭示了他们所认为什么是更可靠和值得信赖的知识来源。对于一些学生来说，老师质疑一个文本的权威性是令人费解的。一位学生描述了一系列知识来源冲突，他的高中世界历史老师讲课和教科书所述存在差异。这给学生带来歧义，特别是当他们询问准备考试的时候。

书本对这个学生来说是一个非常重要的权威，而且，高中学生绝大多数都是赞成这本书作为教科书。有人评论说发现 DNA 的科学家的差异:“基本上，我记得这本书，因为我不信任老师。我只是想写这本书的人会更多地了解他们在说什么。他们会更多地了解这个领域。”其他人提出了类似的观点。（Hofer, 2004, 146）

虽然预计学生可能会认为大学教授比其高中教师更有权威的信息来源，这涉及相关准备和角色的差异，但这些改变不会立即发生，这些学生在第一学期接受采访的时候，仍然会建议教科书要采用更有声望和值得信赖的来源。他们对这一点是务实的，当然他们认为测试答案和实际相信的内容是有区别的。

一些学生也有新的“较高”的权威知识来源，例如以下的学生陈述。

“我想我必须去找自己相信的，也许通过互联网。我看着出版的书时，如果讲师引用他们的来源，也许我会去检查一下。我会上网检查，因为它更容易。”

这个学生的回应提出了教育者需要持续性协助学生对评估做出负责任的判断，找出知识的来源，而不是教育中微不足道的事情，特别是在增加学生使用互联网作为信息来源时，需要对学生感兴趣的东西加以额外关注和个人认识论的理解。

在另外一些访谈中，学生被问到什么是他们最信任的知识来源。这提供了一种理解的方法，探寻外部知识的多种来源之间的关系，以及学生们对自己的认识。如采访中有关知识来源的冲突问题，在一个层面上学生只接受书籍作为当局的权威出版。一个学生似乎找到了“信任”问题：

“这可能是一本书，嗯，我甚至不想信任。其他人将文本和讲师视为知识来源：我想坚持用书做知识来源。书籍就像教师一样，我知道我们的化学教师写了一本书，我相信这是知识来源。”

这种反映自己对外部的观点是一个知识来源，在几次采访中显而易见。相比之下，那些表达更坚定的人对文本的依赖性强，他们一直认同这一观点。支持对于这种观点转变，几个学生提供发展认识进程的变化是新的评估和思想整合的能力。

（4）知识的辩护教学实践

这个维度包括个人如何评估知识，使用他们的证据和权威的专业知识，以及他们的评估专家的反思判断模式，个人在认识的较低级别通过观察或权威来证明信念。当知识不确定时，只有使用较高阶段的认识研究，亲自评估和整合专家意见。

课堂观察中有几个关键问题被用作关于认识论信念与知识辩护的访谈。在第一次采访中，学生被提醒了一个特定的声称由化学教授制作的问题："最强大的科学工具是有重复性的"，询问他们这是什么意思。在第二次采访中，心理学教授以类似的方式发表了一个评论："科学理论无法验证。它们可以在大多数情况都是伪造的。"对于大多数学生来说，伪造的概念是普遍的。尽管如此，他们在中学的科学课上听到的理论并不能全部解释清楚。但令人惊讶的是，在这个小组有几个学生（所有人都有高中科学课）对于这个想法觉得很刺耳。

"科学理论无法验证？我认为他们可以被验证。也可以伪造。那么，通过科学研究和实验，你可以证明一些事情是真的，我会想你也可以证明它不是真的。"

"我认为可以验证科学理论。我想如果科学理论是由别人做的，他们也可能是伪造的。我认为一旦事情得到证实，就可以这样做几百次不同的方式。"

"我听到这么多次，现在有点滑稽。你永远不能证明什么是完全正确。你只能证明是错的。因为有人可能会明天来证明你错了，但他们永远都不能证明自己的想法是正确的。"（Hofer, 2004, 148）

对于这些人来说，他们对知识的看法是一致具体的，被早些时候的访问证明。其他人回忆起多次听到这些声明，似乎是信念的接受，是科学的实践宗旨。

这些陈述证明，一些学生将新知识看作是某种东西，在几次访谈中重复的一个短语，还有其他人想象的更多科学家和学者积极参与的知识发展研究过程。但是，研究过程中，伪造的作用和理由辩护对大多数学生来说，论证过程显得模糊不清。

（5）小结

这项研究为个人认识论的四个维度提供了理论证据，对知识的简单性、知识的确定性、知识的来源、知识的辩护等维度在教学环境中进行实例化。尽管在之前的多次调查研究中简单的知识和某些知识在一个因素中不容易区别分析，但这种定性方法为学生提供了可观的证据，关于知识相对简单或复杂性的信念，关于不同确定性观点。

虽然概念上可以区分维度，但从经验上来看，并不清楚维度在多大程度上是一致的，能否依照发展理论中所建议的那样，为个人认识论创造模型，或者维度之间是否可以彼此独立。正如史卓摩所提出的关于确定性特定信念的知识。例如，通常与关于简单性的特定信念相一致的知识。在前面提到的关于维度的综合研究中，提出认识论理论分为两类：关于知识信念（确定性和简单性）和关于知识过程的信念（来源和辩护）。也许这些信念最有可能是相同的类别，处于类似的位置，尽管这需要进行测试。（Schommer, 1994）

因此，这一系列研究的下一步将是检查这些方面。这可能特别有助于了解教学实践的潜在影响。改变一个关于知识确定性的观点，会导致其他认识论变化？变更过程开始于何处，以及如何启动相互依存是个人认识论发展的维度？还需要大量的工作设计来更好地解决这些问题，这项研究提供了一个关于学生如何在个人认识论上有意义的探索性考察，如何体现在大学课程的教学实践中。教学实践通过学生的课堂来解释？对认识论假设的观点正在发展，导师有权威影响他们在每个维度的检查。

关于知识简单性的信念，学生似乎觉察到测试实践提供了一些关于相对简单或复杂性的知识标准。虽然在信念和质疑之间有一个复杂的相互作用要求，以及教师如何将其纳入化学课程目标，准备教给学生。学生认为比较简单的知识对多项选择测试感到舒适，而且问题开放性较差。但是他们对开放式问题的不满，表现了这样的解释过程和他们准备测试，对这些学生发展一个更复杂的观察知识的结果。

这种学生信念之间的相互作用以及教师如何为可能挑战学生的质疑提供支持和辩护？信念形成需要相当多的学习，是个人认识论重要的领域。相比之下，学生相对简单的知识观点似乎不合适开放式问题，建议采用一个简单的、公式化的知识观，但测试需要综合的评分。最终这些发现表明，质疑要求单独提供，只是部分解释了为什么学生选择某些学习策略。认识论信念充分说明这一过程，如果了解两者之间的相互作用，将帮助我们更多地了解教师如何有效地解决这个问题。

关于知识确定性的教学实践，它是前面提到的，这些学生可能已经超出了一个二元观的知识水平。动摇了这些确定性信念，这些学生可以接受所有同样有效的意见。因此当教师在社会和自然科学讨论学科内部解释的时候，这不可能被解释为持续商定的一套调查标准，而只是一个知识不确定性的信念。教师可能会假设学生听到这样的声称，但需要更多的工作帮助学生澄清对基础知识起源的理解，以及它在一个领域内不断发展的特征。

关于知识来源的信念包括学生对外部权威的看法以及他们对自己作为知识者的看法。从采访考察，学生们可能会看到高度强化的权威观的教学实践，并给予相当可靠的信念。关于文本的真实信念的体现，这似乎是学生们显而易见的，这代表着缺乏关于大学教授的培训，专业知识和实用知识的教学。选择教师作为具有较高信誉度的权威人士，教师在整合、综合和评估知识方面做出了贡献。他们组织和教授一门课程，使认识过程更加明确。可以帮助学生更多地了解教学的基础专业知识，以及专家如何评估知识产权。

从对教学实践的访谈和知识的辩护来说，学生对教师科学探究行为评论的回应是建议他们在一个相当有限的框架内解释这些想法，而不是重复这些理论来实现对知识的评估。许多人对基础科学研究进程有天真的观念，可能需要更多具体实例的直接指导，以及在评估研究中指导实践。在这项个人认识论与教学实践工作中暗示的教师面临着多重挑战。大学一年级的课程在学生中发挥了强大的作用，我们需要更多地了解这些指导课程。他们符合大学一年级的介绍性课程的明确目的，学生通过自己的个人认识论观点过滤自己的看法，参与教学实践，但这种看法是可塑的。考虑到这些过滤作用，教师可能最为有效地解决认识论假设，他们提供教学实践特定的理论依据，而且解释我们怎么知道、我们的知识如何可以证明是合理的。

结语

本作品围绕着大学生对知识本质的认识，获得知识的过程，认识信念的变化，知识的建构过程等问题，论述了个人认识论的理论。分析大学生认识信念从单一的绝对主义开始，进而发展到信念的二元论，再到多元论信念，最后到成人阶段的相对主义信念的变化过程。

到目前为止，国外的个人认识论并没有形成完整的理论体系。各种个人认识论模型都是认知学者们在皮亚杰的认识论研究传统上，并以佩里的智力和道德发展模型为基础，进行拓展性的研究工作。这些个人认识论模型之间的关系是相对独立的、松散的。本作品对个人认识论模型进行整理分析，力图寻找它们之间的联系与共性，为建立较为系统性的个人认识论理论体系，做了一些初步的研究工作。

我对个人认识论的研究只是刚刚起步，有些问题还没有深入探讨。本作品的研究对象主要是大学生，对儿童和青少年认知发展分析不足。另外，个人认识论的认知发展的阶段论问题是个值得思考的问题，目前学术界存在阶段论和非阶段论的争论。本作品对这个论题讨论也不够深入。当然，要对这些问题作深入探讨需要很多的实验数据和参考文献，但目前要满足这些条件仍然存在困难。因此，在未来的研究中，我会着重加强这些领域的工作。

那么，未来的个人认识论研究应该如何发展？我认为，个人认识论的研究展望就是使个人认识论的研究走向大众认识论。

大众认识论关注的是成人认识信念，是我们思考自己和他人信念的各种认识性质的日常能力，它阐述什么是真的信念、知识与信念的关系。最初的大众认识论研究对象只是成年人。大众认识论的研究领域大概有三个研究进路：个人认识论、心智理论和实验哲学。在研究的初始阶段，这三个研究进路是独立发展的，它们各自有不同的研究方法和思路，分别形成不同的研究成果。大众认识论领域的形成，是个人认识论的形成、发展，以及与其他独立发展起来的研究纲领汇合的产物。个人认识论产生的起点和形成的两个阶段，是大众认识论的主要研究纲领、研究传统、研究进路或研究路线的主要依据。

我们把个人认识论、心智理论和实验哲学三个研究领域汇合在一起，形成大众认识论研究是未来对个人认识论的研究展望。也就是说，个人认识论的发展，不能单独在一个领域里探索，要与心智理论和实验哲学进行跨领域的交叉研究，这三个研究领域汇合称为大众认识论。大众认识论是个人认识论走向未来的研究路线。

但是，要很好地把三个研究领域汇合在一起是一件很困难的工作，目前还没有文献专注于这项研究。另外，实验哲学采取的实验方法是以心理学实验的传统方法为主，如何用哲学思辨结合心理学的实验，这也是研究的另一个难点。为此，本作品只聚焦于个人认识论的研究，而大众认识论探索只是我未来的研究展望。

我相信，在不久的将来，我会实现这个研究目标！

中文参考文献

1. [加] 保罗 · 萨伽德著，朱菁译，心智：认知科学导论 [M]，上海辞书出版社，2012，6。
2. [美] 加洛蒂著，吴国宏等译，认知心理学 [M]，机械工业出版社，2015，252。
3. [法] 勒庞著，冯克利译，乌合之众：大众心理学研究 [M]，中央编译出版社，2015，34。
4. 李平、陈向著，科学和推理的认知研究 [M]，南昌：江西人民出版社，2004，33。
5. [英] 罗素，贾可春译，心的分析 [M]，商务印书馆，2010，231。
6. [瑞士] 皮亚杰著，王宪钿译，发生认识论原理 [M]，商务印书馆，1981，18，21，57。
7. [瑞士] 皮亚杰著，倪连生、王琳译，结构主义 [M]，商务印书馆，1984，50。
8. 汤治成，从大众认识与自组织看“无为而治”的管理思想 [J]，系统科学学报，2017 年，25 卷（2 期），31。
9. 汤治成，迪安娜 · 库恩的儿童和青少年认知发展的分析 [J]，自然辩证法通讯，2017 年，3 期，53-58。
10. 汤治成，系统开放性的组织理性模型 —— 一种科学认知与科学合理性的建构探索 [J]，技术经济与管理研究，2017 年第 10 期，5。

外文参考文献

1. Alexander,P.A.(1992).Domain knowledge: Evolving themes and emerging concerns. *Educational Psychologist,27(i),*33-51.

2. Alston,W.(2005). Beyond "justifiation": Dimensions of epistemic evaluation. *Ithaca,* NY:Cornell University Press.

3. Basseches,M.A.(1984). Dialectical thinking as a metasystemic formof cognitive organization. In M. L. Commons, F. A. Richards & C.Armon (Eds.), *Beyond formal operations* (pp.216-238). New York:Praeger.

4. Baxter Magolda,M.B.(1987). The affective dimension of learning: Faculty-student relationships that enhance intellectual development. *College Student Journal,* 21, 46-58.

5. Baxter Magolda,M.B.(1992). Knowing and reasoning in college:Gender-related patterns in students' intellectual development. San Francisco: Jossey–Bass.

6. Baxter Magolda,M.B.(1999). The evolution of epistemology: Refining contextual knowledge at twentysomething. *J. College Student Dev.* 40(4): 333-344.

7. Belenky,M.F., *et al.*(1986). Women's ways of knowing: The development of self, voice and mind. *New York: Basic Books*.

8. Benack,S. & Basseches,M.A.(1989). Dialectical thinking and relativistic epistemology: Their relation in adult development. In M.L.Commons, J.D.Sinnott, F.A.Richards & C. Armon (Eds.), *Adult development: Comparisons and applications of developmental models* (pp. 95-109). New York: Praeger.

9. Bendixen,L.D.(2002). A process model of epistemic belief change. In Hofer, B.K., and Pintrich,P.R. (eds.), *Personal Epistemology: The Psychology of Beliefs About Knowledgeand Knowing*, Erlbaum, Mahwah, NJ.

10. Bendixen,L.D. & Rule,D.C.(2004). An integrative approach to personal epistemology: A guiding model. *Educational Psychologist,* 39,69-80.

11. Bidell,T.R. & Fischer,K.W. (1992). Beyond the stage debate: Action, structure, and variability in Piagetian theory and research. In R.J.Steinberg & C.A.Berg (Eds.), *Intellectual development* (pp.100-140). New York: Cambridge University Press.

12. Boyes,M.C. & Chandler,M.(1992).Cognitive development, epistemic doubt, and identity formation in adolescence. *Journal of Youth and Adolescence*.27(3),277-303.

13. Broughton,J.M.(1975). The development of natural epistemology in years 11 to 16. Unpublished doctoral dissertation, Harvard University, Graduate School of Education.

14. Brownlee,J., Purdie,N. & Boulton,L.G.(2001). Changing epistemological beliefs in pre-serviceteacher education students. *Teaching in Higher Education*, 6, 247-268.

15. Buehl,M.M. and Alexander,P.A.(2001). Beliefs about academic knowledge. *Educational Psychology Review,* 13: 385-418.

16. Burr,J.E. and Hofer,B.K.(2002). Personal epistemology and theory of mind: Deciphering young children's beliefs about knowledge and knowing. *New Ideas in Psychology*, 20:199-224.

17. Carey,S.(1985a). Are children fundamentally different kinds of thinkers and learners than adults?[J]. In S.Chipman,J.Segal & R.Glaser(Eds.),*Thinking and learning skills*(Vol.2,pp.485).Hillsdale,NJ:Erlbaum.

18. Carpendale,J.I. & Chandler,M.J.(1996).On the distinction between false belief understanding and subscribing to an interpretive theory of mind[J]. *Child Development*,67,1686-1706.

19. Ceci,S.J.(1989). On domain specificity... More or less general and specific constraints on cognitive development. *Merrill-Palmer Quarterly,* 35(1), 131-142.

20. Chandler,M.J., Hallett,D. & Sokol,B.W.(2002). Competing claims about competing knowledge claims. In B.K.Hofer & P.R.Pintrich (Eds.), *Personal epistemology: The psychology of beliefs about knowledge and knowing* (pp. 145-168). Mahwah, NJ: Erlbaum.

21. Clinchy,B.M.(1990). Issues of gender in teaching and learning. *Journal on Excellence in College Teaching,*1,52-67.

22. Cornfeld,J. and L. Knefelkamp. "Combining Student Stage and Style in the Design of Student Learning Environments: Using Holland Typologies and Perry Positions."*Paper presented at ACPA, Los Angeles, March 1979* ,p.10.

23. Dannefer,D.(1984). Adult development and social theory: A paradigmatic reappraisal. *American Sociological Review, 49,* 100-116.

24. Davis,E.A. (1997). Students' epistemological beliefs about science and learning. Paper presented at the American Educational Research Association, Chicago, IL.

25. Davis,Chi,M.T.H., Hutchinson,J.E. & Robin,A.F.(1989). How inferences about noveldomain-related concepts can be constrained by structured knowledge. *MerrillPalmer Quarterly,* 35, 27-62.

26. Dinsmore,D.L., Alexander,P.A. & Loughlin,S.M.(2008). Focusing the conceptual lens on metacognition, self-regulation, and self-regulated learning. *Educational Psychology Review*, 20, p.391-409.

27. Dweck,C. & Leggett,E.(1988).A social cognitive approach to motivation and personality[J]. *Psychological Review*, 95, 256-273.

28. Fagnant,A. and Crahay,M.(2011). Theories of mind and personal epistemology: Their interrelation and connection with the concept of metacognition. *European Journal of Psychology of Education*, 26(2): 257-271.

29. Fischer,K.W., Hand,H.H. & Russell,S.L.(1984). The development of abstractions in adolescence and adulthood. In M.S.Commons, F.A.Richards & C.Armon (Eds.), *Beyond formal operations: Late adolescent and adult cognitive development* (pp.43-73). New York:Praeger.

30. Fischer,K.W. & Lamborn,S.(1989). Mechanisms of variation in developmental levels: Cognitive and emotional transitions during adolescence.In A. de Ribaupierre (Ed.), *Transition mechanisms in child development* (pp.33-67). Cambridge,England: Cambridge University Press.

31. Flavell,J.(1979).Metacognition and cognitive monitoring:A new area of cognitive-developmental inquiry[J]. *American Psychologist*, 34, pp.906-911.

32. Gelman,S.A. & Wellman,H.M.(1998). Enabling constraints for cognitive development andlearning: Domain specificity and epigenesis. In D.Kuhn & R.S.Siegler (Eds.), *Handbook of child psychology: Cognition, language, and perception*(5th ed., Vol.2). New York: Wiley.

33. Gilligan,C.(1982). In a different voice: Psychological theory and women's development. *Cambridge,* MA: Harvard University Press.

34. Ginsburg,H. & Opper,S.(1969). Piaget's theory of intellectual development. *Engle wood Cliffs*, NJ: Prentice-Hall.

35. Gopnik,A. & Graf,P.(1988). Knowing how you know: Young children's ability to identify and remember the sources of their beliefs. *Child Development*, 59, 1366-1371.

36. Hammer,D.(1994). Epistemological beliefs in introductory physics. *Cognition and Instruction, 12(2),* 151-183.

37. Hammer,D. & Elby,A.(2002). On the form of a personal epistemology. In B.K.Hofer & P.R.Pintrich (Eds.), *Personal epistemology: The psychology of beliefs about knowledge and knowing* (pp.169-190). Mahwah, NJ: Erlbaum.

38. Haynes,C.(1996).Interdisciplinary writing and the undergraduate experience:A four-year writing plan proposal. *Issues in Integrative Studies,14*, 29-57.

39. Heine,S.J. & Norenzayan,A.(2006). Toward a psychological science for a cultural species. *Perspectives on Psychological Science*, 1, 251-269.

40. Heintz,C. and Taraborelli,D.(2010). Folk epistemology: The cognitive bases of epistemic evaluation. *Review of Philosophy and Psychology*, 1:477-482.

41. Hofer,B.K. and Pintrich,P.R.(1997).The development of epistemological theories: Beliefs about knowledge and knowing and their relation to learning. *Review of Educational Research*, 67: 88-140.

42. Hofer,B.K.(2000). Dimensionality and disciplinary differences in personal epistemology. *Contemporary Educational Psychology*, 25: 378-405.

43. Hofer,B.K.(2001). Personal epistemology research: Implications for learning and instruction. *Educational Psychology Review,* 13(4): 353-383.

44. Hofer,B.K.(2002). Personal epistemology as a psychological and educational construct: An introduction. In B.K.Hofer and P.R.Pintrich (Eds.), *Personal Epistemology: The Psychology of Beliefs about Knowledge and Knowing,* pp.3-14. Mahwah, NJ: Erlbaum.

45. Hofer,B.K.(2004). Epistemological understanding as a metacognitive process: Thinking aloud during online searching. *Educational Psychologist*, 39(1): 43-55.

46. Hofer,B.K.(2004). Introduction: Paradigmatic approaches to personal epistemology. *Educational Psychologist*, 39: 1-3.

47. Hofer,B.K.(2004). Exploring the dimensions of personal epistemology in differing classroom contexts: Student interpretations during the first year of college. *Contemporary Educational Psychology*, 29: 129-163.

48. Hofer,B.K.(2005). The legacy and the challenge: Paul Pintrich's contributions to personal epistemology research. *Educational Psychologist*, 40: 95-105.

49. Hofer,B.K.(2006). Beliefs about knowledge and knowing: Domain specificity and generality. *Educational Psychology Review,* 18: 67-76.

50. Hofer,B.K. and Sinatra,G.M.(2010). Epistemology, metacognition, and self-regulation: Musings on an emerging field. *Metacognition Learning*, 5: 113-120.

51. In helder,B. & Piaget,J.(1958). *The growth of logical thinking from childhood to adolescence*. New York: Basic.

52. Johnston,P.H.(1985). Understanding reading disability:A case study approach. *Harvard Educat. Rev*.55:153-177.

53. Kardash,C.M. and Scholes,R.J.(1996). Effects of preexisting beliefs, epistemological beliefs,and need for cognition on interpretation of controversial issues. *J. Educ. Psychol.* 88(2):260-271.

54. Kardash,C.M. and Howell,K.L.(2000). Effects of epistemological beliefs and topic-specific beliefs on undergraduates' cognitive and strategic processing of dual-positional text. *J. Educ. Psychol.* 92: 524-535.

55. Kitchener,K.S.(1983). Cognition, metacognition, and epistemic cognition. *Human Development,* 26, 222-232.

56. Kitchener,R.F.(1991). Do children think philosophically? Thoughts after Piaget. *MetaPhilosophy,* 21: 416-431.

57. Kitchener,R.F.(2002). Folk epistemology. *New Ideas in Psychology,* 20: 89-105.

58. Kitchener,R.F.(2008). On the concept(s) of the social in Piaget. In U. Müller, J. Carpendale, and L. Smith. *Cambridge Companion to Piaget,*pp.110-131. Cambridge, UK: Cambridge University Press.

59. Kitchener,R.F.(2011). Personal epistemology and philosophical epistemology: The view of a philosopher. In J. Elen et al. *Links Between Beliefs and Cognitive*

Flexibility: Lessons Learned, pp.79-103. Springer.

60. King,P.M. & Baxter Magolda,M.B.(2001, November).*The development of intercultural maturity: Examining how facets of development are interrelated*. Paperpresented at the Association for the Study of Higher Education national meeting, Richmond, VA.

61. King,P.M. & Kitchener,K.S.(1994). *Developing reflective judgment: Understanding and promoting intellectual growth and critical thinking in adolescents and adults*. San Francisco: Jossey Bass.

62. King,P.M. and Kitchener,K.S.(2002). The reflective judgment model: Twenty years of research on epistemic cognition. In Hofer,B.K., and Pintrich,P.R. (eds.), *Personal Epistemology: The Psychology of Beliefs About Knowledge and Knowing*, Erlbaum,Mahwah, NJ.

63. King,P.M. & Kitchener,K.S.(2004). Reflective judgment: Theory and research on the development of epistemic assumptions through adulthood. *Educational Psychologist*, 39, p.6.

64. Klaczynski,P.A.(2000). Motivated scientific reasoning biases, epistemological beliefs, and theory polarization: A two-process approach to adolescent cognition. *Child Development*, 71(5), 1347-1366.

65. Kohlberg,L.(1969). Stage and sequence: The cognitive-developmental approach to socialization. In D. Goslin (Ed.), *Handbook of socialization theory and research* (pp.347-480). New York: Rand McNally.

66. Kuhn,D.(1989).Children and Adults as Intuitive Scientists [J]. *psychological Review*, 1989, Vol.96. No.4, p.674.

67. Kuhn,D.(1991). *The skills of argument*. Cambridge, England: Cambridge University Press.

68. Kuhn,D.(1993). Science as argument: Implications for teaching and learning scientific thinking. *Science Education*, 77(3), 319-337.

69. Kuhn,D.(2001). How do people know? *Psychological Science*, 12: 1-8.

70. Kuhn,D.(2000).Metacognitive Development[J]. *Current Directions In Psychological Sience*. p.178.

71. Kuhn,D., Cheney,R. and Weinstock,M.(2000). The development of

epistemological understanding. *Cognitive Development,* 15: 309-328.

72. Kuhn,D. & Weinstock,M.(2002). What is epistemological thinking and why does it matter? In B.K.Hofer & P.R.Pintrich (Eds.), *Personal epistemology: The psychology of beliefs aboutknowledge and knowing* (pp.121-144). Mahwah, NJ: Erlbaum.

73. Kuhn,D.(2004). Developing reason[J]. *Thinking & Reasoning*. 2004,10(2),197-219.

74. Kuhn,D.(2005). Epistemological understanding and the development of intellectual values[J]. *International journal of Educational Research* ,43 (2005). p.111.

75. Kuhn,D.(2008). Beyond control of variables: What needs to develop to achieve skilled scientific thinking[J]. *Cognitive Development* 23(2008). p.436.

76. Lamborn,S.D. & Fischer,K.W.(1988). Optimal and functional levelsin cognitive development: The individual's developmental range. *Newsletter of the International Society for the Study of Behavioral Development,* 2(Serial No.14), 1-4.

77. Lee,K. & Homer,B.(1999). Children as folk psychologists: The developing understanding of the mind. In A. Slater & D. Muir, et al. (Eds.), *The Blackwell reader in development psychology* (pp.228-252). Malden, MA: Blackwell Publishers, Inc.

78. Mansfield,A. & Clinchy,B.(1985). Early growth of multiplism in the child. Paper presented at the fifteenth annual symposium of the Jean Piaget society, Philadelphia, PA.

79. Markus,H.R. & Kitayama,S.(1991). Culture and the self: Implications for cognition, emotion, and motivation. *Psychological Review,* 98, 224-253.

80. Messick,S.(1989). Validity. In R.L.Linn (Ed.), *Educational measurement* (pp.13-104). New York:Macmillan.

81. Messick,S.(1995). Validity of psychological assessment. *American Psychologist,* 50,741.

82. Muis,K.R., *et al.*(2006). Domain-generality and domainspecificity in personal epistemology research: Philosophical and empirical questions in the development of a theoretical model. *Educational Psychology Review,* 18.

83. Montgomery,D.E.(1992). Young children's theory of knowing: The development of a folk epistemology. *Developmental Review,* 12: 410-430.

84. Montgomery,D.E., Sandberg,E. and Zimmerman,A.(2005). Folk epistemology in religioiis and natural domains of knowledge. *Journal of Psychology and Christianity*, 24(1):3-12.

85. Moore,W.S.(1991, April). The Perry scheme of intellectual and ethical development: An introduction to the model and major assessment approaches. Paper presented at the Annual Meeting of the American Educational Research Association, Chicago.

86. Moore,W.S.(1994). Student and faculty epistemology in the college classroom: The Perry schema of intellectual and ethical development. In K.W. Prichard & R. M.Sawyer (Eds.), *Handbook of college teaching: Theory and applications* (pp. 45-67). Westport, CT: Greenwood Press.

87. Moore,C., *et al.*(1995). Conflicting desire and the child's theory of mind. *Cognitive Development*, 10, 467-482.

88. Norenzayan,A. & Heine,S.J.(2005). Psychological universals: What are they and how can we know? *Psychological Bulletin*, 131, 763-784.

89. Perry,W.G.(1970). Forms of intellectual and ethical development in the college years: A scheme. *New York: Holt, Rinehart & Winston*.

90. Phinney,J.S.(1990). Ethnic identity in adolescents and adults: Review of research. *Psychological Bulletin,*108(3),499-514.

91. Piaget,J.(1950). *Introduction a epistemologic genetique*. Paris:Presses Universite de France.

92. Piper,T.D.(1997). Empowering students to create community standards. *About Campus,* 2(3), 22-24.

93. Pirtilla-Backman,A.-M. & Kajanne,A.(2001). The development of implicit epistemologies during early and middle adulthood. *Journal of Adult Development*, 8, 81-97.

94. Qian,G. and Alvermann,D.(2000). Relationship between epistemological beliefs and conceptual change learning. *Reading Writing Q.* 16: 59-74.

95. Qian,G. & Alvermann,D.(1995). Role of epistemological beliefs and learned

helplessness insecondary school students' learning science concepts from text. *Journal of Educational Psychology*, 87(2), 282-292.

96. Reich,K.H., Oser,F.K. & Valentin,P.(1994). Knowing why I now know better: Children's and youth's explanations of their worldview changes. *Journal of Research on Adolescence,* 4(1), 151-173 .

97. Ryan,M.P.(1984). Conceptions of prose coherence: Individual differences in epistemological standards. *Journal of Educational Psychology,* 76(6), 1226-1238.

98. Schoenfeld,A.(1992). Learning to think mathematically: Problem solving, metacognition and sense making in mathematics. In D.A.Grouws (Ed.), *Handbook of research on mathematics teaching and learning* (pp. 334-370). New York: Macmillan.

99. Schommer,M.(1990). Effects of beliefs about the nature of knowledge on comprehension. *Journal of Educational Psychology, 82,* 498-504.

100. Schommer,M., Crouse,A. & Rhodes,N.(1992). Epistemological beliefs and mathematical text comprehension: Believing it is simple does not make it so. *Journal of Educational Psychology, 82,* 435-443.

101. Schommer,M.(1993). Comparisons of beliefs about the nature of knowledge and learning among postsecondary students. *Research in Higher Education, 34(3),* 355 -370.

102. Schommer,M.(1994). An emerging conceptualization of epistemological beliefs and their role in learning. In R.Garner & P.A.Alexander (Eds.), *Beliefs about text and instruction with text.* Hillsdale, NJ: Erlbaum.

103. Schommer,M. & Walker,K.(1995). Are epistemological beliefs similar across domains? *Journal of Educational Psychology, 87(3),* 424-432.

104. Schreiber,J. & Al-Ghalib,S.(April, 2007). Beliefs and cognitive processing: An examination of American and Saudi Arabian undergraduates. *Paper presented at the American Educational Research Association*, Chicago.

105. Spicer,F.(2010). Cultural variations in folk epistemic intuitions. *Review of Philosophy and Psychology*, 1: 515-529.

106. Steinberg,R.(1989). Domain-generality versus domain-specificity: The life and impending death of a false dichotomy. *Merrill-Palmer Quarterly,* 35(1), 115-130.

107. Stodolsky,S.S., Salk,S. & Glaessner,B.(1991). Student views about learning math and social studies. *American Educational Research Joural, 28,* 89-116.

108. Strack,F., Schwarz,N. & Wanke,M.(1991). Semantic and pragmatic aspects of context effects in social and psychological research. *Social Cognition,* 9(1), 111-125.

109. Taylor,M., Esbensen,B.M. & Bennett,R.T.(1994). Children's understanding of knowledge acquisition: The tendency for children to report that they have always known what they have just learned. *Child Development*, 65, 1581-1604.

110. Walton,D.(1989). Dialogue theory for critical thinking. Argumentation, 3, 169-184.

111. Wellman,H.M.(1990). The child's theory of mind. Cambridge, *MA: Bradford/MIT press.*

112. Wellman,H.M. & Gelman,S.A.(1992). Congnitive development: Foundational theories of core domains. *Annual Review of Psychology*, *43*, 337-335.

113. Wellman,H.M. and Cross,D.(2001). Theory of mind and conceptual change. *Child Development,* 72(3): 702-707.

114. Wellman,H.M., Cross,D. and Watson,J. (2001). Meta-analysis of theory-of-mind development: The truth about false belief. *Child Development*, 72(3): 655-684.

后记 *

“白云山高，珠江水长。”唱着中山大学的校歌，拿着刚刚写好的博士毕业论文，走在学校悠长的小路上。攻读博士学位的三年快结束，要毕业离开母校——中山大学了！心理一阵阵的难舍……

我是一个在珠江边长大的广州增城人。南方人善于游泳，很小的时候我就能畅游东江（珠江水系的分支）。有一天傍晚，我和小伙伴们在河里游玩后，躺在河滩上，看见天上的繁星闪烁，月光特别明亮。我问小伙伴们：“什么时候我们能到月亮的河流上畅游？”没有人回答我的问题，一个个摇着湿淋淋的小脑袋，瞪着好奇的小眼睛。就是这样带着一次又一次的好奇和探究的思考，经历了很多个春的浪漫、夏的热情；也经历了秋的萧索、冬的严寒。通过不断的努力学习，我以优秀的成绩考入华南最优秀的学府——中山大学，攻读全日制的科学技术哲学博士学位。

在中山大学学习的每一天都是快乐的。除了学习以外，我每天都在学校的运动场上进行体育锻炼。春天和夏天游泳，秋天和冬天跑步，练武术。此外，参加各种文娱活动和党支部活动。这样就做到了身和心的合一，精力充沛地完成各种学习任务。同时，关心国家大事，关注世界与社会，把学术研究与社会实践紧密地联系起来。

我和同学们一起接受了老师们各种学习与科研的训练，这些训练既是艰苦的又是充满乐趣的。因为在哲学系的科学技术哲学研究团队里，同学们所学习的文献全部都是英文的，这对于一个母语为汉语的中国人来说，不是一件容易的事。记得刚入学，导师李平教授给了我 200 多篇有关认知科学的英语论文，李老师告诉我，只有学会阅读外国文献，才能学会研究的“入行”。我克服了各种困难，慢慢形成了阅读英文文献的习惯，学会了翻译、

---

* 本书的第一编：“个人认识论分析”是作者汤治成的博士论文。附加当年作者在中山大学博士毕业的博士论文后记，表达深情的回忆。

论文分析、英文写作等科研工作必备的本领。

学习的过程是充满快乐的，每当我完成一个学习任务与目标时，就像库恩的科学解“谜”活动一样，“谜”的问题得到解决，有一种成功的喜悦。每当我看到一篇又一篇的论文发表在全国中文核心期刊，科研成果得到认可的时候，辛苦的耕耘得到了收获，心情是愉悦的。

春去冬来，三年的博士学习时光快要结束了，我完成了博士论文的写作。

博士论文的完成是一种平时的科研训练和积累的结果。在这里，我要特别感谢我的导师李平教授。从文献的阅读到论文的选题，再到问题的讨论，最后到论文的十多次修改等等。李平教授给了我多次的细心指导，体现了一代学长严谨治学和诲人不倦的学者精神！李平教授的指导，我会永远铭记！

在学习中对我指导的还有朱菁教授、黄敏教授，我非常感谢他们的指教。同时感谢科学技术哲学研究团队的全体教师，感谢和我一起共同学习的同学们，他们给我很多快乐的回忆。感谢我的家人的支持，感谢我的朋友们的鼓励。

在中山大学攻读博士学位的三年，是一个令我人生中最快乐、最自豪、最难忘的时光！忘不了中山大学门前奔流不息的珠江；忘不了中山像、小礼堂、怀士堂和图书馆；忘不了哲学系的锡昌堂；忘不了大草坪，悠长的小径，婆娑的绿树，荡漾的湖水……我取得博士学位，将会迈向人生新的里程。

看，风起了！我又竖起了理想的风帆，乘风破浪，奔向前方！

第二编

科技创新和系统管理的科学技术哲学应用

前言

本编以科学技术哲学方法论为线索，以国家治理的科技创新、系统管理的科学合理性为主要的研究方向。本编运用了管理学、心理学、哲学、社会学的综合性交叉研究，对科技创新、国家治理、社会治理、系统管理理论、科学认知、大众认识的理论及其实践问题进行了一些探讨。本编的研究着重于以科学技术哲学方法论和科学合理性为理论基础，运用科学管理方法和系统理论对国家和社会管理活动进行研究，探索科学技术哲学方法的实践应用。

本编的主要内容有 10 篇论文：高科技产业集群的科技创新驱动力；科技创新驱动粤港澳大湾区的制造业发展；大众认识与技术范式的影响促使中国农村模式改变；技术范式转变与工业革命源自科学认知的转变；中国科技创新的超大型工程；中国的人口人工智能发展和复杂性国家治理；新冠病毒传染病重大疫情控制的复杂性管理；“无为而治”管理思想的大众认识与自组织思维；从科学认知与复杂系统思维看孙子兵法的谋略；组织的理性模型的系统开放性和系统管理。

（一）高科技产业集群的科技创新驱动力。世界的科技创新与科技竞争，引领了以信息科技革命和人工智能为核心的崭新的科学技术发展。科技发展进入了竞争激烈的时代，中国要在科技竞争中取得优势的地位和提高科技发展能力。这是国家能力和国家科技水平保持持续发展的重要问题，应当建立国家科技管理的长期战略部署。本文分析科技创新竞争的格局，提出整合创新的高科技产业集群的科技发展策略，论述产业集群的知识溢出，分析产业集群促进国家科技竞争能力，结合国家治理的理论和实践工作，为中国的国家现代化高科技发展提供方法和策略。

（二）科技创新驱动粤港澳大湾区的制造业发展。粤港澳大湾区的建立和发展是中国加强粤港澳合作、泛珠三角区域合作，打造国际一流湾区和世界级城市群的重大战略。随着“粤港澳大湾区发展规划”的公布，粤港澳三地以广州、深圳、香港、澳门为中心城市，积极地建立协同创新发展的城市集群。粤港澳大湾区的经济发展和科技创新，将会深刻地影响全世界的经济。这种国家管理的整合，必然会成为全世界的学习典范。文章论述了粤港澳大湾区制造业与科技创新的协同发展，把制造业发展和科技创新作为重要的发展战略，为粤港澳大湾区的建设提供科学治理的管理理论与实践经验。

（三）大众认识与技术范式的影响促使中国农村模式改变。本章论述以群体为核心组成的人类社会以及社会群体中，大众认识与技术范式是两个极为重要的因素。在大众认识的影响下，群体的思想、道德、感觉会突然或逐渐改变。从而产生生产方式、生活方式、风俗习惯的改变。在群体意识里，这种改变是一种强大的力量，它会冲破原有的道德约束与文明方式，并极力挑战原有的社会模式。科学技术是人类文明最高最独特的成就，它是影响人类活动的最强劲的力量。技术范式一旦形成，就会成为社会变革的核心动力。世界各国极其重视科学技术和国民科学思想的发展。一个明智的国家治理应该对大众认识与技术范式的转变做出协调发展的决策。基于这种视域，对中国农村模式变革深入探讨有重要的意义。从中国现阶段的农村发展变化出发，结合大众认识与技术范式的转变与发展，研究中国农村模式的科学合理性与未来发展趋势。

（四）技术范式转变与工业革命源自科学认知的转变。在人类认识世界和生产活动的实践中，科学认知、技术范式、工业革命是三个重要的概念。通过分析和理清这三个概念，从科学认知的发展过程视角出发，给技术范式以哲学解读，从而了解工业革命产生的源头。进一步说明这三者间具有相关性、因果性的关系。阐述科学认知的革新，会引起技术范式转变和工业革命的发生。说明了科学的实践活动是以科学理论为指导，而科学理论的确立来源于科学认知。技术范式、工业革命是科学认知的表征。

（五）中国科技创新的超大型工程。超大型工程建设是国家综合实力的体现，中国要想在这个领域占据世界竞争的制高点，必须要认识到先进的科学技术是超大型工程建设的核心动力，科技创新与技术范式的进步性转变是科技发展的重要因素。必须要把先进的科学技术转化应用到超大型工程建设之中。在超大型工程建设管理方面，文章强调超大型工程是一个复杂性的系统。应用系统管理方法，对超大型建设工程进行全面的管理，提高工程的质量与生产效率。文章对中国的科技创新与复杂系统管理的超大型工程进行探索，提出大国科技与工程制胜策略。

（六）中国的人口人工智能发展和复杂性国家治理。中国的人口发展是国家可持续发展的基础。随着当前的高科技发展，人工智能影响了国家的经济发展和社会发展。人工智能带来了社会发展的巨大转型，社会的大众群体的大众认识也随着人工智能的发展而产生重大的变化。这些变化深刻地影响大众群体的生育期待和生育观念，形成的人口发展和人工智能发展的国家治理的复杂性。文章从中国的人口发展、人工智能和复杂性国家治理的相互联系出发，探索了中国的人口发展在人工智能发展影响下的机遇和挑战。

（七）新冠病毒传染病重大疫情控制的复杂性管理。公共危机的处理和公共安全是国家治理的重要措施和保障，这是国家稳定发展和人们健康和谐生活的支撑。文章通过分析 2020 年以来中国的新冠病毒肺炎传染性疾病控制的情况，从科技创新、大众认识、系统复杂性的视域，以国家治理的科学合理性为线索，对这次传染病重大疫情进行科学性防控的探讨。文章运用国家应急治理科学理论和疫情防控实践相结合，研究对传染病重大疫情控制的公共管理和对策。文章阐述中国对传染病重大疫情建立了科学的高危传染病治理范式，为全世界提供国家危机治理的典范。

（八）“无为而治”管理思想的大众认识与自组织思维。“无为而治”是中国古代思想家老子提出的管理思想，这种管理智慧深远影响中国以及世界文化。“无为而治”是具有科学合理性的管理策略。本章运用大众认识理论和系统思维的自组织理论，对“无为而治”管理思想进行剖析。从大众认识与系统理论的自组织视域，探讨“无为而治”的管理思想精华。“无为而治”的管理对象是组织群体，然而人类组织具有复杂性，大众认识与自组织思维具有密切的相关性。“无为而治”的管理方式是大众认识和自组织理论的灵活应用，在管理决策中有高超的管理技术。

（九）从科学认知与复杂系统思维看孙子兵法的谋略。孙子兵法是我国春秋时期杰出的军事家孙武的战略理论，它是中国和全世界的优秀文化遗产，其完美的战争谋略渗透着哲学思想的精髓。它是科学认知的智慧结晶，是复杂系统思维与战略实践相结合的产物。本文以科学认知的基理与复杂系统思维为理论基础，对孙子兵法进行全面的解读，分析它绝妙的战略精华。从科学认知与复杂系统的视域出发，给孙子兵法一种新的解释。阐明孙子兵法是具有科学合理性的谋略。

（十）组织的理性模型的系统开放性和系统管理。组织的理性模型具有高效率，充分发挥工人积极性等等管理优点。但是，组织的理性模型把组织看成一个封闭的系统，缺乏组织必须处于一个开放性系统的视域。它把组织与周围环境分割开来，这不是一种科学合理性的管理方法。基于组织的理性模型的优点与缺陷，本文将组织的理性模型结合生产实践来分析，把管理理论从自然认知和日常认知上升到科学认知的水平。并以科学合理性为标准，用系统理论为基础，建立一个系统开放性的组织的理性模型。本文把科学认知，科学合理性和系统管理理论有机地结合起来，进行一种多学科的交叉研究，构建一个更具科学合理性和高水平科学认知的系统开放性的组织的理性模型。结合系统理论的开放性特征，用形式系统，对应规则和概念模型的方法，设计一个开放性的组织的理性模型，使之成为一个系统适应性的活系统。

高科技产业集群的科技创新驱动力

导读：世界的科技创新与科技竞争，引领了以信息科技革命和人工智能为核心的崭新的科学技术发展。科技发展进入了竞争激烈的时代，中国必须在科技竞争中取得优势的地位和提高科技发展能力。这是国家实力和国家科技水平保持持续发展的重要问题，应当建立国家科技管理的长期战略部署。本文分析科技创新竞争的格局，提出整合创新的高科技产业集群的科技发展策略，论述产业集群的知识溢出，分析产业集群促进国家科技竞争能力，结合国家治理的理论和实践工作，为中国的国家现代化高科技发展提供方法和策略。

Introduction: The world's technological innovation and technological competition have led to the development of brand-new science and technology centered on the information technology revolution and artificial intelligence. The development of science and technology has entered an era of fierce competition. China must gain an advantageous position in the competition of science and technology and improve its ability to develop science and technology. This is an important issue for the sustained development of national capabilities and national science and technology levels, and a long-term strategic plan for national science and technology management should be established. This paper analyzes the pattern of competition in technological innovation, proposes a technological development strategy for integrated and innovative high-tech industrial clusters, discusses the knowledge spillovers of industrial clusters, analyzes the ability of industrial clusters to promote national technological competitiveness, and combines the theoretical and practical work of national governance to provide a national Modern high-tech development provides methods and strategies.

科学技术是生产力发展最活跃的因素，它是促进人类社会文明进步，促进社会物质财富和精神财富增加的核心动力。科学技术是国家富强、国家竞争力大幅度提升的重要因素。当前，进入了 21 世纪的 20 年代，世界的各个强国都把提高科学技术、应用科学技术作为国家的长期发展战略。“国家之间的经济竞争是综合实力的竞争。它体现在先进的科学技术生产力和强大的国家能力，国家的各个组织系统的运行能力；国家的资源配置能力，社会力量与大众力量的综合运用。”[1]

2020 年是不平凡的一年。来势凶猛的新型冠状病毒肺炎在世界大范围传染，使世界各国的经济活动、政府运行、人们的健康和生命保障受到了重大的影响和伤害。新冠病毒传染病对全球造成了危害性的冲击，也对世界各国的科学技术和现代化国家治理提出了重大的挑战。在这种背景下，大国之间的竞争更加激烈。世界各国时而合作，时而分离，时而协同，时而竞争。国际关系进入了复杂性状态，大国之间的竞争主要围绕着经济与科技展开。科学技术是经济发展的重要基础和核心动力，世界各国在科学技术领域展开了激烈的竞争。

与此同时，全球各国都把目光聚焦在中美关系上。自从 2008 年以来，美国在全球的 GDP 排第一位，中国的 GDP 排第二位，这种排名一直持续到今年。在 2020 年，美国以特朗普为首的政府，担心中国的经济和科技超越美国，采取了一系列的阻碍中国发展的措施。到了 2020 年，新冠病毒传染病大规模爆发之后，美国对中国采取了前所未有的、严格的限制中国科学技术发展的措施。这种科技限制手段主要集中在现代化的信息技术和人工智能领域。例如，美国采取经济手段限制中国华为科技公司的发展，在 2020 年 9 月美国也运用经济手段切断了荷兰和台湾的高科技信息公司对华为科技公司的芯片的供应。美国想采用这种阻碍手段限制中国信息科技的高速发展，以便在全球持续保持霸主的地位。

中国面对以美国为首的西方发达国家在科学技术上的围堵，应当如何突破技术上的封锁？如何提高国家治理能力，提高科技创新水平，提高科技的自主研发能力？中共中央总书记习近平指出：“科技创新是提高社会生产力和综合国力的战略支撑，必须摆在国家发展全局的核心位置。”[2] 中国作为世界大国，我们应当有信心和能力突破这些困难，提高全面的全球治理能力和科技发展能力。本文提出整合科技创新的高科技产业集群的科技发展策略，并且结合国家治理的理论和实践工作，为国家现代化的高科技发展提供方法和策略。

1. 世界强国的高科技竞争

当前，全球范围内的科技创新与科技革命蓬勃发展，引领了以信息科技革命和人工智能为核心的、崭新的科学技术发展。科技发展进入了一个竞争激烈的时代，这是现代化科技国家之间显著的特征。这些激烈的科技竞争，会带来暂时性的社会矛盾，引起国家与国家之间的一些冲突。但是从人类科技发展的历史来看，这些科技竞争无可避免。从长期的目标来说，科技竞争会刺激各国的科技水平增长。科技强国之间的科技竞争也会通过协调和平衡的方法来解决竞争中的矛盾与冲突。经历了科技竞争的大国，会在维护本国利益的基础上，发展和提高自己国家的科技水平。因此，科技竞争会引发崭新的科技创新和科技革命，推动世界的科学技术发展。

在全球的高科技竞争中，对世界影响最大的就是中国和美国的科技竞争。中美两国都在科技创新方面，投入了大量的资金、人力和物资。在两国的财政支出，技术人才的投入，科技平台的创建，技术工程的建设，科学实验等等方面都投入了大量的工作。美国在目前的科学技术上引领全世界，中国的科学技术发展速度突飞猛进，在很多方面都达到了国际的先进水平，慢慢地缩小了与美国之间的科技水平差距。由于美国担心全世界科技霸主的地位受到动摇，运用了各种阻碍中国科技发展的手段，由此就产生了中美之间的科学技术激烈竞争。

“中美科技竞争是一场交织着技术、产业、经济、政治和全球博弈等多重复杂和综合因素的地缘政治冲突，是中美高科技近 50 年来合作和博弈的必然结果，其根源是在互联网全球化浪潮下，技术变革和创新驱动导致的产业竞争优势转移。”[3] 美国认为，中国对美国科技的发展造成三大方面的威慑力：2025 中国制造，一带一路战略布局，5G 技术的发展。中国的这些技术和影响在美国的主流媒体和美国政府都得到了大力的传播。从2020年中国的科学技术发展水平来看，中国的高科技的确在很多方面都达到了世界最高水平，有的技术还在全世界有领先的位置。例如，量子信息技术、人工智能、大数据、高压电远程输送、5G技术、高速铁路、大型桥梁、大型隧道等等技术在世界上遥遥领先。中国在军事技术和太空技术方面更加强大，例如：太空站建设能力、北斗导航系统、预警机、航空母舰、导弹等等军事和太空领域的高科技达到了世界科技的领先水平。

当然，相对于美国和其他的科技强国，中国在高科技方面还有很多局限。其中在5G技术中，中国最大的缺陷就是缺少了高性能芯片的制造能力。因此，美国运用经济垄断手段，限制了荷兰和台湾等高水平芯片生产制造公司对中国大陆进行芯片和生产芯片的材料的交易。这使中国的5G技术发展遇到了前所未有的阻碍。如何克服当前的5G技术遇到的技术封锁的困难？如何跨越技术障碍，使中国的其他方面的高科技得到顺利和迅速的发展？这是一个国家现代化治理的难题，也是当前中国需要解决的重要问题。

中国政府为了突破美国对中国5G技术的限制，作出了一系列的措施。中国出台了一些引导集成电路产业和软件产业高速发展的政策。在2020年的4月，中国制定了“新型基础设施建设”白皮书，建立了全面建设人工智能、大数据、5G技术等高水平的信息技术发展目标和计划。

2020年4月20日，中国国家发展改革委员会第一次明确了“新型基础设施建设”的主要内容：“新型基础设施建设主要包括信息基础设施、融合基础设施、创新基础设施，把5G、物联网、工业互联网、卫星互联网、人工智能、云计算、区块链、智能交通等等基础设施列入重点的建设范围。”[4]

中国政府对5G技术进行了国家科技管理的计划和科技研究布局。与此同时，以华为科技公司为主的高科技企业和中国众多的信息科技研究机构加大投入对5G技术、高技术芯片进行突破性研究。中国的科研机构正在研究用石墨烯芯片代替硅芯片的制造，并且取得了一定的研究成果。假如在这方面的技术能够突破，石墨烯芯片成功地代替硅芯片。这将会引发芯片技术的科技创新与科技革命，颠覆现有的芯片技术体系。中国的众多研究机构正在这个领域展开努力的研究。

每个国家都有本国在科学技术领域的某些局限性，美国也有，中国当然也不例外。其实在高科技发展方面存在短处和局限性并不可怕，只要能够想办法进行技术上的突破，那么科学技术一定可以得到前所未有的发展。现代化的国家科技竞争和国家治理要求我们要在各种竞争中寻求发展，在科技竞争中取得科学技术的巨大进步。我们要把科技竞争、科技创新作为科学技术进步的驱动力。

近年来，中国在各方面的科学技术发展取得了巨大的成就，很多科学技术处在全世界的领先地位。例如，量子雷达、隐形机、无人驾驶技术、电能动力汽车、电磁炮等高科技领先全世界。此外，在科技研究的理论基础方面，中国也有非常优秀成就。根据日本的研究机构 2016 年到 2018 年的科学论文数据统计，中国在一流的科学杂志发表的论文数量，排名全世界第一，美国排在第二位，德国排在第三位，日本排在第四位。由此可见，中国无论在科学技术的应用和科学理论的研究方面，都取得了令世界瞩目的成就。

科学技术的发展，带来经济的飞速增长，以下是中国、美国、日本三个国家，从 1960 年到 2018 年占世界 GDP 的百分比变化。

图 1. 中国美国日本的 GDP 占世界的比例（图表说明：单位：%，横坐标：年，纵坐标：%。图表来源：武汉大学中美科技竞争研究课题组）[5]

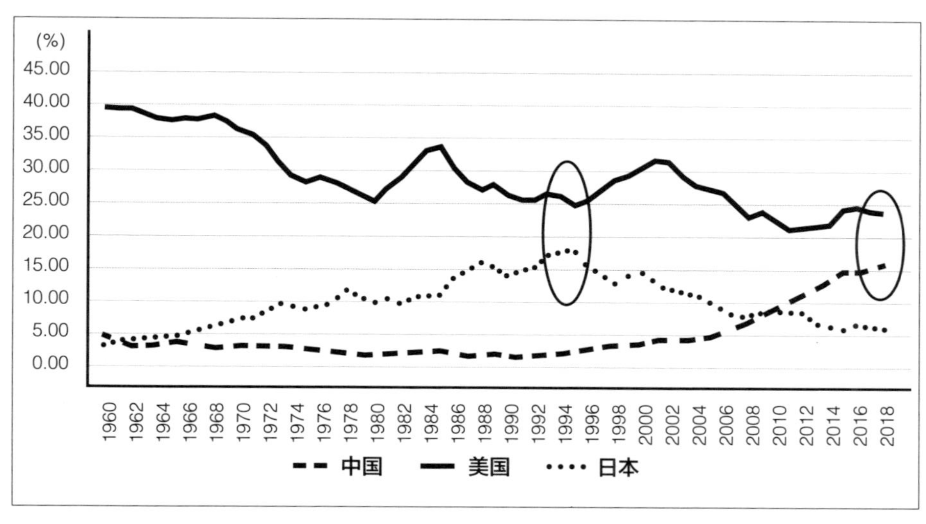

由于中国取得了辉煌的科技成就，以美国为首的西方国家制造了中国经济与科技的威胁论，对中国的科技发展进行阻碍。中国面对科学技术上的封锁，制定出了具有大国风范的外交政策。在上个世纪，中国的外交一直奉行互惠互利的和平共处五项原则。到了 2020 年，习近平总书记一直倡导人类命运共同体的全球治理体系的国际交往策略。世界各国长期的科技对抗是不利于人类社会和谐发展的。世界各国应该携起手来，在互惠互利的前提下，逐步减少科技竞争的冲突，减少为科技竞争增添人为障碍。为全人类的科学技术发展做出平衡与协调，共同促进人类科学技术的进步。

然而，世界各国都有自己的信念和利益关系。如果要做到全球的科技竞争的平衡与协调的共同发展，的确是一件困难的事。中国目前碰到科技发展的阻碍是客观存在的，如今面临着美国对中国科技发展的设置阻碍，中国如何走出这些科学技术上的障碍？这是一种现代化科技国家的科学合理性的国家治理探索。

2. 建立创新驱动的高科技企业的产业集群

科技创新是科学技术飞跃发展的核心驱动力，是科学进步和技术范式替换的来源和基础。在科技创新驱动下，科学技术不断地更新革命，先进的新技术代替落后的旧技术，科学技术产生不断的积累性进步。

科技创新的概念来源于熊彼特在 20 世纪初期提出的创新理论。后来很多经济学的学者把他的创新理论结合到科技创新之中。“从科学技术哲学的视角来看，科技创新就是科学共同体或者组织团体拥有某一项科学技术，在现存的科学技术的基础上，有新的发现与突破，对于原来的科技水平有创造性的提高。”[6]

科技创新可以带来生产力快速增长和人们生活的巨大变革，它给国家经济和社会生活带来深刻的影响。从人类的科技发展史来看，人类文明的巨大发展变化，在很多方面都来源于科技创新的实践和应用。因此，世界各国都十分重视科技创新的生产应用，都把科技创新作为国家科技发展的长期战略，作为国家经济发展的重要支撑，作为国家国防科技发展的重要基础。在科技发展史上每一次重大的科技创新都能创造巨大的社会效益，增进人们的福祉。例如，蒸汽机的发明，青霉素的发现，电话的发明，计算机的制造，互联网的产生，高速铁路的出现，无人驾驶技术的到来，数字信息科技，5G 技术的到来等等科技创新的应用，给国家经济和社会生活带来了革命性变化。

因此，我们组建高水平的科技创新企业是国家经济和科技发展的核心动力，是国家与国家之间的科技竞争取得胜利的重要支撑。一个高水平的大型科技创新企业必须运用国家巨大的经济、物资、科技和人力资源。同时，它也会为国家带来巨大的经济效益和社会效益。由于组建大型的科技创新企业需投入非常巨大的资源和精力，我们必须从系统管理的整体性和开放性出发，争取让科技创新的企业能将生产成果最大化。那么，如何才能组建高水平的大型科技创新企业？这是一个现代化科技国家的科学合理性的国家治理必须面对的问题。

大型的科技创新企业需要运用国家的各方面资源，需要有众多的小型企业提供材料和多种服务。这些大型科技创新企业具有复杂性系统的特点。从系统管理的视角出发，大型科技创新企业必须在协同作战的整体性的产业群体中运作。因此，我们建立大型科技创新的产业集群生产基地是一种现代化科技的国家治理科学策略。

科技创新企业的产业集群具备复杂性系统的特点。什么是复杂性系统？系统科学家克里吾（Klir,G.J.）认为"复杂性由多种互相联系的结构、元素组成，这些组成难以清楚的描述，但是它们互相关联，必须通过仔细的研究观察才能理解。系统就是一些互相影响，互相联系的元素，或者结构所形成的一个整体性的结构组合。"[7]

从复杂性系统的特点来看产业集群的科技管理。我们需要整合资金、材料和科技研究成果，集中大量的科研人才，以一些大型的高水平科技创新企业为核心，与众多的辅助企业联合在一起，形成产业集群。这样就可以整合高科技的优势资源，在产业集群之间，形成互相关联的企业之间的利益驱动。在以高科技的大型企业为核心的产业集群系统中，形成相互关联的衍生的制造业工厂和服务性公司。由于产业集群的各个工厂和公司拥有相互关联的利益驱动，它们往往形成万众一心、齐心协力的团结精神。

这样就形成了产业集群的复杂性系统的协同作战能力。高水平科技创新的产业集群从系统的整体性出发，协同整合资源，协同突破困难和技术障碍，在全面开放的竞争环境之中，不断地开拓前进，形成产业集群协同作战的竞争模式。

当前，中国政府非常重视产业集群的建设和发展，并且把它作为一种国家科技管理的发展战略。2019 年 10 月，中国国家发展改革委公布了《关于加快推进战略性新兴产业集群建设有关工作的通知》，公告了 66 个国家级战略性新兴产业集群的名称。“国家战略性新兴产业集群主要包含新一代信息技术、高端装备、新材料、生物医药和节能环保等领域。其中新一代信息技术领域，分集成电路、新型显示器、下一代信息网络、信息技术、网络信息安全产品和服务、人工智能等六大项；高端装备领域包含智能制造和轨道交通两大项；新型材料领域包含新型功能材料和先进结构材料两大项。”[8]

中国政府已经把大型的高水平的科技创新产业集群上升为战略性新兴产业集群的国家治理策略。为了保障产业集群的正常运行，政府运用宏观调控的手段，众多的产业群体运用微观协调的合作，发挥产业集群协同作战的作用，把生产效率和生产成果做到最大化。

3. 高科技产业集群的知识溢出

知识溢出是高科技产业集群的重要特征和交流手段。高科技产业集群通过知识溢出，达到了产业集群内部的科学技术的交流和学习目标。知识溢出是一个经济学的概念，“知识溢出就是工厂、公司之间通过相互学习提高生产率，能够对经济有增长和促进的作用。”[9]

高科技产业集群通常是以一个大型的核心高科技企业为主，围绕着核心企业，可以衍生出很多与核心企业相关的小企业。这些企业形成相互联系的结构网络。由于产业集群之中的相互交流，企业之间的科技人员就会相互学习。这样在高科技产业集群中就会产生知识溢出，出现企业的技术知识流出，形成产业集群中的科技知识交流的长期效应。无论这些科技知识交流是正式交流还是非正式交流，高科技产业集群只要存在着长期的交往，就存在知识溢出的可能性。这样在高科技产业集群的企业，有机会获取和利用产业集群的高端科技，产业集群的科技水平就会整体性获得增长。

高科技的产业集群要在发展中得到科技创新，科技知识的增加和交流必不可少。产业集群要提高科技知识，科技的研发是一种重要的手段。科技的研发是在基础研究的前提下，进行技术研究和应用研究的生产实践。在制造业为基础的高科技产业集群，科技的研发必须从实验室走进生产实践。然而，高科技产业集群里的每个企业相对独立，要集合所有企业的科技人员进行集体的研发是困难的事情。但是，在高科技产业集群的每个企业的科技人员，他们之间的互相学习和交流是存在的。在这种前提下，研发的知识溢出就起到了很大的作用。虽然在产业集群的知识溢出过程中存在知识产权的流失，但是，高科技产业集群的整体科技水平一定会得到很大的提高。因此，政府在宏观调控方面应当对产业集群的知识产权的保护采取合适的措施。因为在高科技的产业集群里，高科技人才的流动也非常频繁，产业集群的企业技术人员很容易把技术转移到另一家企业。

"研究表明，虽然研发对产业集群创新能力存在显著的区域差异性和时滞性，会出现知识溢出的短期效应，即企业知识流失，但是创新知识具有累积效应，随着企业加大研发与学习投入，将会出现知识溢出的长期效应即产业集群中知识存量增加，每个企业都有机会获得和利用更多的外部知识，形成产业集群技术升级的良性循环。"[10]

知识溢出在高科技产业集群中起到了增大生产效率，提高生产技术的重要作用。因为在全球的科技竞争中，高科技的区域性集中有利于研究同一专项科学技术的企业科研人员群体聚集在一起，形成产业集群的共性科技，从而实现区域性科技的整体水平增长。由于在高科技产业集群里的各个公司的地理位置接近，经济交流和技术交流都非常方便。在经济效益和知识溢出的一致性的影响下，就会形成产业集群相同或者相近的产品。当相同的产品在同一地区的数量在全球的产品分布占优势的时候，这些优势产品就使得高科技产业集群在竞争中取胜。

此外，知识溢出在高科技产业集群中体现了各个企业领导的企业家社会资本，在一定程度上展示了企业家的美誉度、信誉度和知名度。它体现了企业家对国家和社会的贡献精神。由于高科技产业集群的核心企业拥有世界一流水平的技术，知识溢出在一定程度上侵犯了核心企业的知识产权。作为国家的宏观调控，要对知识溢出的知识产权做适当保护，这样有利于高科技产业集群的企业之间的整体科技水平提高。

4. 高科技产业集群的国家竞争优势

中国是世界上的强大国家，作为大国应当具有全球的治理能力，这是全球持续发展的重要支撑和保障，也是大国应有的责任。中国要拥有全球的治理能力，就必须在科技水平方面具备国家竞争优势，才能使国家保持繁荣稳定，为国家的全球治理能力提供支撑。在科学技术的竞争中，高科技产业集群的形成和发展成为了国家竞争优势的原动力。美国哈佛大学商学院的米克尔 ·波特（Michael Porter）教授认为，“强大国家的繁荣发展程度取决于国家的创新科技产业的竞争能力，这些竞争力依靠产业集群得到了很大的提高。”[11]

由于高科技产业集群来源于同一地域，拥有共同的经济利益，拥有共同的国家荣誉和信念。这样就可以使产业集群同心协力来对付竞争者的挑战，从而提高产业集群企业的技术水平。高科技产业集群就形成了一种自我强化机制，这种机制使得高科技的产业集群一旦形成，整个产业集群就会有自然发展和自我强化的作用，达到产业集群过度饱和的时候才会减慢发展的脚步。这种机制成为产业集群技术发展的重要因素。因此，建立高科技产业集群有利于企业群体在技术的国际竞争中取得优势地位。

高科技产业集群在国家科技和国家竞争力方面发挥巨大的作用。我们以美国的高科技产业集群作为例子。从美国产业集群成功的例子出发，看看高科技产业集群的巨大作用。

美国是全世界的经济、科技和军事排在第一位的超级大国，其科技发展策略的成功值得我们学习。美国建立了多个高技术产业集群，这些产业集群在国际科技竞争中处于领先地位，特别是在产业集群研发和生产的技术领域，占有绝对的竞争优势。美国就依赖于这些先进技术，繁荣经济，提高国家实力。这使得美国在经济、科技和军事上在全世界占有领先的地位。从而保障了美国从第二次世界大战以来保持的大国地位。因此，建立强大和高水平的技术创新的产业集群，一定会增强国家实力和国家的全球治理能力。

目前，美国形成了高科技产业集群多样化的特点。例如，硅谷的微电子科技产业集群，加州的高尔夫球设备制造和葡萄酒制造产业集群，纽约的金融产业集群，波士顿的生物制药产业集群，底特律的汽车产业集群，洛杉矶的航空产业集群。美国的高科技产业集群呈现出区域经济发展合作，市场功能分明，大型复杂性系统的整体性具有优势，等等特点。在国家管理层面，美国对于大型科技产业集群管理以宏观调控为主，制定了一些科技政策、税收政策，促进企业合作和企业网络化平台的建设等。国家的宏观调控有利于高科技产业集群的持续和发展。在这种科技管理的策略基础上，美国的科技水平在全世界占有领先的地位，为美国经济和军事发展建立了持久的支撑，从而稳定了美国的大国地位。

当然，高科技产业集群的科技产品也和普通的商品一样，都必须适应社会的需要和国家的需求。产业集群的产品面对着科技革命的不断更新，面对着社会需求的革命式变化，产业集群也会有繁荣和衰退的过程。例如，美国的硅谷产业集群创造了微电子产业的辉煌，产生的苹果、谷歌、英特尔、微软等著名品牌和巨型国际企业，使硅谷成为了全世界的科技创新最顶尖的产业集群。然而，美国的底特律汽车产业集群就走上了衰落，汽车工业生产受到重创。但是这不影响美国的整体科技竞争能力和水平，美国诸多的、多样性的高科技产业集群，奠定了美国在科技领域全世界第一的位置。高科技产业集群是美国国家管理的重要策略。

中国近年来在经济和科技上取得了举世瞩目的成就，成长为世界第二大经济体，仅次于美国。中国如今已经进入了经济和科技发展的快速阶段。我们应当探索在现代化高科技竞争中取得优势，并且保持经济稳定发展的科学的国家治理策略。运用科技创新的潜能，实现科技水平提高和经济繁荣，为国家和人民谋求最大的利益。因此，应当学习全世界先进的科学管理方法，提高科学技术。我们学习美国先进的高科技产业集群的国家科技治理模式，可为提高国家的整体科技水平提供有力的保障。中国政府应当发挥宏观调控的作用，大力支持高科技产业集群的建立和发展，全面提高中国的科学技术竞争能力，为中国实现具有强大的全球治理能力提供重要的支撑。

中国在高科技产业集群的建设中正进行全面布局。中国在 2018 年建立了粤港澳大湾区，形成了协同发展的高科技产业集群的城市群。我们可以通过下面图表看到粤港澳大湾区产业集群的高水平科技发展。

图 2. 粤港澳大湾区发明专利总量及增长（资料来源：广州日报数据和数字化研究院，GDI 智库）

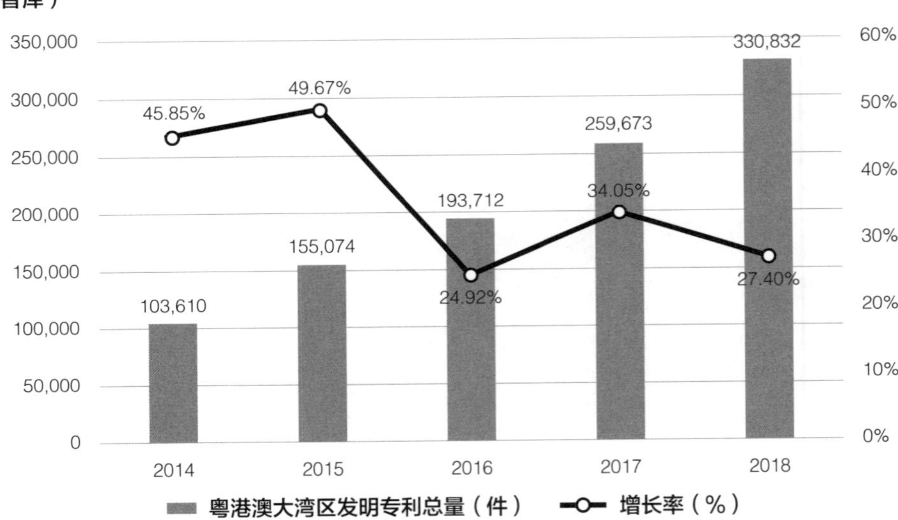

数据显示，2014 年—2018 年粤港澳大湾区的发明专利总量逐年上升，由 103,610 件增加至 330,832 件，增长 219.31%，年增幅呈现波动态势。2015 年发明专利总量同比增长 49.67%，增幅最大，总量增加 5 万多件；2016 年同比增长 24.92%，增幅最小，总量增加近 4 万件。从年均增长率分析，近 5 年粤港澳大湾区发明专利总量年均增幅为 33.68%，整体呈稳步上升趋势。[12]

在 2019 年 10 月，中国国家发改委公布了 66 个国家级战略性新兴产业集群。同时，中国政府以“一带一路”战略作为科技与经济的国际合作纽带。中国怀抱建立“人类命运共同体”的宏伟目标，投身于国际外交的事务中去。习近平总书记指出 :“国际经济竞争是综合国力竞争，就是创新能力的竞争。占领科技和产业制高点，推动中国从经济大国走上经济强国，要坚定不移实施科技兴国战略、人才强国战略和创新驱动发展战略。”[13] 因此，在现代化国家的科技管理的科学策略中，建立高科技产业集群是提高国家科技竞争能力的一个重要因素。

5. 结论

从人类的科技发展历史来看，科学技术的进步性革命是推进人类社会发展的驱动力，是社会生产力大幅度提高和经济繁荣的核心因素。当前，全世界已经进入了人工智能和数字信息的科技革命时代。世界强国之间的科技竞争是当前的主要焦点。中国要保持现代化科技强国的发展趋势，必须坚持高科技创新，运用建立高科技产业集群的方法，在国家与国家的科技竞争中能够发挥重要的作用。这些方法可以提高国家的科技竞争能力和全球治理能力。

然而，国家的创新科技的发展存在于复杂性的国际关系环境之中。由于国家和国家之间拥有不同的利益、信念、价值观，中国和其他国家的科技竞争就存在着复杂性。从全球的技术革命和技术进步的视角来看，科技进步需要世界各国在科技方面的互相学习和互相合作，提高整体的科技水平。然而，每个国家都要捍卫自己的国家利益，对于技术的输出都会进行一些限制。国家对于自己拥有的尖端科技，都会采取技术保密，以在科技竞争中取得优势地位。因此，在强国之间的科技竞争的短期时间内，会出现一些科技发展的阻碍。但是经过较长的一段时间竞争，竞争国家突破了旧的技术障碍，就会取得前所未有的科学技术进步。从科学技术知识的建构来看，在技术竞争的初始阶段，竞争双方采取了技术保密的方法，因此促进双方的独立研发。这样可以促进科研创造力的爆发式增长，从而得到科学技术上的突破，创新科技就得到了很大的成果。高科技水平也因为科技创新的革命带来巨大的提高。

中国目前的一些科学技术还没有达到国际先进水平。我们需要整合科技资源，聚集科技人才，集中资金和劳动力，发挥众多的高科技企业协同作战的能力。因此，建立和发展高科技产业集群是国家科技竞争取得胜利的高效率科技管理办法，是提升国家实力和全球治理能力的重要支撑。

参考文献

[1] 汤治成，中国超大型工程的科技创新与管理 [J]，自然辩证法通讯，2020 年 7 期，102 页。

[2] 习近平，在中国科学院第 17 次院士大会的讲话，http://www.cas.cn，2014 年 6 月 9 日。

[3] 方兴东，中美科技竞争的未来趋势研究 [J]，学术前沿，2019 年 12 期，46 页。

[4] https://k.sina.com.cn，2020,4,20。新浪网，“国家发改委今天首次明确新型基础设施建设的范围”。

[5] 武汉大学中美科技竞争研究课题组，中美科技竞争的分析与对策思考 [J]，中国软科学，2020 年 1 期，2 页。

[6] 汤治成，中国超大型工程的科技创新与管理 [J]，自然辩证法通讯，2020 年 7 期，103 页。

[7] Klir,G.J., *Facets of systems science*. New York: Kluwer Academic Plenum Publishers, 2001, p.135.

[8] www.hb.xinhuanet.com, 新华网，国家公布首批战略新兴产业集群名单，2019.10.25。

[9] Arrow.K, The Economic Implications of learning by doing [J]. *Review of Economics Studies*, vol.29, 1962, 166-170.

[10] 黄志启，高科技产业集群中知识溢出效应的模型与实证分析 [J]，科研管理，2013 年 1 期，154 页。

[11] Porter, Michael. *The Competitive Advantage of Nations*[M], 1990, New York: Free Press. p.21.

[12] 广州日报数据和数字化研究院（GDI 智库）:“粤港澳大湾区协同创新发展报告（2019）”，2019 年 11 月 22 日。

[13] www.gov.cn，习近平，十九大报告，2017.10.18。

科技创新驱动粤港澳大湾区的制造业发展

导读： 粤港澳大湾区的建立和发展是中国加强粤港澳合作、泛珠三角区域合作，打造国际一流湾区和世界级城市群的重大战略。随着“粤港澳大湾区发展规划”的公布，粤港澳三地以广州、深圳、香港、澳门为中心城市，积极地建立协同创新发展的城市集群。粤港澳大湾区的经济发展和科技创新，将会深刻地影响全世界的经济。这种国家管理的整合，必然会成为全世界的学习典范。文章论述了粤港澳大湾区制造业与科技创新的协同发展，把制造业发展和科技创新作为重要的发展战略，为粤港澳大湾区的建设提供科学治理的管理理论与实践经验。

Introduction: The establishment and development of the Guangdong-Hong Kong-Macao Greater Bay Area is a major strategy for China to strengthen Guangdong-Hong Kong-Macao cooperation and the Pan-Pearl River Delta regional cooperation to create a world-class bay area and a world-class city group. With the promulgation of the “Guangdong, Hong Kong, Macao Greater Bay Area Development Plan”, The Greater Bay Area is centered in Guangzhou, Shenzhen, Hong Kong, and Macau, have actively established coordinated and innovative urban clusters. The economic development and technological innovation of the Guangdong-Hong Kong-Macao Greater Bay Area will profoundly affect the world economy. This integration of state management will inevitably become a model for learning around the world. The article discusses the coordinated development of manufacturing and technological innovation in the Guangdong-Hong Kong-Macao Greater Bay Area, regards manufacturing development and technological innovation as an important development strategy, and provides scientific governance management theory and practical experience for the construction of the Guangdong-Hong Kong-Macao Greater Bay Area.

来到 2024 年，全球经济继续快速增长，世界各国的贸易不断地增强。由于物流的运输量巨大，国与国之间的货物流通经常依靠海运。很多发达国家非常重视沿海城市的经济发展，建立沿海岸线的湾区经济体，发挥沿海城市的城市群的集合凝聚力。美国成立了纽约湾区、旧金山湾区，日本成立了东京湾区。中国在 2017 年成立了粤港澳大湾区，成为世界上四个国际大湾区之一。

2017 年，习近平总书记在十九大报告中指出："支持香港、澳门融入国家发展大局，以粤港澳大湾区建设、粤港澳合作、泛珠三角区域合作等等，全面推进内地同香港、澳门互利合作。"[1] 2017 年 7 月，"深化粤港澳合作推进大湾区建设框架协议"发布。协议指出，要完善创新合作机制，促进互利共赢合作关系，打造国际一流湾区和世界级城市群。2019 年 2 月，"粤港澳大湾区发展规划"公布，大湾区的建设全面推进。

粤港澳大湾区由香港、澳门和广东省的 9 个城市组成。这 9 个城市分别是：广州、深圳、珠海、佛山、惠州、东莞、中山、江门、肇庆。以香港、澳门、广州、深圳为中心，形成一个沿海城市群。粤港澳大湾区的"土地面积 5.6 万平方公里，占有中国国土面积 0.6%，2017 年经济总量 10 万亿元（人民币），占有中国的 12.57%，2017 年常住人口 6,800 万，占有全国人口比例的 4.9%。成为了世界的大湾区之一"。[2]

从粤港澳大湾区的 GDP 来看，它的经济总量已经超过俄罗斯、法国等大国，成为了世界上极为重要的经济区域和城市群。我们以 GDP 的总量作为参数来对比其他的世界大湾区。"从 2015 年 GDP 总量看来，粤港澳大湾区的 GDP 为 1.3 万亿美元，低于东京湾区的 1.8 万亿美元，与纽约湾区的 1.4 万亿美元相当，但是高于旧金山湾区的 0.8 万亿美元。"[3] 从数据可知，粤港澳大湾区在世界上有重要的经济地位。从中国当前的 GDP 增长速度来推测，粤港澳大湾区将来很有可能超越东京湾区，成为全世界 GDP 总量第一的大湾区。

粤港澳大湾区不仅是中国的重要经济区域，而且它在世界经济区域有重要的地位。自从中国 20 世纪 80 年代的改革开放以来，广东省的珠江三角区经济带一直占据中国经济的首要位置。这里是中国改革开放的窗口，也是中国经济崛起的试验基地。香港是亚洲重要的经济区域之一，也是世界上重要的国际金融城市。澳门的旅游业、博彩业闻名于全世界。澳门的人均 GDP 位列全中国第一，人均收入达到世界发达国家水平。广州和深圳是世界著名的城市，无论是科技水平还是经济实力，在世界上都有重要的位置。中国政府建立以广州、深圳、香港、澳门为中心的粤港澳大湾区，建立经济发达的城市群，这种国家管理的整合，必将会成为全世界具有创新性的经济群体的“范式”。

如何把粤港澳大湾区建设成世界一流的经济带和城市群？从经济发展理论和粤港澳大湾区的实际情况出发，我们必须加强粤港澳大湾区的制造业发展和科技创新。因为制造业是人类和社会的物质财富的重要来源。科技创新是第一生产力。科技创新是提高生产率，推动生产力飞跃式发展的重要方法。这种具备科学合理性的生产方法，是创造财富和经济的重要基础。它将是实现粤港澳大湾区飞速发展的重要战略。按照粤港澳三地的共同协议，促进创新合作、互利共赢的紧密关系，把粤港澳大湾区建设成为经济发达，既适合居住又适合旅游的优质生活圈。一个世界一流的超级城市群必将崛起。

1. 全面推动粤港澳大湾区的制造业发展

（1）粤港澳大湾区的制造业情况

粤港澳三地具有得天独厚的地理环境，航海运输非常发达。香港和澳门都是海岛，深圳市是临海城市，广州市拥有南沙港和宽大的珠江出海口。由于航运发达，在 20 世纪 80 年代以来，香港和广东省以制造业为基础，打造了强大的经济区域，有“世界工厂”之称。粤港澳大湾区有着深厚的制造业基础，在这个基础上，发展了金融业、国际贸易、航运物流等行业。在香港、深圳、广州的强大经济辐射下，有力地促进了澳门的旅游业和博彩业的发展，使澳门成为世界上人均收入最高的城市之一。

粤港澳大湾区的制造业以轻工业为主，生产成果大部分是人们日常生活所必需的用品。因为这个特点，这里也成为了世界贸易中心之一，所以粤港澳三地的经济非常发达。轻工制造业是这个地区的经济支柱，它形成粤港澳大湾区的制造业特色。

粤港澳大湾区的轻工业行业有：造纸、包装、印刷、纺织用品、皮革制造、服装、制鞋、家具、塑料制品、金属制品、日用化工、玻璃制品、电器制品、电子产品、通用机械、建筑材料等等。这里是全世界最大的轻工制造业生产基地之一，形成了产品多元化和高质量的轻工业产业链。

20 世纪 80 年代和 90 年代，香港的轻工业制造达到了鼎盛时期，轻工产品的生产和贸易的订单分布在世界的每个角落。“香港制造”成为产品质量的保证。这个时期，广东省的珠三角经济区紧密地和香港合作，为香港的轻工制造商提供工厂、工人、生产材料等等。由于珠三角地区和香港的长期合作，互惠互利，香港和珠三角地区经济得到了迅速发展，由此也带动了澳门的旅游业和博彩业的发展。

但是进入 21 世纪，香港的制造业慢慢地走向衰落。这个现象与香港自身的发展和国际化的经济大环境有关系。现阶段，制造业不再是香港首要的行业，金融服务、旅游、贸易及物流、专业服务构成香港的四大主要行业。相反，在广东省的珠三角地区，进入 21 世纪以来，制造业迅速地发展，并且发挥了后来者的优势。开始，珠三角地区以劳动密集型制造业为主要经济支柱。到了现在，珠三角经济区加强了科技创新的制造业建设和发展，制造业迅猛增长，深刻地影响全世界的经济。

（2）推动粤港澳大湾区的制造业发展

从目前粤港澳大湾区的制造业情况来看，珠三角地区和香港有深厚的制造业基础。澳门面积小，只有 32.8 平方公里，不适合发展制造业。从经济发展理论和产业分布的科学合理性来看，粤港澳大湾区适合大力推动和发展制造业。因此，广东省的珠三角城市群应该加强和香港的制造业合作，把制造业打造成为粤港澳大湾区的经济支柱。

广东省政府高度重视粤港澳大湾区的制造业发展。2019 年 11 月 21 日，广东省政府召开了“全省推动制造业高质量发展大会”。广东省省委书记李希在大会上指出：“坚持制造业立省不动摇，坚定不移推动制造业高质量发展，奋力开创制造强省建设新局面。把制造业高质量发展作为推进大湾区和先行示范区的建设。”[4]

为什么粤港澳大湾区要大力发展制造业？这无论从珠三角和香港的经济发展实践，还是从经济理论出发，都能得到有效的论证和检验。

首先，从经济理论来看，一个地区的经济增长通常是指宏观的经济增长。它是指在一个比较长的时间段上，一个地区的生产能力持续增加，生产产品持续增多，总产出不断地增长。经济增长受到生产资料、劳动量、投资量、工作效率等因素的影响。随着制造业的不断增强，相关的物流业、金融业、国际贸易、服务业等，也会被带动起来。这样，整个地区的经济就会持续增长。一个地区的经济发展，不可能是独立的一个城市发展，它一定会带动整个地区的城市群共同发展。

近 30 多年以来，广东省的珠三角地区在经济上一直稳步增长，连续成为中国 GDP 第一的经济区域。这个成果依靠长期的制造业发展。在珠三角的不同城市，已经形成了不同的产业分布。比如，佛山市的家用电器、陶瓷制品形成特色行业。中山市的灯饰制品、红木家具是著名产品。东莞市的服装、纺织品闻名全世界。广州市增城区的新塘镇，是全世界最大的“牛仔”服装生产基地。

经济区域的发展是具有系统性和整体性的，一个城市和一个经济区域的主要制造业可以带动起很多互相关联的行业。一个庞大的制造业企业不可能单独存在，它必须存在于开放性的社会和经济环境之中。最终形成经济区域的产业链，带动整个地方的经济发展。

其次，从粤港澳大湾区制造业发展的实践经验来看，制造业的繁荣会带来粤港澳三地长期的经济增长。今天，香港的制造业虽然相对落后了，但是仍然保持着强大的制造业基础。自 20 世纪 80 年代以来，香港大部分的企业工厂都迁移到珠三角地区，利用当地的厂房、劳动力、生产材料进行产品的加工。香港制造业的发展，离不开珠三角地区的支持与帮助。

根据香港工业总会的统计数据，“2007 年，珠三角的港资企业有 5.7 万家，占全部外资企业数量的 72%（含港资部分参与企业），然而经过 2008 年的金融危机之后，港企每年减少约 10% - 20%，除了经营不善倒闭了一部分外，其余大部分将生产设施转移到了南亚。”[5]

但是香港依然有很多规模较大的制造企业保存下来。比如，德昌电机公司是世界上最大的微型马达制造厂之一，拥有 40,000 多名员工，在深圳市建立了生产基地。伯恩光学公司是全世界最大的手机玻璃生产供应商，企业员工超过了 100,000 人，生产基地都设立在珠三角地区，成为香港最大的制造业企业。

香港今天的繁荣昌盛离不开制造业的发展。它为香港的金融、国际贸易、服务产业、旅游等行业的发展提供了有力的支撑。由于粤港澳三地在地理位置上是紧密相联的，因此，珠三角地区和香港的制造业也相互影响。经济学者波迪（Martin Boddy）认为：“从地理经济的视角来看，经济发展和国际贸易受到城市群和地区竞争力之间的重大影响。”[6]

相对于香港的制造业减弱，珠三角地区的制造业却是迅猛发展。自 20 世纪 80 年代到现在，珠三角的制造业已经发展了 40 多年。珠三角所在的广东省，连续 30 多年持续稳定排在全国 GDP 的第一位。珠三角地区的 GDP 占据广东省总体 GDP 的 95% 以上。到 2020 年，珠三角地区已是亚洲经济实力最强的区域。这些惊人的经济增长成绩，依赖于珠三角的制造业稳步发展。这里不仅存在很多国有大型企业，而且有众多的大型乡镇企业，还有数量庞大的私营企业。不同经济体制的企业融合在一起，激发出珠三角地区制造业的澎湃动力。这里形成了制造业的产业群，制造业的服务群，形成了国际贸易一体化，形成了强大的信息网络体系和物流运输体系。今天，珠三角地区已经是发达的制造业基地。

在珠三角地区，不同经济所有制的制造业企业都能表现出强大的国际竞争力和经济实力。比如，在世界 500 强企业中，位于珠三角的有国有企业广州汽车工业集团有限公司，乡镇企业美的集团股份有限公司，私营企业华为技术有限公司。这些大型的珠三角制造业企业闻名于全世界。由于制造业的长期发展，制造业也就成为了珠三角地区的经济支柱。因此，广东省政府非常重视珠三角地区的制造业发展，给予很多的政策支持。由于政府的长期引导，珠三角地区人民群众也有着发展制造业企业的强烈愿望。在政府的科学认知指导和人民群众的大众认识的共同作用下，珠三角地区的制造业欣欣向荣。

随着粤港澳大湾区的建设和发展，中国政府把珠三角地区、香港和澳门一起合并到粤港澳大湾区的范围，以广州、深圳、香港、澳门为城市群的中心，发展城市群的经济区域。这样一来，制造业就可以在这个地区协同发展，产业同构成为了这里的一个发展因素。

“粤港澳大湾区制造业的集聚和专业化效应明显，产业同构是现阶段产业结构调整和再度分工的结果。因而，要推动核心城市的引领作用，鼓励城市在价值链上的差异化分工合作，发挥市场和政府两只手的共同作用，确保湾区产业的协同发展。” [7] 因此，粤港澳大湾区的制造业形成产业链和协同发展是今后重要的发展策略之一。

从以上的综合因素来看，现在广东省政府要加强珠三角的制造业发展，配合粤港澳大湾区的全面发展的战略是具有科学合理性的。这种战略必将会带领粤港澳大湾区继续走向繁荣昌盛，创造一个能让世界瞩目的发达经济区。

但是，我们看到粤港澳大湾区制造业的成绩，同时也要看到这里制造业的不足之处。长期以来，香港和珠三角地区的制造业是以劳动密集型企业为主，缺乏高水平的科学技术。依靠中国巨大的劳动力资源，使制造业企业在世界经济的竞争中取得了良好的成绩。随着中国人口的老龄化进一步加快，粤港澳大湾区的劳动力资源不再具备优势。随着信息科技、人工智能的全球化发展，全世界的制造业企业都进行着科技的竞争，科学技术是第一生产力，科技创新成为了制造业企业发展的核心动力。

2. 粤港澳大湾区的科技创新

（1）科技创新对生产力的重大促进作用

科学技术是生产力发展的重要因素。科学技术的进步性转变可以引起生产力的革命性变化，提高生产率，从而促进生产力的飞跃性的进步。当今世界，科学技术的竞争成为了世界经济竞争的核心因素。因此，世界各国都把科技创新放在国家发展战略的首要位置。如今，信息科技、人工智能、航空科技、新材料技术、工程技术等新技术的竞争，把全球科技推向了一个新的高峰。面对全球性的经济竞争，粤港澳大湾区要保持持续繁荣发展，必须要把科技创新作为重要的战略。

习近平总书记提出："科技创新是提高社会生产力和综合国力的战略支撑，必须摆在国家发展全局的核心位置。"[8] 科技创新是中国政府指引全国经济发展的重要策略。科技创新不仅对经济造成深刻的影响，而且对人们的生活方式、社会活动、大众认识产生重大的变革。粤港澳大湾区要发展经济，以制造业为基础，制造业强大和发展的重要推动力就在于科技创新。如何实现科技创新的目标，是粤港澳大湾区的经济长期稳定发展的关键。

科技创新是什么？创新的概念来源于熊彼特（Schum Peter,J.A.）在 20 世纪提出的经济理论。随后，很多经济学家把他的创新概念采用在各种经济理论中。比如，组织创新、生产创新、经营管理创新、机制创新等等。那么，什么是科技创新？在科学技术哲学和技术经济的理论体系中，不同的专家学者有不同的解释。从科学技术哲学和技术经济的视域来看，技术创新就是国家的政治管理共同体和科学共同体对某一个科学新技术的认同。通常来说，这项新技术超越原有的科学技术，把新技术应用到生产和社会生活中，可以加快生产力的发展和影响社会活动。它是以科学认知为基础，以大众认识为支撑，暂时的、约定性的科学技术最优化的认同。

人类文明发展的历史，某种程度上就是科技创新发展的历史。例如，蒸汽机的发明代替了制造业工厂的大量人工操作；汽车的发明让人们的空间移动发生了飞跃式的变化；电话的发明让人们的信息传递无处不在；青霉素的发现使人们能够对抗大量的伤病困扰……如今，全世界进入了科技创新发展最迅猛的时代。无人机、穿戴技术、量子信息技术、5G 技术、高铁、大型桥梁建设技术、电网输送技术等等新一代的科技创新全面爆发。

科技创新可以促进生产力飞跃性的发展，对人类的生产和生活产生革命性的变化。科技创新也成为了经济发展和社会发展的重要核心动力。粤港澳大湾区面对着全球经济的飞速发展和竞争，必须把科技创新作为首要的发展战略。

（2）粤港澳大湾区的科技创新与协同发展

十九大报告指出，支持香港、澳门融入国家发展大局，以港澳大湾区建设、粤港澳合作、泛珠三角区域合作等等作为重点，全面推进内地同香港、澳门互利合作。因此，粤港澳大湾区的发展必须是协同创新发展，是粤港澳三地联合，整体性、系统性的全方面发展。

粤港澳大湾区要科学合理地规划科技创新企业，要让这些企业成为大湾区新的产业群。面对全球化的制造业生产和经济市场的竞争，粤港澳大湾区不能只重视制造业的数量，而是应当整合科技创新企业，加强粤港澳三地的合作，在协同创新发展的基础上，形成粤港澳大湾区的产业链，进一步打造不同城市之间的产业集群。

有学者指出："粤港澳大湾区要推动粤港澳三地产业协调配套，形成完整的产业链。着力打造现代制造业、现代服务业、战略新兴产业，比如，智能制造、新一代的信息技术、生物科技、高端设备、新材料、新能源、节能环保、数字创意、医疗和养老相结合等产业集群。"[9]

经过了 30 多年的制造业发展，粤港澳大湾区形成了有一定规模的产业集群。这些产业集群是以珠三角的 9 个城市和香港为中心，每个城市拥有具有自己特色的产业集群。比如，广州市形成了大型国有企业集群，佛山市以生产电器、陶瓷为特色，中山市形成以小五金、红木家具为主要行业集群，东莞市形成了中小型企业的"世界工厂"，深圳市以高科技大型企业为集群，香港以生产日用商品为主要的集群。这些城市在长期的制造业生产经营中，形成了较完善的制造业生产链。当前，加强粤港澳大湾区各个城市之间的协同创新发展，是切实可行的。粤港澳三地之间的合作空间是非常大的。粤港澳大湾区必须以广州、深圳、香港、澳门为中心城市，加强城市集群之间的合作。在企业集群的基础上，发展和加强制造业的科技创新。

根据数据统计显示，2014 年—2018 年粤港澳大湾区的发明专利总量逐年上升，由 103,610 件增加至 330,832 件，增长 219.31%，年增幅呈现波动态势。2015 年发明专利总量同比增长 49.67%，增幅最大，总量增加 5 万多件；2016 年同比增长 24.92%，增幅最小，总量增加近 4 万件。从年均增长率分析，近 5 年粤港澳大湾区发明专利总量年均增幅为 33.68%，整体呈稳步上升趋势。[10]

从研究数据来看，粤港澳大湾区的专利数据逐年上升，这表明了科技创新有着良好的发展趋势，粤港澳大湾区正在朝着科技创新的制造业发展方向迈开步伐。全球进入了高科技发展的时代，粤港澳大湾区面临着新的机遇和挑战，采取协同创新发展的战略，将会打造世界一流的大湾区。

香港，作为粤港澳大湾区中心城市之一，香港政府和人民积极响应中央政府的要求，积极融入国家发展大局。香港要做中国与世界经贸的"超级联系人"。香港政府全力支持一带一路的倡议，凭着一国两制和其他优势，充分发挥超级联系人的作用。"香港因为有符合国际惯例的成熟的经济运行机制和相应的产业基础，可以更加坚定地着力于在国际上整合金融资源、商贸资源、航运资源和旅游资源，以世界一流的城市作为标杆而发展。" [11] 因此，香港在粤港澳大湾区的协同创新发展中，可以发挥很大的作用。

澳门，在中国与葡语国家的商贸联系之间发挥着重要的链接作用。澳门在粤港澳大湾区的建设中，发挥着"一中心一平台"的作用。也就是说，澳门成为国际旅游中心、中国和葡语国家商贸合作服务的平台。澳门可以加速粤港澳大湾区和葡语国家之间的经济贸易和合作。

（3）加强科研机构建设以促进科技创新全面发展

从科技创新的产生过程来看，它是一个科学认知的知识建构过程。创新就是一种转变，科技创新就是从一种旧的技术范式转变成一种新的技术范式。在科学技术哲学理论中，"技术范式是科学技术共同体和生产实践单位，以实用性、简单性、高效性、节约性等原则，对当前生产工程技术形式达成一致的最高生产技术，在追求实用性与经济性效益的社会里，技术范式只是暂时性的生产技术方式约定。" [12] 科技创新依赖于对科学认知的知识建构的重新建立，在生产和经济活动中，技术范式的转变，其中一个重要的因素是加强科研机构的建设。因为科研机构是产生新知识，形成科技创新的原动力。

粤港澳大湾区需要密集布局尖端的科研机构，加强科研机构的建设，投入大量的科研经费，引进高级科研人才，瞄准世界前沿科技，全力投入科技创新的生产活动。由于粤港澳大湾区是中国最富裕的经济区域之一，这里的自然环境和生活环境非常优越，交通发达，城市群的现代化水平高。这里就成为了高科技人才向往的地方，在引进人才方面，港澳大湾区具有一定的优势。

由于国内外的人才聚集在粤港澳大湾区，再加上粤港澳三地政府大力支持引进人才，这里的科研机构也在飞速的发展，广东省政府在这方面的投入力度很大。“最近几年，广东省经历了一轮研究机构的扩充，研究机构数量从 2015 年的 8,164 个，到 2016 年增加到 14,311 个，到 2018 年又增加到 25,484 个。随着大湾区尖端科研机构体系布局和建设的强化，将为粤港澳大湾区迈向国际科技创新中心提供重要的基础支撑。”[13]

当今世界，科技创新又是一场科研机构的科研能力和科研成果的竞争。新一轮的科技竞赛在全球展开，大湾区密集布局尖端科研机构是具有高度战略目标的。粤港澳大湾区要保持制造业的长期发展，必须以科技创新的产业为支撑。大湾区要把现阶段的劳动密集型产业，慢慢地转化为科技创新产业。这种科技创新的战略，将会保障粤港澳大湾区持续的发展。

粤港澳大湾区的科技创新不仅仅是依赖于自己的科研机构的自主创新，而且要走出国门，联合国外的前沿科研机构，建立科研合作的关系。大湾区的科技创新的研发必须要时刻追踪世界一流的前沿科技，学习国外最先进的科学技术，不断地提升自己。大湾区要不断地发展国际间的科技交流合作，积极地融入世界的尖端科技研究平台，并且要积极参与国际之间的科研管理和活动。清华大学技术创新研究中心主任陈劲教授认为：“对我国而言，拓展科技创新的全球视野，需要进一步丰富国际科技合作的内涵，完善国际科技合作的布局，创新合作机制，提升合作水平。”[14]

根据 2019 年 12 月的经济数据报告，粤港澳大湾区的 GDP 在全亚洲经济区域中排名第一。大湾区有如此强劲的经济实力为坚强的后盾，只要加强科研机构的研发，加快制造业的产业布局，以科技创新为核心，粤港澳大湾区的高新企业产业群就一定会建立起来。

从经济理论的视角来看，粤港澳大湾区的制造业发展和科技创新，大湾区协同创新发展的战略是非常符合经济理论的科学合理性的。对于城市群的竞争力经济理论，韦珀斯特（Webster）认为，“影响城市群竞争力的主要因素：经济结构、区域优势、管理制度、人才资源等等，其中区域优势是不可替代的，它有自己独特的自然环境、基础设备、生产成本、生活质量。”[15]因此，粤港澳大湾区拥有优越的自然环境和良好的管理制度，经济持续发展就有坚实的保障。“必须指出，我们用科技创新的企业代替劳动密集型企业应该是渐进式。否则，就会失掉珠三角农村企业的优势。”[16]

综上所述，粤港澳大湾区的成立，是中国加强粤港澳合作、泛珠三角区域合作，打造国际一流湾区和世界级城市群的一个重大战略。随着 2019 年的“粤港澳大湾区发展规划”的公布，粤港澳三地以广州、深圳、香港、澳门为中心城市，积极地建立协同创新发展的城市集群。粤港澳大湾区的经济发展和科技创新发展，将会深刻地影响全世界的经济。这种国家管理的整合，必然会成为全世界的学习典范。大湾区必须应用原有的轻工业生产基础，推动制造业的发展，并以制造业为经济来源的核心动力。粤港澳大湾区面对全球科学技术的飞速发展，必须全面加强科技创新。因为科技创新是生产活动中最为活跃的因素，它是提高社会生产力和综合国力的战略支撑。粤港澳大湾区的科技创新协同发展，把香港、澳门融入国家发展的大局，建立可持续发展的城市群，将会是长期的战略方针。我们只要坚持制造业和科技创新协同发展，就一定会打造世界一流水平的粤港澳大湾区。

参考文献

[1] http://www.xinhuanet.com/politics/2017-10/22/c_1121837239.htm，习近平，十九大报告。

[2] 广东省社会科学院，粤港澳大湾区建设报告（2018），社会科学文献出版社，2018 年。

[3] 杨小蓉、张仁寿，粤港澳大湾区发展研究，中山大学出版社，广州，26 页。

[4] 李希，全省推动制造业高质量发展大会，广州日报，1 版，2019 年 11 月 22 日。

[5] http://www.censtatd.gov.hk/m/otc.jsp.（香港统计处网）

[6] Martin Boddy, Geographical Economics and Urban Competiveness: A Critique, Urban Study 36, (1999):811-842.

[7] 睦文娟，粤港澳大湾区产业协同的发展现象，城市观察，2018.5，59 页。

[8] 习近平，在中国科学院第 17 次院士大会的讲话，http://www.cas.cn，2014 年 6 月 9 日。

[9] 杨小蓉、张仁寿，粤港澳大湾区发展研究，中山大学出版社，广州，21 页。

[10] 广州日报数据和数字化研究院（GDI 智库）:“粤港澳大湾区协同创新发展报告（2019）”，2019 年 11 月 22 日。

[11] 杨英，“新时期粤港澳经济更紧密合作的基本趋向”，华南师范大学学报，2016 年，第 4 期，36 页。

[12] 汤治成，大众认识与技术范式的转变引起中国农村模式变革 [J]，自然辩证法通讯，2018 年，40 卷（4 期），101 页。

[13] 陈强，大湾区密集布局尖端科研机构，羊城晚报，A5，2019 年 12 月 26 日。

[14] 陈劲，以全球视野推动科技创新，人民日报，07 版，2018 年 9 月 6 日。

[15] Douglas Webster, Larissa Mulle, Urban Competitiveness Assessment in

Developing Country Urban Regions: The Road Forward, Paper Prepared for Urban Group, INFUD, World Bank, Washington D.C., July 17, 2000:1-47.

[16] Zhicheng Tang, Rural Revitalization and Scientific Management in the Pearl River Delta-Scientific decision based on scientific rationality and public understanding. *Global Transitions*. 2019, 11, p.247.

大众认识与技术范式的影响促使中国农村模式改变

导读： 以群体为核心组成的人类社会以及社会群体中，大众认识与技术范式是两个极为重要的因素。在大众认识的影响下，群体的思想、道德、感觉会突然或逐渐改变，从而产生生产方式、生活方式、风俗习惯的改变。在群体意识里，这种改变是一种强大的力量，它会冲破原有的道德约束与文明方式，并极力挑战原有的社会模式。科学技术是人类文明最高最独特的成就，它是影响人类活动的最强劲的力量。技术范式一旦形成，就会成为社会变革的核心动力。世界各国极其重视科学技术和国民科学思想的发展。一个明智的国家治理应该对大众认识与技术范式的转变做出协调发展的决策。基于这种视域，对中国农村模式变革深入探讨有重要的意义。本文从中国现阶段的农村发展变化出发，结合大众认识与技术范式的转变与发展，研究中国农村模式的科学合理性与未来发展趋势。

Introduction: In the human society and the social group, which composed of the group as the core, the public awareness and the technical paradigm are two extremely important factors. Under the influence of public awareness, the group's thoughts, morals, feelings will suddenly or gradually change, resulting changes in production mode, lifestyles, customs and habits. In group consciousness, this change is a powerful force, it will break through the original moral constraints and civilized way, and strongly challenge the original social model. Science and technology is the highest and most unique achievement of human civilization, it is the most powerful force affecting human activities. Once the technology paradigm is formed, it will become the core of social change. The countries of the world attach great importance to the development of science and technology and national scientific thought. A wise state governance should make a coordinated development decision on the transformation of the public awareness and the paradigm of technology. Based on this view, it is of great significance to explore the rural mode change in China. This paper studies the scientific rationality and future development, trend of China's rural mode from the changes and development, and combine the transformation and development of public awareness and technology paradigm.

以群体为核心组成的人类社会以及社会群体中，大众认识与技术范式是两个极为重要的因素。在大众认识的影响下，群体的思想、道德、感觉会突然或逐渐改变，从而产生生产方式、生活方式、风俗习惯的改变。在群体意识里，这种改变是一种强大的力量，它会冲破原有的道德约束与文明方式，并极力挑战原有的社会模式。

科学技术是人类文明最高最独特的成就，它是影响人类活动的最强劲的力量。技术范式一旦形成，就会成为社会变革的核心动力。世界各国极其重视科学技术和国民科学思想的发展。一个明智的国家治理应该对大众认识与技术范式的转变做出协调发展的决策。基于这种视域，对中国农村模式变革深入探讨有重要的意义。

当前，中国已经成为世界综合实力最强的国家之一。中国农村的规模与数量都是全世界第一，中国农民人口是全世界最多。中国农村模式的变革，不但是中国强国梦的重要组成因素，而且它必定影响全世界的农村模式与格局。

农村模式的存在与变革，是大众认识与技术范式的综合表现，是政府调控与农民意愿的共同结果。大众认识与技术范式是两个相互联系和相互影响的因素，技术范式要成功地转变，不能只依靠自然科学技术的发展，它必须要与大众认识、政府调控之间相互协调，才能形成应用于生产实践的技术范式。众所周知，农业生产的自动化和规模化早在 20 世纪 80 年代就出现了。美国的农场应用大型收割机、播种机、农业飞机、烘干机、包装机等等设备。时至今日，农业生产的科学技术自动化、机械化在发达的欧美国家已经较为普遍。然而，综观中国农业生产，机械化设备只是小型拖拉机、家庭式的脱粒机、摩托车等简单的农业机械。在中国的很多农村，仍然用牛来耕田，农民用手工播种，甚至亲自挑水灌溉。由于存在这些农业生产技术的差距，中国的农产品无法与世界发达的农产品生产国进行竞争。

在工业高度发达的中国，农村生产技术为什么仍然落后？这不是生产科技的问题，因为它受到了当前农村模式的制约。中国农村人口基数大，家庭式的生产仍然是农业生产的主要基本单位，农村远未形成农业大规模生产的条件。

归根到底，农村模式严重影响技术范式的形成和发展。因此，研究中国农村大众认识与技术范式，对农村模式的转变有极其重要的意义。

1. 大众认识的社会作用

（1）大众认识与心理定势

大众认识的观念来源于大众认识论。什么是大众认识论？大众认识论可以定义为存在于平均人中关于知识（普通的或大众的）常识理论。与大众心理学、大众物理学和大众生物学一样，大众认识论可以看作是我们关于知识的本质的朴素的、未受教育的观点和看法。（[1], p89）如同大众心理学是我们日常的、常识的心智理论一样，大众认识论是我们日常的、常识的知识理论。大众认识论以成熟的形式存在于成人之中，但经历一个个体发展过程，从幼儿的原始认识观点，到学龄儿童和青少年的心理形态，最后达到成人的成熟常识认识论。发展学者关注于理解这种大众认识论从儿童到成人的发展演变过程。

从大众认识论的概念来看，可以把大众认识理解为：一个以大众为根本的组织群体，基于相同的经济文化、习俗、生活方式、宗教等因素的影响，形成的共同信念。对社会、科学、道德等问题有相同或相似的看法，并且有相同或相似的生活理念和理想追求。

大众认识通常表现为一种集体心理，具备大众认识的组织群体被看成是一个心理群体。大众认识是人类文明群体区别于动物群体的重要标志，它是人类实践活动和创造文明的基础，它是科学技术革新的源动力。

社会的大众群体形成了大众认识，就成为了一个心理群体。一个心理群体表现出来的最惊人的特点如下：构成这个群体的个人不管是谁，他们的生活方式、职业、性格或智力不管相同还是不同，他们变成了一个群体这个事实，便使他们获得了一种集体心理，这使他们的感情、思想和行为变得与他们单独一个人时的感情、思想和行为颇为不同。若不是形成了一个群体，有些念头或感情在个人身上根本就不会产生，或不可能变成行动。心理群体是一个由异质成分组成的暂时现象，当他们结合在一起时，就像因为结合一种新的存在而构成一个生命的细胞一样，会表现出一些特点，与单个细胞所具有的特点大不相同。([2], p6)

在社会的组织群体里，大众认识表现为一种集体心理，因而大众认识便成为组织群体行为导向。这种导向形成大众群体的一致行动，并为实现他们的共同目标而努力。大众认识有传染性的特征，在大众群体里，群体的意志、行动、心理倾向都具有传染性特征。大众认识成为大众群体的行为与实践的源动力，成为构建社会制度体系的心理基础。

在大众认识的形成和发展过程中，大众群体的集体心理会出现心理定势。心理定势（mental set）就是用某些固定的模式、过程、计划，或者是用某些特殊的模式而不是用最具合理性的模式来观察事情的发展和趋势。([3], p159)

这种心理定势产生精神统一性的倾向，影响整个大众群体的思维和行动意向，个人一旦进入大众群体，必然会受到“集体潜意识”的影响，心理上会发生一些变化，并且也会融入心理定势的模式。也就是说，大众群体会逐渐形成一个较为固定的思维方式。在心理定势的影响下，大众群体容易形成统一的意向，这种心理动机会变成一致的行为。心理定势对大众群体会产生正面或负面的影响。当大众群体的思维倾向适合科学合理性时，其行动的结果是正面的。但是，心理定势也容易形成教条主义思想，如果大众群体思维倾向是非科学的，就会造成行动结果的负面影响。

大众认识和心理定势形成了个人道德的约束，统治阶层在此基础上建构社会机制。一旦大众认识和心理定势强烈变化，约束个人的道德与社会机制将会被抛弃。在群体意识里，这种改变是一种强大的力量，它会极力挑战社会的固定模式。

(2) 大众认识的科学合理性问题

大众认识与日常认知、科学认知有密切的联系。所谓日常认知，是指大众群体对自然世界和社会的认识，它以可观察的世界为基础，总结出对事物的一些日常理解与认识。它通常是一种直觉性的理解，并带有猜测、想象的思维。日常认知不是科学知识的总结，不能以科学理性来衡量。日常认知是大众群体素朴的认识思维，它是大众认识的主要来源。

科学认知研究科学活动所涉及的认知过程：科学家是怎样进行推理？科学家怎样提出、发展新的理论？科学家怎样处理材料与理论的矛盾？科学家如何在竞争理论之间做出选择？

在科学认知的研究中，科学家的活动可划分为以下三个一般范畴：

第一，理解和评价科学信息。科学家们花费大量时间来阅读科学文献和参加学术会议，这些活动表明了我们要研究科学家是如何理解、评价科学材料和科学理论的。

第二，生成新的科学知识。科学家设计并完成各种实验，从而形成新理论。这些活动表明了我们需要考察研究方略和科学发现过程。

第三，传播科学知识。科学家投入大量时间进行写作和交流研究成果。这些活动表明了我们需要考察科学写作过程以及更为普遍的科学信息传播过程。([4], p33)

科学认知是科学知识和科学理论的来源，它具有严格的逻辑性。科学认知是科学论证和科学检测所得到最后结果。从科学认知的特点来看，大众认识不是科学认知，它不具备科学合理性的准则。但是，科学认知对大众认识的影响深远。当大众群体接受科学认知的知识传播越普遍，则大众认识的科学合理性越高。大众认识的科学合理性是建立在大众群体的科学认知水平上的，每个大众群体的科学认知水平都不同，因而各个群体间的大众认识的科学合理性也存在很大的差异。

大众群体是一个复杂的大系统，群体成员的认知能力各不相同。大众认识不可能是最具科学合理性的，只能是不断提升科学合理性。人类发展进程表明，大众认识有科学合理的一面，也有非理性和不科学的一面。值得注意的是，在探讨大众认识的科学合理性时，必须带着历史观点看问题。我们当然不能用今天的科学合理性标准去衡量过去不同历史时期的大众认识，要结合当时的科学观念来分析不同历史阶段的大众认识。

（3）大众认识的社会作用

社会是由大众群体组成，大众认识是大众群体的重要因素。因此，很多的社会建构和人类活动的方式都受大众认识的影响。从国家治理的谋略来看，顺应大众认识的主流方向，则会强化社会的稳定性和促进社会的发展，提高社会的工作效率，增进社会各类人员的生活幸福感。国家的政策与方针与大众认识的意愿相符，则国民万众一心、团结一致，整个国家是一个充满凝聚力的国家。反之，国家治理不符合大众认识，则国家不得安宁，人民不能幸福，国家会陷入危机之中。

在群体意识里，大众认识是强大的力量。大众认识一旦改变，它会冲破原有的道德约束与社会制度，并努力地改变原来的社会模式。每一个大众认识的变革，都会引起群体的观念、思想和信仰的变革，它最终导致文明变革和社会变革。

18 世纪的工业革命，大众认识的强烈转变是其中一个重要因素。当时著名的经济学家亚当 ·斯密在其《富国论》里说道 :“每个人都在力图运用他的资本来使其产品得到最大的价值。一般说来，他并不企图增进公共福利，也不知道他所增进的公共福利是多少。它所追求的仅仅是他个人的安乐，仅仅是他个人的利益。在这样做时，有一只看不见的手引导他去促进一种目标，而这种目标决不是他所追求的东西。由于追逐他自己的利益，他经常促进了社会利益，其效果要比他真的想促进社会利益时所得到的效果为大。”（[5], p62）

亚当 ·斯密所讲的“看不见的手引导”，就是大众认识的引领力量。因为大众认识的转变，产生一股强大的心理倾向和心理定势，最终成为指引集体行动的强劲动力。

(4) 中国当前农村的大众认识分析

中国是世界上农业人口最多的国家。根据 2015 年的统计，中国农村人口为 60,346 万，农用地为 96.82 亿亩。[6] 自 20 世纪 80 年代起，中国改革开放已经 30 多年。中国农民是农村大众的主体，农民的全面综合素质已经大幅度提高。改革开放以来，中国实行全面扩大的普及教育。实行九年义务教育，扩充高校数量，扩大高校的招生人数，允许开办私立高校，扩大高职院校招生。现阶段，全国很多农村青年接受过高等教育。

中国一系列的教育强国改策，使中国农民的大众认识的科学合理性思维显著增强。新一代的农民，是有知识、有文化、有创造力的农民。大部分富裕的农村地区，农民大众认识科学性领先全世界。即使是边远贫困的农村地区，在这种教育体制的影响下，也是日益具有科学合理性。农村的大众认识具体的表现如下：

在政治观念上的大众认识，中国农村的大众群体有强烈的爱国主义情怀和传统。自古以来，每一次革命都是以农民的大众群体作为主要的革命力量。在现阶段的和平与经济稳步发展时代，农村大众群体的参政和议政意识并不强烈，经济诉求超越了政治诉求。

在经济观念上的大众认识，中国农村的大众群体认为争取经济利益，增加经济来源，增加个人和家庭的收入是重要的幸福因素。大众认识认为对物质的追求，能改善个人和家庭的生活。大众群体把追求经济收入作为生活和生存的最重要的事情。

在文化观念上的大众认识，农村的大众群体形成了多元文化的大众认识观。既保存中国传统的文化和风俗习惯，又能接受西方主流社会的一些文化和习俗。例如，广州的农村地区既有中国传统的七巧节、端午节、中秋节，同时又有西方国家的情人节、圣诞节。农村的大众群体形成中国农村文化的多元主义观。

在宗教观念上的大众认识，农村的大众群体没有形成对某一种宗教的热爱，多神论和零散的宗教观仍是主流。随着农村大众群体科学知识教育传播的发展，新一代的农民中无神论者越来越多，宗教观念越来越薄弱。以全国最富裕的广东省为例，广大的农村地区基本没有教堂，很难发现农民之间交流宗教话题。

2. 技术范式的转变和中国农村分析

（1）技术范式的转变促进社会变革

技术范式的概念来源于托马斯·库恩的科学范式理论。库恩在其著作《科学革命的结构》写道:“范式通常是指那些公认的科学成就，它们在一段时间里为实践共同体提供典型的问题和解答。”（[7],p4）库恩指出科学的进步是依靠科学范式的转换，用新的科学范式取代旧的科学范式，则科学技术就向前发展。他的范式理论，常常被经济学家和社会学家所引用。

著名的经济学家多西模仿库恩的科学范式理论，在 1982 年提出了技术范式概念。多西认为技术范式就是“解决所选择的技术经济问题的一种模式，这些经济问题的办法立足于自然科学的原理。”（[8],p276）

多西运用他的技术范式理论从事技术创新的研究，他只从技术经济方面给予技术范式定义，论述不够全面。本文认为，技术范式是科学技术共同体和生产实践单位，以实用性、简单性、高效性、节约性等原则，对当前生产工程技术形式达成一致的最高生产技术，在追求实用性和经济性效益的社会里，技术范式只是暂时性的生产技术方式约定。

由于技术范式的工程性和工艺性的特点，它广泛应用于生产实践活动中，为社会创造物质和财富。技术范式与社会生活息息相关，技术范式的转变与进步，也必然引起社会大众群体的生活转变。例如，信息科学的革命使大众群体进入了大数据时代，人们天天用手机来联络，过去的信件寄递几乎要消失。这就是技术范式转变带来的生活方式巨大的转变。

（2）技术范式的转变与大众认识的关系

技术范式的转变不仅仅会带来物质财富增加和生活方式改变，它还会使大众群体在大众认识方面产生强烈转变。由于科学技术的进步，改善了生产程序，也改变了产品的质量，节省了生产时间，提高了生产效率。从劳动的思维方式来看，技术范式的改变必然引起心理定势的改变。因为从事生产的大众群体都想选择简单有效、节省劳动力和劳动时间的思维方式。从生物还原主义来看，追求安逸是人的一种本能意识，一旦有了更加有效的生产方式，大众认识就趋向于新的技术范式。

技术范式转变如果带来生活用品和生活现实的转变，那么这种转变导致大众认识的变化是巨大的，远远超越在劳动生产技术上的转变。例如，汽车代替马车，洗衣机代替人工洗衣，人工智能代替晶体管计算机，智能手机代替电话等等，这一切都使人们的生活发生飞跃的变化。由于这些技术范式转变直接影响到大众群体的日常生活，并能改变他们的生活习惯和生活规律，这样，大众群体的集体心理会迅速改变，并会形成新的心理定势和观念意识。最终导致大众认识的转变，新的观念形成强大的力量，并极力冲破原来社会的道德与制度的约束，重新形成新的社会模式。同样，在工程技术上的技术范式改变也会导致大众认识的彻底转换。例如，地铁、高速火车、海底隧道、高山隧道等应用，对大众群体之间的交往提供极大的方便，大大地缩短人们空间移动的时间。这种技术范式转变会产生更加巨大的大众认识转变，大众群体会对城市与郊区、城市与农村、国家与国家之间的认识观念重新组合。

著名认知学家皮亚杰对技术创新的看法是：所有创新都会创造新的可能性，从生物的变化开始，直到人类活动和技术所特有的建构为止，这对我们来说似乎是无可否认的。（[9], p108）

（3）中国当前的农村技术范式分析

中国农村范围辽阔，地型地貌不同，经济发展差距较大，人口众多，区域发展不平衡，科学与落后共存，中国当前的农村技术范式复杂多样。

在农村的种植业方面，中国当前的种植技术范式比较落后。大规模的农业机械化大生产并未形成。种植业生产主要是家庭式的经营，很多种植劳动仍然靠人手操作，只具有零散的机械生产，大型的农场生产在中国农村并不多见。

在农村的养殖业方面，中国当前的养殖技术范式比较先进。特别是淡水渔业养殖技术，中国达到了世界一流水平。例如，广东珠三角农村的鱼养殖，已形成先进的技术范式，鸡、鹅、鸭、猪等养殖已形成产业链和先进技术范式。在市场经济的调节作用下，养殖业技术范式不断稳步发展。

在农村的生活设施和基础建设方面，中国当前的技术范式是先进与落后并存，发展不平衡。在富裕的珠江三角和长江三角地区，这方面的技术范式达到世界一流水平。但在中国的大部分农村地区，特别是边远山区的农村，生活设施和基础建设的技术范式仍很落后。

3. 大众认识与技术范式的转变引起中国农村模式变革

（1）当前中国的主要农村模式

农村模式就是在一定的自然环境和社会环境中，农村存在的方式。中国农村模式是中国历史与文明发展的产物，它继承着中华民族的习俗、传统、文化和生活方式。在现阶段，中国农村模式主要是以自然村落为中心，以农民大众群体为主体，并以家庭为生产的基本单位，分配有一定数量的农业耕地，手工农业劳动是现有的主要生产方式。自然村落大多只有一个姓氏，他们有或远或近的血缘关系。

土地问题是中国农村模式存在的重要问题。按照中国法律，土地属于国家所有。在 20 世纪 80 年代的改革开放初期，中国农村分田到户。在这轮土地制度改革中，农村土地所有权归集体，农民通过“承包”获得使用权。由此，农村的大众群体拥有一定数量的耕地，作为种植农作物的场地。地上财产归农民大众所有，包括农作物和土地上的房屋。当国家的城市发展和交通道路发展需要土地时，政府就和拥有耕地的农民大众协商征收土地。但这种协商经常存在矛盾，其焦点在于农民大众对地上财产（特别是房产）的补偿诉求。另外，如何安置失去土地的大众群体的就业，也是各地政府的一个难题。

(2) 大众认识与技术范式的转变引起的中国农村模式变革

在大众认识与技术范式的共同转变下，中国农村模式变革是一个必然的趋势。这一变革的成功与否，会深刻地影响中国的持续发展。

农村社会转型可以认为是一个农村经济结构和社会结构在一定时期内发生的根本变化的过程，从发达国家农村社会转型的经验看，是传统、落后的农村向现代进步的农村转变的过程。在这一过程中，农民、农业、农村发生分化，农民、农业和农村现代化目标得以实现。中国农村社会转型的内涵是由农村剩余劳动力过多的，小农生产方式占主导的，以及与其相匹配的农村传统的经济、政治、文化社会向现代农业生产方式和现代农村社会转型的过程。([10], p97)

基于全球的大数据化和互联网的影响，世界科学技术飞速发展，中国农村的大众认识和技术范式也在加速转变。

中国的农村大众认识正在转变，大众群体向往城市生活，不再留恋农村居住地。新一代农民意识到手工劳动的落后，是一种劳动力的浪费，渴望以机械生产代替手工劳作，大都不愿意亲自耕作。追求现代化生活已成为农村大众认识的主流观念，农民大众群体希望村庄能够改造为新型的现代化居住小区。农村的大众认识希望把农村劳动力转移到工业和服务业。在富裕的农村地区，已经建立了世界一流的工业生产集团企业。例如，广东顺德的“美的集团”就是一个成功的农村企业，他是中国的百强企业之一，也是世界闻名的高科技企业。对于土地问题，农村的大众认识希望政府给予较大的补偿，愿意把土地归还给国家。中国农村的大众认识核心是：去掉农业落后的手工生产，扩大高科技应用；去农村化，希望农村转变成小型城镇；希望把农村劳动力转移到工业和服务业中去。追求现代时尚生活。

中国的农村技术范式也正在快速转变。但是，与大众认识不同，技术范式的转变受到社会实际应用与社会制度的约束，这是由技术范式本身的特点造成。通过认知的层级控制理论，可以分析技术范式的特点。

我们大体上可以将技术看作是为达到某种实践目标的智能体系，将技术行为看作是为了满足人们的某种现实需要而进行的设计、制造、调整和监控各种人工事物和人工过程的智能行为。技术解释和科学解释的最根本的区别，就在于科学解释是解释一种自然现象，而技术解释旨在解释一种人类行为。([11], p221)

技术范式是一种人类目的性行为。它受到社会管理功能的制约，任何社会都无法让技术范式实现最大化。从理论上看，中国农村的技术范式与技术应用可以达到世界最先进的水平。但基于中国农村人口巨大的实际情况，一旦农业大规模机械化，则农村劳动力过剩，失业人员大增，无法解决所有的农业劳动人口的再就业与社会保障问题。因此，不能实行世界最先进的农业机械化大生产技术，中国农业的生成技术仍处于世界的落后水平，先进的高科技的农业生产技术范式尚未形成。这就成为中国农村的一个发展难点，先进农业生产技术无法推广，农村出现过剩的劳动力。这个问题不解决，将影响中国的全面持续发展。

大众认识、技术范式和中国农村模式是三个相互联系、相互影响的因素。农村模式的改变能使中国农村社会成功转型，并且能促进先进的技术范式形成，使大众认识发展到一个新的水平。面对大众认识和技术范式的转变，政府应该一方面顺应民意，另一方面科学地制定相关法规，全面地协调发展。但是政府决不能盲目服从于大众认识，因为大众认识只是集体的意向性，它不一定具有科学合理性。一个明智的政府应当对大众群体进行科学的教育与传播，引导大众认识向着科学合理性的方向发展，协调社会的各个方面，提高技术应用的科学性，形成先进的技术范式，创造具有现代化的国际一流的中国农村模式。

参考文献

[1] Kitchener, R. F., Folk epistemology [J], *New Ideas in Psychology,* 20: 2002, 89.

[2] [法]勒庞著，冯克利译，乌合之众：大众心理研究[M]，北京：中央编译出版社，2015，6页。

[3] Galotti,K.M., *Cognitive Psychology: In and Out of the Laboyatory* [M], 5th edition, chapter 10, 2010, p.159.

[4] 李平、陈向，科学和推理的认知研究[M]，南昌：江西人民出版社，2004，33页。

[5] [美]保罗·A.萨缪尔森、[美]威廉·D.诺德豪斯著，胡代光等译，经济学（第14版）[M]，北京：北京经济学院出版社，1996，62页。

[6] 中国产业信息网，www.chyxx.com，2017.2.18，摘录。

[7] [美]托马斯·库恩著，金吾伦、胡新和译，科学革命的结构[M]，北京：北京大学出版社，2003，4页。

[8] [美]多西著，钟学以译，技术进步与经济理论[M]，北京：经济科学出版社，1992，276页。

[9] [瑞士]皮亚杰著，王宪钿译，发生认识论原理[M]，北京：商务印书馆，2014，108页。

[10] 王冰著，中国农村社会转型模式、特征和趋势分析[A]，经济学家，2007年第4期，97页。

[11] [意]洛论佐·玛格纳尼、李平著，认知视野中的哲学探究[M]，广州：广东人民出版社，2006，221页。

技术范式转变与工业革命源自科学认知的转变

导读：在人类认识世界和生产活动的实践中，科学认知、技术范式、工业革命是三个重要的概念。通过分析和理清这三个概念，从科学认知的发展过程视角出发，给技术范式以哲学解读，从而了解工业革命产生的源头。进一步说明这三者间具有相关性、因果性的关系。阐述科学认知的革新，会引起技术范式转变和工业革命的发生。说明了科学的实践活动是以科学理论为指导，而科学理论的确立来源于科学认知。技术范式、工业革命是科学认知的表征。

Introduction: In the practice of scientific study and production activities, there are three important notion: scientific cognition, technology paradigm and industrial revolution. Through analysis this notion, from the knowledge's perspective of scientific cognition, we should analysis technology paradigm in philosophical thinking, and know how produce the industrial revolution. Illustrate the relation of them, state the reform scientific cognition produce technology paradigm change and industrial revolution. Declare the scientific practice guide from the scientific theory, and the theory should come from scientific cognition.

自有人类出现以来，人们便不断地认识自然和改造自然。人类创造自己辉煌的文明与文化，进行科学研究，并将对世界的认识与科学技术的进步、生产实践活动紧密地联系一起。在认识世界和生产活动中，“科学认知”“技术范式”和“工业革命”具有相关性和因果性，它们之间是互相影响、互相联系的关系。科学认知的发展，是人类世界认识的结果。这些结果必然影响科学理论和科学技术的进步，它是科学技术理论的社会建构的重要因素。科学认知的进步，一定会引起科学技术的进步。当科学理论和技术进入成熟阶段时，就会形成科学共同体的“技术范式”。但是，这种“技术范式”是一种科学理论与实践的“社会建构”。它只能是暂定的或约定的，是大多数科学共同体成员承认的结果。当更加先进的技术取代当前的“技术范式”时，便出现了“技术范式”转变。这种转变不是一个简单的科学技术发展，而是一种人类对客观世界认识的飞跃。由于有了这种深刻的科学认知的改变和技术范式的转变，才会导致社会生产实践活动的变革——工业革命。虽然工业革命不单单是来源于认知和技术范式的转变，它还受社会、政治、经济等其他因素影响。但是科学认知的革新和技术范式的转变却是工业革命的必要条件。工业革命是一种社会的生产实践活动，它也会反馈和检验技术范式的转变和科学认知的发展。另一方面技术范式的转变和工业革命表征了科学认知。理清了这三者的关系，我们可以探究工业革命之源、科学认知的最终去向，以及技术范式的科学载体作用。

1. 科学认知的革新

(1) 什么是科学认知

认知（cognition）含义是“认知过程，包括意识和判断，以及这种行为的结果。”[1] 科学认知是一种认知活动，是知识生成的重要途径。事实上，追求知识和认识未知世界是科学活动的主流。科学认知产生于人类早期的天然认知，科学认知来源于自然主义的认知。天然认知和科学认知之间还存在着过渡性的认知模式，就是日常认知。

科学认知对人类社会的发展起着重要的作用，科学认知决定科学技术的先进与落后。科学认知对社会活动和生产活动有直接的影响。科学认知为人类构建了知识系统，它是一个动态的发展过程。科学认知在人类不断认识世界的活动中被修正和更新，它是科学合理性选择的最终结果。

科学认知研究科学活动所涉及的认知过程：科学家是怎样进行推理？科学家怎样提出、发展新的理论？科学家怎样处理材料与理论的矛盾？科学家如何在竞争理论之间做出选择？ [2]

在科学认知的研究中，科学家的活动可划分为以下三个一般范畴：

一是，理解和评价科学信息。科学家们花费大量时间来阅读科学文献和参加学术会议，这些活动表明了我们要研究科学家是如何理解、评价科学材料和科学理论的。

二是，生成新的科学知识。科学家设计并完成各种实验，从而形成新理论。这些活动表明了我们需要考察研究方略和科学发现过程。

三是，传播科学知识。科学家投入大量时间进行写作和交流研究成果。这些活动表明了我们需要考察科学写作过程以及更为普遍的科学信息传播过程。[3]

我认为科学认知最重要的作用是生成新的科学知识。这是人类认识自然和改造自然的最重要的因素，也是人类创造物质文明和精神文明的动力之源，是人类社会发展与进步的基石。科学认知是科学活动和生产实践的航标，它能够引领社会的进步和生产的变革。因此，进入 21 世纪以来，科学工作者越来越重视科学认知的研究与拓展。

科学认知是日常认知的扩展和延续。人类的认知活动始于日常生活之中，对日常景象和行为有一定的认识，通常将这种认识定义为日常认知。这些日常认知由于人们的背景知识不同，而产生不同的认知信念。日常认知不一定是对的，甚至有的认知与真理背道而驰，所以把日常认知上升为科学认知极为重要。这是认识科学真理的重要过程，也只有把认知提升到"科学"的高度，科学理论和科学技术才能得到充分的发展，社会的科学理论才能得到建构，知识才能不断地增长。

（2）科学认知的革新

科学认知是科学探索和知识产生的重要途径，它越来越受到科学家的重视。随着研究的深入，新的科学认知会逐渐替换旧的科学认知。很多科学家希望寻求"规律"和普遍的共同认识，甚至很希望能寻求到"科学认知范式"。但事实上，要达到科学认知上的意见一致是非常困难的，不同的研究团体之间、科学家个人之间总存在着很多意见分歧。

不过，很多科学认知还是能够得到大多数科学家的认同。也由于这种大多数的认同，便建构了社会的科学认识。

从这一点来说，科学认知也是一种理论的建构。这种理论建构具有历史性和动态性特点。当科学认知有了新的逻辑证明、实验手段，新的科学认知就超越原来的认知。当科学认知发展到一种大多数研究者的共识时，科学认知便会出现革新。虽然这种革新也是一种科学知识的社会建构，但我认为，这毕竟优胜于科学理论的相对主义和虚无主义，是有利于科学研究发展的。科学认知的革新，会导致技术范式的转变和工业革命。这种结果不一定有必然性，但却有很大的可能性。

2. 技术范式转变

（1）范式理论来源

范式理论来源于库恩的科学范式。库恩是科技史学家，在他的著作《科学革命的结构》，详细地论述了科学范式理论。当时，波普尔提出了证伪主义理论，他认为知识的发展和增加是依靠科学理论的不断证伪的过程而产生。证伪主义在科学哲学领域引起了很大的争议，波普尔的证伪主义理论有进步的一面，但也存在着缺陷。而对这系列问题，库恩提出了他的科学范式理论。指明科学进步和知识的增长是依靠科学范式的转换，从历史主义和非理性主义给予科学知识增长一个新的解释。

库恩认为："范式通常是指那些公认的科学成就，它们在一段时间里为实践共同体提供典型的问题和解答。" [4] 库恩在他的科学范式理论中阐述了"常规科学""科学共同体""范式""科学革命"等概念。并提出科学是经过科学范式的转换而取得进步。指明科学的发展模式是："前科学时期"→"常规科学时期"→"危机时期"→"科学革命时期"→"新常规科学时期"。

（2）技术范式

仿效库恩的科学范式理论，从事技术创新研究的经济学家多西在 1982

年提出了技术范式的概念。多西把技术范式定义为："解决所选择的技术经济问题的一种模式，这些解决问题的办法立足于自然科学的原理。" [5] 多西的技术范式定义多从经济学视角出发，相对于科学技术哲学和科学方法论的研究，其表述存在缺失。

我认为：技术范式是有社会制约力和影响力的科学技术共同体，对当前技术达成大概一致或者默认一致的技术整体系统，它体现当前技术的最佳选择。技术范式应有如下特点：

（a）技术范式是一个系统工程，具有系统的整体性和开放性的特点。

（b）技术范式代表当前技术选择，最具科学合理性。

（c）技术范式是科学认知的理论发展和实践结果。

（d）技术范式是一种社会建构，受政治、经济等因素的制约。

（e）技术范式是推动生产力飞速发展的重要力量。

（3）技术范式的转换

随着科学研究和生产活动的不断发展，在科学认知不断进步的基础上，科学技术也随之不断提升。技术改进的初期，会遇到各种困难。同时，科学技术在同行间常常会相互竞争。在科学技术发展开始阶段，交流和压制，模仿和竞争会常常出现在科学技术的研发期。

我认为，在社会、经济、政治和价值的影响下，科学技术也会出现一种顺应和适从的平衡机制。因为科学技术（特别是工程技术）不同于科学理论，科学理论可以不受上述的制约，充分地展现研究的自由空间和崇高的追求。但是，科学技术往往是和社会生产相结合，具有强烈的实用性。在实用主义的视角下，它不可能不受到社会、经济和政治等因素的制约。

当新的科学技术日趋成熟，相对于旧的科学技术，越来越显现各种优势，人们便会产生新的科学技术代替旧的科学技术的动机。一开始科学技术是局部的、小规模的改善，最后发展到全面的、整体的、系统的科学技术改变。在科学技术工作者同行间大都认可或默认新的科学技术时，科学技术便会出现技术范式的转变。这种改变非同小可，它可以推动生产效率和作用以几何级数的倍数递增。

技术范式的改变，正是科学合理性机制下的最终选择结果。带有浓厚实用主义色彩的科学哲学家劳丹（R. Laudan）认为应该：“在技术自身的领域里理解变革和发展。”[6]

3. 工业革命

“工业革命”是一个难以定义，而且让学术界争论不休的术语。1884年，汤因比的《工业革命演讲集》出版，使史学家和经济学家们越来越关注“工业革命”。时至今天，学者们也难以对“工业革命”一词达成共识。希顿（H. Heaton）认为“把这种预设了几百年，延续了很长的历史现象用‘工业革命’来定义不大合适”。[7] 有的学者认为“工业革命”一词，用词不当。奇波拉对广义的工业革命定义为：“广义的工业革命则是一次包括政治、经济一切在内的社会文化上的全面巨大变革，这是推动历史前进的力量。”[8]

我认为，广义的“工业革命”的概念太宽广了，无论用在科学哲学或经济学里，这个词都容易产生歧义。但是，“工业革命”这个术语已成为广大学者的一个语言习惯，我们在论述工业或产业的技术革新时，难以用其他词代替。我认为应该给予“工业革命”一定的限制，我提出“狭义的工业革命”。“狭义的工业革命”是指由于技术范式的转变，导致工业生产大部分的生产技术、生产程序和生产操作的变更，并且这种变更带来巨大的生产效果。基于本文的科学认知的革新，导致技术范式的转变和工业革命的研究，我这里的工业革命是“狭义的工业革命”。

工业革命是人类从认识世界到建立科学理论，再应用到社会生产实践的最终结果。也就是从科学认知的革新到技术范式转变，再到工业革命的一个过程。工业革命是活跃的生产要素，它能促使生产力飞速发展，使社会面貌重新布局，使人们的生活方式大为改变，最终导致人的思想也会出现革命性的变化。在经济方面，工业革命的影响力同样巨大。科技史的研究结果表明，工业革命的发展促使经济实力同步增长，并且工业革命成为推动经济发展的杠杆。另外，工业革命影响到环境治理、能源问题、社会人员就业等等一系列社会问题。

我们来看广东省20世纪90年代的粘胶剂生产的工业革命。在化工行业里，粘胶型产品有100多种。我这里所指的是用途最广泛、用量最大的纸类制品粘胶剂——裱纸胶。

广东省是全球轻工生产最重要的基地，纸类包装是其中重要的行业。在彩盒、纸箱生产工艺中，裱纸是最重要的工序之一。要求用几层纸张对贴成纸板，具体程序是把粘胶剂倒进生产线中，用机器把几张纸对贴成纸板。90年代初期，当时使用的裱纸胶是白乳胶。白乳胶是用石油化工原料聚乙烯醇和醋酸乙烯加热反应，聚合而成。白乳胶的缺点是成本高，原料资源短缺，环境污染大，生产时间长。

到了90年代后期，工程技术人员不断研究和改良粘胶产品。经历反复实验和生产试用，制成了不用石油化工原料，只用木薯粉和少量氢氧化钠的粘胶剂——薯碱胶。这种薯碱胶成本低，原料丰富，不占用石油化工资源，环境污染少，生产时间短，粘力比白乳胶强。薯碱胶于是被大量应用，很快地取代了白乳胶。这就是一场粘胶剂工业革命。

4. 科学认知革新和技术范式转变与工业革命的关系

前面已经论述了科学认知、技术范式和工业革命的概念和内涵。从中可以看出，科学认知、技术范式和工业革命有着密切的相关性、因果性。并且互相影响，互相联系，互相制约，共同发展。

科学认知是人脑意识形成并发展成为科学理论的过程，这一过程是人类对客观世界和客观规律的认识，最后形成科学的理论建构。虽然这些理论暂定为正确的，但科学发展史表明，科学理论会随时被推翻。即便如此，建构大部分成熟的科学理论是必要的。不然人类社会就会陷入相对主义和不可知论的怪圈，科学技术就会混乱。凭借着暂定的科学认知基础，科学家和工程技术人员便建构了技术范式。成熟的技术范式应该是具有科学合理性的最佳模式。它超越旧技术范式，比旧技术更为先进，达到当前科学技术水平的最大值和最高效率。

技术范式是科学认知的延续和发展，它表征了科学认知，是科学认知从理论到实践的一个重要过程。同时技术范式也检验和反馈科学认知，给科学认知提供宝贵的实验证明和经验，为科学认知提供逻辑检验的支持数据。

随着技术范式的成熟，技术会逐步应用到工业生产中去，这是一个科学理论发展到社会实践的阶段。当工业生产程序中大部分的旧技术被新技术所代替，工业生产和操作就会出现整体性和系统性的革新，这时生产劳动的工业革命就出现了。工业革命的出现，将会深刻影响人类社会的环境、生活、经济、文化、思想等一系列的因素。正如哈特维（R.M.Hartwell）所说："现实和需求不断地增加，构成对工业要继续提高生产率的压力。这样一来，便导致整体性的重大技术突破，工业产品的价格降低，国内的需求大幅度地增加，甚至设法绕过关税和交通障碍，去占领欧洲的巨大市场。于是工业革命开始了。"[9]

科学认知的革新，很大机会引起技术范式的转变和工业革命。它们三者关系如下图所示。

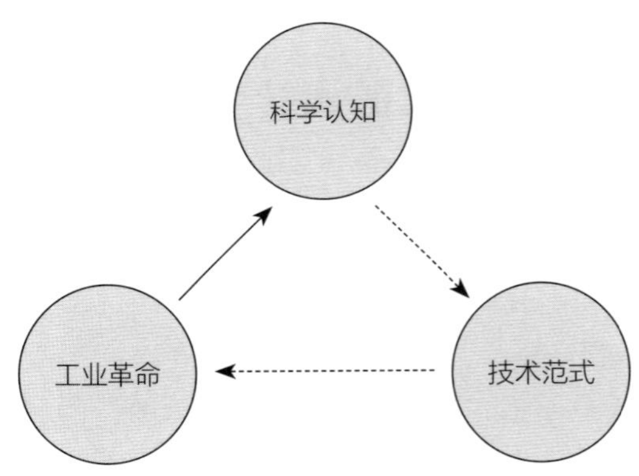

科学认知、科学范式与工业革命关系图

如上图所示，虚线箭头代表可能的发生趋势，实线表示必然的发生趋势。即科学认知的革命有很大的可能产生技术范式的转变，而技术范式的转变又很大可能引起工业革命。虽然没有必然性，但却有很大的发生概率。从工业革命到科学认知是用实线箭头，代表必然性，表示工业革命必然反馈科学认知，检查和证实科学认知的科学性程度。

参考文献

[1] *Merriam-Webster's Collegiate Dictionary*(Tenth Edition), Massachusetts: Merriam-Webster,Incorporated,1999.

[2] 李平、陈向著，科学和推理的认知研究 [M]，南昌: 江西人民出版社 ，2004:32。

[3] 李平、陈向著，科学和推理的认知研究 [M]，南昌: 江西人民出版社，2004:33。

[4] [美] 托马斯 · 库恩著，金吾伦译，科学革命的结构 [M]，北京： 北京大学出版社，2003:4。

[5] [美] 多西著，钟学以译，技术进步与经济理论 [M]，北京： 经济科学出版社，1992: 276。

[6] R.Laudan, The nature of technological knowledge are models of scientific change relevant [c], *Reidel Dordrecht*, 1984.4.

[7] H.Heaton, Industrial Revolution, in Julian Hoppit and E.A.Wrigley eds.,*The Industrial Revolution in Britain*, Vol. II, Oxford, 1994:p.185.

[8] [意] 奇波拉著，徐璇译，《欧洲经济史》第一卷，商务印书馆 1988 年版，第 ii 页。

[9] R.M.Hartwell eds., *The Causes of the Industrial Revolution in England*, p.28.

中国科技创新的超大型工程

导读： 超大型工程建设是国家综合实力的体现，中国要想在这个领域占据世界竞争的制高点，必须认识到先进的科学技术是超大型工程建设的核心动力，科技创新与技术范式的进步性转变是科技发展的重要因素。必须要把先进的科学技术转化应用到超大型工程建设之中。在超大型工程建设管理方面，文章强调超大型工程是一个复杂性的系统。应用系统管理方法，对超大型建设工程进行全面的管理，提高工程的质量与生产效率。文章对中国的科技创新与复杂系统管理的超大型工程进行探索，提出大国科技与工程制胜策略。

Introduction: The construction of super-large projects is the embodiment of the country's comprehensive strength. China wants to gain the commanding heights of world competition in this field. It must be recognized that advanced science and technology is the core driving force for the construction of super-large projects. The progressive transformation of technological innovation and technological paradigm is an important factor in the development of science and technology. Advanced scientific and technological transformation must be applied to the construction of super-large projects. In the aspect of super-large engineering construction management, the article emphasizes that super-large engineering is a complex system. Apply system management methods to comprehensively manage super-large construction projects to improve project quality and production efficiency. The article explores China's technological innovation and the management of complex systems, and proposes strategies for winning big countries' science and technology and engineering.

当今世界，国家之间的经济竞争是综合实力的竞争。它体现在先进的科学技术生产力和强大的国家实力，国家的各个组织系统的运行能力；国家的资源配置能力，社会力量与大众力量的综合运用。这种竞争，要求国家能够调动系统协调的整体运营能力，是一种全方位的协调计划与行动。这样才能保证国家在经济竞争活动中占据制高点，掌握主动性。

近年来，中国已经取得了经济上令全世界瞩目的成就。自从 2008 年以来，中国的 GDP 在全世界一直保持着第二位，成为世界上的经济大国，对于世界的经济有着举足轻重的地位。中国的先进科学技术与巨大的生产力深刻地影响着全世界，一个大国的崛起，这也是世界人民的期待。中国作为世界上的一个大国，担当起引领世界经济的航标，这也是我们的责任。随着中国经济的飞速发展，科学技术日新月异。特别是超大型的工程建设领域，中国不但拥有先进的工程技术，而且拥有优秀的工程实施和工程管理技术，在世界的工程发展史上写下了辉煌的一页。

什么是超大型工程？在这里是指运用了巨大的资金、人力、物力、资源；运用世界最高水平的工程科学技术；工程完成后的效果会引起全世界的关注；一般来说，普通国家没办法完成，只有拥有高科技与经济实力雄厚的国家才能完成的工程。

中国的高速铁路工程建设，地下铁路工程，桥梁建设工程，电网输送工程，海上造岛工程，大型水利发电站，高层大厦建设工程，高速公路建设工程，大型隧道开凿工程，超大型吊车，大型数控机床，大型舰艇的建造，无人机的大规模开发，超算中心，巨型望远镜“天眼”，量子信息技术，5G 信息技术的开发……这些超大型工程的建设，达到了世界工程技术的领先水平，足以让世人震撼。由于超大型工程建设的特点：投入资金巨大，技术含量高，原材料耗费巨大，工程时间长；投入巨大的劳动力，这些劳动力不但具有技术型，而且同时具备劳动密集型。所以超大型工程建设能体现一个国家的综合生产能力。

超大型工程建设只有世界上的超级强国能完成，它还具备政治外交，以及处理国家之间关系的功能。在科技方面，超大型工程建设是一个国家科学发展的重要标志。在经济上，超大型工程建设能为国家提供重要的经济来源。在政治上，超大型工程建设是处理国家之间关系的重要筹码。在文化上，超大型工程建设是多元文化交融的载体。在国防上，超大型工程建设是国防的重要保障基础。

因此，超大型工程建设对于国家能力的提升、国家综合实力的发展、国家经济的发展，以及国家科技水平的发展具有重要的意义。它也是中国实现强国梦，实现伟大的民族复兴的重要基础。

我们要对先进的科学技术促进生产力发展进行分析，运用科学技术哲学的方法，提出技术创新是超大型工程建设的核心动力。然后从复杂性系统的管理模式视角，对超大型工程建设进行管理理论的分析。运用组织管理理论以及系统理论的协调运营理论，从工程系统的复杂性、整体性、开放性出发，探索超大型工程建设的科学管理方法。以科学合理性为线索，论述技术创新与复杂系统管理的超大型工程建设，寻找科学与理性的制胜策略。

1. 先进的科学技术是超大型工程建设的核心动力

科学技术是第一生产力，是人类生产活动中最活跃的因素。它让人类改变了大自然与人类自身的生存环境，并且创造了高度的人类文明。在人类文明的近六千年历史中，从新石器时代一直到今天的人工智能，科学技术的不断创新与改进，从而使我们的社会也不断地产生翻天覆地的变化。由于科学技术的突飞猛进，人类的生产力随之产生飞跃性的发展。

学者卡威列维（Cavalieri,L.F.）认为："科学技术成为了经济基础与工业产品的动力和源泉，并且国家把它当成是一种重要的资源。"[1] 可见，科学技术有很大的社会功能和社会价值。科学技术的发展可以使生产效率不断地提高，极大地增加社会的物质财富与精神财富。它可以提高人类的社会福利，增进人类的幸福与舒适，加强社会效率，改善人类生活。随着人类超大型工程建设与人工智能的飞速发展，国家与国家之间的和平与合作不断地拓展，在不久的将来，全世界成为一个"地球村"，不再是遥远的梦想。

（1）科技创新与技术范式的进步性转变是科技发展的重要因素

科技创新是科学技术发展的重要基础，是人类科学认知的飞跃性的进步，它也是人类科学认知的知识建构来源。科学技术与生产技术的重要变革来源于科技创新，科技创新成为了生产力发展不可或缺的重要因素。进入 21 世纪，世界各国都非常重视科技创新，把它看作是国家发展的战略。全世界的发达国家正在进行新能源科技、太空科技、生物科技、材料科技、信息科技、医疗科技等领域的科技竞争与科技创新的新一轮研发。

习近平总书记提出："强调科技创新是提高社会生产力和综合国力的战略支撑，必须摆在国家发展全局的核心位置。"[2] 科技创新不仅得到国家政府的强烈支持，而且受到企业组织的拥护，也成为了科研团体的指导方针。人们深刻认识到，科技创新给社会带来发展的动力与资源，对社会的变革产生巨大的作用。

什么是科技创新？创新的概念来自于熊彼特（Schum Peter, J.A.）在 20 世纪提出的概念和理论。后来，学者们把他的创新概念应用在各方面的理论中。比如，管理创新、制度创新、生产创新、组织创新等等。从科学技术哲学的视角来看，科技创新就是科学共同体或者组织团体拥有某一项科学技术，在现存的科学技术的基础上，有新的发现与突破，对于原来的科技水平有创造性的提高。

对于科学探索研究来说，科技创新可以重新建立新的知识体系，构建新的科学认知。在探索未知世界方面，科技创新是发现与发明的重要成果。对于社会应用来说，科技创新通常可以节省资源，提高生产率，增加劳动成果的产出，改变人们的生活方式，增强社会效用，大大的提高了生产力。因此，世界各国都非常重视科技创新。把科技创新看成是国与国之间竞争的秘密武器；是国家经济发展与生产力提高的核心动力；是提高人们生活舒适度的重要支撑。

综观人类的科技创新发展，某种程度上就是人类文明发展的历史。例如，牛顿经典力学的创新给人们带来科学认知的飞跃性发展；爱因斯坦相对论的科技创新又超越了牛顿的经典力学；量子力学与量子纠缠的创新性研究，又给实在论与反实在论提出了新的论题……人类的新知识在科技创新中发展，社会和生活也在科技创新中改变。

由此可见，科技创新是人类生产力发展的动力源泉。然而，科技创新转化成真正的生产力还要一段过程。因为科技创新是科学技术的新进步，但只是停留在科技研究的成果方面。如果科技创新要转化成生产技术，应用在生产实践活动之中，必须要求掌握科技创新的组织团体把新的技术应用于生产活动，使它成为科技创新转化成生产技术的一场革命。这种科技创新的革命就是技术范式的进步性转变。技术范式的转变是科技创新转化成实践生产活动，形成强大的生产力的过程。它是科技创新应用于实践活动的前提。

什么是技术范式？技术范式的概念是从托马斯·库恩的科学范式理论演变过来的。他认为："范式一般是指科学共同体所认同的科学成果，范式能为共同体提供问题的解答，范式是具有时间性的。"[3] 托马斯·库恩的科学范式理论，是指科学的进步是通过范式进步性转换而得到的。科学的成功在于新的科学范式代替旧的科学范式，这就形成了科学理论的革命性进步。

基于科学范式的理论，那么技术范式一般可以这样认为："技术范式是科学技术共同体和生产实践单位，以实用性、简单性、高效性、节约性等原则，对当前生产工程技术形式达成一致的最高生产技术，在追求实用性与经济性效益的社会里，技术范式只是暂时性的生产技术方式约定。"[4]

由于技术范式着重社会应用的特点，技术范式的进步性转变，在很大程度上影响着社会的功能和生产力发展，也会很大程度地改变人们生活方式与生产方式。这也会改变人类的科学认知与日常认识，使人们的生活习惯与文化得到改变，最终可以导致大众心理定势的改变。技术范式的进步性转变能够深刻地影响人类社会发展进步。

例如，手机的广泛应用，微信和其他同类通讯信息的传递，发展了信息传递功能，建立了人与人之间的远距离信息传递技术范式。这种技术范式的转变，取代了人们过去书信来往的远距离信息传递范式。新的远距离信息传递技术是旧技术的万倍以上的信息量和传递速度。这种技术范式的转变，巨大的信息传递不到 1 秒钟的传递速度，使得地球上的每个角落都是一种零距离的沟通。技术范式的转变深刻地影响了社会功能和人们的生活习惯，彻底改变了人们的心理定势。

技术范式的进步性转变是科技创新的社会实践应用，这是科技的革命性创新，是从理论到实践的过程。当科学技术表现为超大型的工程建设时，那么技术范式的创新对人类社会造成的影响是非常巨大的。技术范式的革命也最终导致生产力的巨大革命，带来巨大的社会效用与社会功能。

近年来，中国在超大型工程建设方面走到了全世界的前列。例如，长江三峡发电站工程建设，成为世界重要的水力发电工程。2018 年，其发电量全年达到 1016 亿千瓦时。[5] 如此巨大的发电量，让世界各国都瞩目。而且，长江三峡水电站利用的是水力发电的绿色能源。到了 2019 年，中国的高铁网络覆盖半个中国，时速大约为 300 公里的高速火车，极大缩短了人们在各个城市来往的时间，大大加快了物流的速度和规模。举世瞩目的港珠澳大桥，全长 55 公里，是一座跨海的大桥。港珠澳大桥的建成，成为粤港澳大湾区的一个重要枢纽，加速了粤港澳大湾区的经济建设……

因此，科技创新与技术范式的进步性转变，是科技发展的重要因素，是提高生产力的核心动力，是改变人们日常生活的不可或缺的方式。

（2）先进科学技术在超大型工程建设的应用

中国在科学技术创新与技术范式的进步性转变之下，科学技术达到了国际先进水平。特别是在超大型工程建设方面，中国的工程技术走在世界的前列。由于超大型工程建设在国与国的竞争之中具有巨大的作用，它也是国家综合实力的表现之一。增强超大型工程建设的能力，可以大大的提升国家的政治功能、经济功能、军事功能、社会管理功能。因此，世界上各强国都在这个方面加强了研发与应用。所以，探讨中国如何把先进科学技术应用在超大型工程建设，保持现有的技术优势，继续开拓前进，是一个重要的论题。

首先，中国必须进一步加强超大型工程建设的科学技术研发。中国应保持现有的国家工程研究中心、省部级工程研究中心的科研优势。综观世界各国的工程研究中心，从研究组织团体和从业人员来看，中国无论从数量还是质量上，都达到国际先进水平。在工程研究方面，全世界只有美国能和中国比美。中国应该进一步加强工程核心技术的引进和技术尖端人才的引进。在符合国际经济法的条件下，购买世界最先进的工程技术。然后依托这种技术基础，开展技术的创新与研发，争取提高工程技术总体水平。同时在引进人才方面，要学习美国硅谷的人才吸引方法，给予尖端科技人才优厚的薪酬待遇，提供舒适的研究和生活条件。争取使中国的超大型建设研究中心，成为全世界工程科技人才的聚集地。

在人才建设方面，工程研究中心应当形成老中青的人才梯队建设。学术带头人应当是既有领先的科研能力和科研成果，又有综合的组织能力，足以领导科研团队的科研精英。科研团队应当培养青年研究骨干，从多方面的渠道支持与鼓励优秀的青年研究人员。对于在科研方面有突出成就的研究人员，工程研究中心应当给予重点支持。

中国的国有工程研究机构有较好的发展趋势。但是，大型的民营企业的工程技术研究还有待发展。中国对于民营企业的工程研究支持的力度还不够，很多方面还存在不足。例如，民营企业的科研人员的职称评定，就难与国有研究机构拥有平等的机会。对比美国来说，他们的大型工程研究中心大多数都是民营企业，而且做得相当成功。例如，美国的波音飞机制造公司、微软公司等，都是民营公司，但是他们的技术研发、工程研发非常成熟。而在中国，只有华为公司等少数的民营企业在工程技术研发方面做出卓越的贡献。相对于美国而言，中国在这一方面还做得不够。

其次，增强科学技术在超大型工程的应用。超大型工程技术的研发是技术创新的一个重要过程，也只有通过技术的研发，才能达到技术成果转化的最大化。只有将技术成果转化到实质的生产应用，生产能力才能得到提高。里伊金（Iyigun, M.）认为:“当创新一旦出现，在发展最前沿技术时，创新和新发明相互作用下推动了技术的发展。技术创新引起了产品进入了快速的增长。”[6]

由此可见，创新技术成果的转化对于超大型工程建设来说，是生产实践的关键。从中国目前的情况来看，高速铁路的建设，5G 信息技术的应用，远距离高压电的输送，跨海大桥的建设，大型数控机床，大型水电站，卫星的制造与发射等等超大型工程已经进入生产和应用阶段。而且在这些方面，中国达到世界一流技术的领先水平。例如，全长 55 公里的港珠澳大桥，这一项超大型工程加快了粤港澳大湾区的经济融合，加速粤港澳大湾区的全面发展。目前这个大湾区是世界上三大经济大湾区之一，可以看到港珠澳大桥的超大型工程的巨大社会作用。由于超大型工程项目的资金投入雄厚，产生的成果和经济收入巨大，对国家和社会的影响深远。这是世界一流强国的具体表现，一个国家能够拥有超大型工程技术的生产力，这个国家就具有威慑力。

然而，超大型工程建设的技术创新成果转化不能单从科技管理方面入手。我们必须从超大型工程技术组织所依托的国家，进行全面的综合性的国家能力与工程管理能力的整体性提高。只有提高国家对超大型工程建设的运筹能力、组织能力、指挥协调能力、实质操作能力等综合实力，超大型工程建设才能得到应用的最大化，才能产生最大化的经济效益和社会效应。所以，利用复杂性系统的管理模式对中国超大型工程建设作出探索具有重大意义。由于超大型工程建设具有大系统的复杂性，如何面对超大型工程的复杂性，这是任何一个工程组织管理团队都不可回避的问题。

2. 具有复杂性系统的超大型工程的科学管理

一个国家拥有最先进的超大型工程技术，是不是就一定能有效地把这些技术转化成生产实践应用？并且能够成功地占领世界市场？其实不是的，超大型工程技术组织团体必须拥有一流的管理水平。才能实现工程技术的转化和生产应用，才能在世界市场上拥有绝对的优势。超大型工程具备复杂性系统的特点，如何去面对工程的复杂性，让工程的管理达到最大的效益，这是超大型工程建设管理的一个重要的方面。在此基础上，探讨工程组织团体如何应用复杂性系统管理模式对超大型工程进行操控。

(1) 超大型工程建设的复杂性系统以及应对措施

从超大型工程的情况来看，它是一个巨大的系统，这个系统具备复杂性系统的特征。因为超大型工程不只是工程量巨大，而且具有材料消耗大，投入资金大，大量的技术人才和操作人员参与，工程建设时间长，工程涉及的范围很广等特点。

复杂性系统是系统科学的概念，在系统科学里，复杂性是系统科学研究的核心部分。复杂性与系统的概念紧密联系，相互影响。克里吾（Klir,G.J.）是这样定义复杂性的:"复杂性是由各种相互联系的元素、部分组成的，这些组成很难清晰地表达。但是它们紧密相联，必须认真地观察和研究才能理解。"[7] 复杂性具有的特点就是：多样性、非线性、非对称性、有序混沌之间。同样地，克里吾对系统陈述了定义:"系统是一些相互联系、相互影响的元素或组织所形成的一个整体事物的集合。"[8] 那么，复杂性系统就可以这样的定义：一个由各种各样的元素聚合而成的集合体。这些元素具备多样性、复杂性、不规则的、非线性的、难以预测的特点。同时这些元素是相互联系、相互影响的。这些元素共同作用于集合体。

超大型工程具有复杂性系统的特点。工程的整体非常庞大，组成工程的子系统有各自的特点，而且都具有多样性、复杂性、不规则性和难以预测等特征。这些总工程的子系统密切联系，相互影响，共同作用于总工程。

例如，中国的特高压输电技术工程世界第一，中国的南方电网公司凭借这项技术获得了国家科学技术进步奖的特等奖。2016 年，这个公司的淮东与皖南 1100 千伏特高压直流输电工程动工了。它就是一个复杂性工程，输电距离 3324 公里，成为世界上输送电压最高、距离最长、容量最大的特高压输电工程。在漫长的输电工程建设中，遇到了各种系统的复杂性问题。这项工程里的换流阀组合是最核心的设备，它是由众多的换流阀共同集合而成。每一个换流阀相当于大系统里的子系统，它们相互关联，相互影响，共同作用于输电工程。在巨大的输电工程中，有好多不可预测的因素，各种输电目的地有不同的用电需求，必须做到输电工程的多样性。不同的地方有不同的输电工程操作施工，输电工程的地域辽阔，地形复杂。因此，输电工程的管理也是因地制宜。采用软系统工程管理方法，保障电网运行的安全性，输电能力的高效性。

中国在特高压电输送技术方面，占据了世界技术的制高点，形成新的技术范式。在目前，世界各国都使用中国的特高压输电技术的标准。中国南方电网公司拥有 3000 多公里距离的特高压输电技术，它在意大利、澳大利亚、菲律宾等 10 多个国家投资运营了这项高压电输送项目，既能为国家获得外汇又能造福于世界各国人民。目前投资已经进入全球的布局。

超大型工程建设是一个复杂性的系统。我们必须以协同作战的治理模式来对这个工程目标进行整合，科学合理地调动人力资源、物质资源、技术资源，提高工程的建设效率。当超大型工程建设进行操作与运行时，应当把整个工程系统看作一个具有整体性和开放性的大系统。整体性就是工程的组织管理既有目的性又有协作性，工程的运作要关注全面协调与管理。同时，关注超大型工程大系统是处在一个开放的环境之中，在生产运营过程中，经常受到环境的影响。这就要求我们对工程系统采取权变与适应的管理方法，让超大型工程建设适应周围环境的变化。这些环境包括政治环境、经济环境，以及文化环境等。根据超大型工程建设的实际情况，结合系统管理理论，用权变的管理方法来适应复杂性的系统，使工程达到可以控制的效果。只要工程建设是在可控的范围中进行，那么实现工程的目标就可以达到最大化。

（2）硬系统方法应用于超大型工程建设

超大型工程是一个复杂性系统，这就需要应用良好的管理方法来处理它。复杂性系统管理方法是应用于超大型工程建设的优秀系统思维，对于工程的运行操作来说，实现了工程高效率的最大化。其中，硬系统方法是这种工程建设的良好的系统管理方法。硬系统方法主要应用于超大型工程的建设，它经常使用多种学科的交叉结合，综合运用。霍尔（Arthur D.Hall）认为："硬系统就是系统工程，为了设计方案、工程研究和发展的工程管理方法的体系。"[9]

在工程的应用中，硬系统方法最大的优点就是整体优化。切斯特拉（Chestnut,H.）认为："系统工程是根据整个系统的所有目标进行协调与配合，争取得到系统功能的最大化，使系统的各个组成部分，相互协调，相互联系的科学。"[10]

通常来说，超大型工程的目标是多元化的，并且有一定的数量。那么，工程的管理指挥，就必须兼顾各个目标，对所有的目标进行权衡分析和协调操作。工程的管理要从系统的整体性出发，选择整体性最优化的策略，发挥系统功能的效用，使工程的各个目标既能协同作战，又能达到系统整体效率的最大化。

硬系统方法所要解决的超大型工程目标的特点是：工程的目标是明确的，遇到的困难较为清晰，解决问题的方法有恒常性，要完成的任务比较确定。而且在工程技术上比较有把握，技术较为成熟，面对要完成的工程目标有信心。对于这些问题，我们就采用硬系统方法。这种方法就像数学上的解谜一样，虽然解题的过程很复杂，但是谜最终还是能解的。也就是说，硬系统方法解决的超大型工程问题，通常是明晰的问题，而且问题可以按往常的方法去解决，只要组织人力、物力通过一定的时间和操作就能完成工程目标。

例如，广州市地铁于 1997 年开通，到现在已经有 20 多年的地铁工程建设经验。随着地铁工程的不断扩展，所遇到的问题也不断地增加。我们从硬系统管理方法来看这个问题。2018 年的广州地铁 14 号线的建设是一个重要的工程："广州地铁 14 号线全长 76.3 千米，其中地下线 44.3 千米，高架线 32 千米。列车最高运行速度为每小时 120 千米。"[11] 这个超大型工程项目在 2018 年如期地进行，如果没有特殊的地形，工程就像以往一样，按往常的工程方法进行。从硬系统方法来看，其工程目标是明确的，众多的施工目标也是比较清楚的。那么，施工的程序按往常的习惯操作，就可以完成任务。但是，地铁工程到了知识城站的时候，工程是采取盾构掘进方式，在挖土的过程中，出现了土层遇水软化问题。地铁工程施工遇到了困难。因此，"广州地铁公司会同监理、施工、设计等单位通过对基坑内增设降水井，基底采用碎石换填，及时封底等措施，在基坑外增设压力回灌井，控制基坑周围地面及建筑物沉降"。[12]

从超大型建设工程的硬系统方法来看，广州地铁 14 号线知识城站的工程是采用了整体优化方法。因为在施工环境中遇到了软土，这种特殊复杂的地质给工程带来一定的难度。也就是说，在工程的施工过程中遇到了不可预测的因素。因此，必须重新审核工程施工的整体环境，对特变的环境重构优化的施工计划，选取最优的操作应对方案。施工技术人员通过对软土的研究，提出了基底碎石填埋方案，并且采取及时封底，增加压力回灌井等等手段。这样，就可以使软土环境的地铁工程得到加固，为地铁工程的施工扫平了障碍，让工程胜利地完成。

由此可见，在超大型工程建设中，硬系统方法可以使得工程的每个目标得到权衡与协调，施工过程从整体性出发，在操作过程中发挥系统功能的作用，制定施工计划。遇到特殊情况，改变原有的施工计划，突破技术难题，重新制定施工方案，使超大型工程的目标顺利完成。

（3）软系统方法应用于超大型工程建设

硬系统方法是处理复杂性系统的一种良好管理方法。这种方法应用于超大型工程建设，是针对工程有明确的目标和路径，遇到的困难比较清晰，拥有成熟的工程技术而言的。但是我们在超大型工程建设中，经常会遇到一些目标不明确，困难比较模糊，工程技术不够成熟，没有常规的工程技术方法可以参考等等问题。这些问题不像硬系统工程拥有良好系统结构，问题往往难以定量分析，使用整体优化的方法比较困难。如何来处理这些复杂性的系统？相对于硬系统方法而言，我们把这些目标不明确的系统称之为软系统，处理软系统的管理方法称之为软系统方法。

系统科学家切克兰特（Checkland,P.B.）对软系统方法的定义为："工程没有清晰明确的目标和存在的问题，工程系统缺乏良好结构，完成目标和解决问题难以定量分析，难以应用整体优化方法。"[13]

在超大型工程建设中，有一些工程的技术不是特别成熟，工程没有经验可比，工程的周围环境不完全了解，完成目标的把握性不大。在中国的超大型工程建设里，特别是世界一流水平的工程项目，处在科技竞争之中的大型工程建设，就会出现这种复杂性系统的困难问题。但是，有时候强国之间的大型项目竞争，就算技术不太成熟也会展开工程项目。因为超大型工程项目的竞争，就是国与国之间的综合国力竞争。特别是在科学技术前沿的工程项目，哪个国家能够顺利开展这些工程项目，这个国家就占据这一方面前沿科学技术的制高点，并且能够产生巨大的世界影响力。

例如，当今世界，人工智能是世界科技最关键的问题之一。无人机，穿戴技术，5G 信息，信息高速公路……人工智能的革命，也是当代人类发展史的革命。在人工智能方面的超大型工程建设中，世界各国进行了激烈的竞争。其中，量子信息技术的竞争特别受到世界各国的关注。

量子信息技术是以量子物理学和信息科学的交叉结合为基础，形成一个新兴的学科。中国科学院院士郭光灿认为："量子信息技术以量子力学基本原理为基础，利用量子系统的各种特征（叠加性、纠缠性、非局限性和不可克隆性等等）对信息进行编码、计算和传输，可超越现有信息技术系统的经典极限。"[14] 量子信息技术是目前世界上的超大型工程，它的发展，将会引起信息技术的革命性进步。目前引领这项技术的国家有美国、中国、德国、英国、日本等。这些国家在量子通信和量子计算的两大领域正处于研发与应用的阶段，在量子密码、量子模拟、量子传感等方面有一定的研究成果。世界各国在这个超大型工程的研发与建设上展开了激烈的竞争。

但是，量子信息技术工程与地铁工程等硬系统工程有所不同。量子信息技术还处于研发的阶段，很多技术成果还没有成熟，技术成果的应用转化还在探讨之中。作为超大型工程的量子信息技术工程，没有明确的目标，没有良好的结构系统，没有应用的经验可比。特别是在量子计算的领域，利用量子概率的不确定性，可以超越现代计算机二元限制，达到计算、存储的能力飞跃性扩增。但是目前这一研发还在初级阶段，要完成量子计算机的工程还有很长的路要走。

对于量子信息技术这项超大型工程，应用硬系统的定量方法分析，整体优化方法是行不通的。因此，我们选择用软系统方法来解决这一工程难题。系统科学家切克兰特（Checkland,P.B.）将软系统方法总结为："软系统是一个不断循环学习的过程，不断地构造概念模型与现实情境的比较。"[15]

因此，当超大型工程建设遇到工程目标不明确，工程技术不成熟，工程技术转化没有实践经验的时候，我们应当采取软系统方法来应对这个难题。也就是说，我们应当设定多个概念模型，应用这些模型与实践情景进行比较，逐步形成工程的目标。在工程技术方面，不断地学习与研究，争取得到工程技术的全面突破，然后把成熟的技术转移到超大型工程建设的生产实践之中。这样，我们就可以一边制定超大型工程建设的计划，一边提高工程技术水平。

例如，量子信息技术的超大型工程建设中，大数据的处理和信息安全是量子计算的一个重要产业。我们设计军事信息安全模型、银行信息系统安全模型、地理信息系统安全模型、通讯信息系统安全模型等。通过不断地建立概念模型与生产实践的比较，我们就可以建立大数据处理和信息安全的管理系统目标。然后对目标进行分析论证，进一步明确工程的目标。这样我们通过软系统方法的不断学习，最终明确工程技术目标，然后就可以按照目标进行生产实践操作，顺利完成工程目标。由此可见，软系统方法可以应用于超大型工程建设中目标不明确、技术不成熟的工程项目。

综上所述，超大型工程建设是国家综合实力的体现，中国要想在这个领域占据世界竞争的制高点，必须要认识到先进的科学技术是超大型工程建设的核心动力，科技创新与技术范式的进步性转变是科技发展的重要因素。必须要把先进的科学技术转化应用到超大型工程建设之中。在超大型工程建设管理方面，我们强调超大型工程是一个复杂性的系统，要应用系统管理方法，对超大型建设工程进行全面的管理，提高工程的质量与生产效率。中国的科技创新与复杂系统管理的超大型工程探索，是一个优秀的大国科技与工程制胜策略。

参考文献

[1] Cavalieri,L.F., The Double-Edged Helix, *Science in the Real World*, New York: Columbia University Press, 1981, pp.21-135.

[2] 习近平，在中国科学院第 17 次院士大会的讲话，http://www.cas.cn，2014 年 6 月 9 日。

[3] Thomas,S. Kuhn, The structure of scientific revolutions; With an introductory essay by Ian Hacking, 1962, 1996, 2012 by the University of Chicago. All rights reserved. P.5.

[4] 汤治成，大众认识与技术范式的转变引起中国农村模式变革 [J]，自然辩证法通讯，2018 年第 40 卷（4 期），101 页。

[5] http://www.ctg.com.cn，三峡电站 2018 年运行情况良好，2019.01.09。

[6] Iyigun,M., Clusters of invention, life cycle of technologies and endogenous growth, *Joural of Economic Dynamics & Control*, 30（2006）, p.688.

[7] Klir,G.J., *Facets of systems science*, New York: Kluwer Academic Plenum Publishers, 2001, p.135.

[8] Klir,G.J., *Facets of systems science*, New York: Kluwer Academic Plenum Publishers, 2001, p.4.

[9] Arthur D.Hall, *A Methodology for Systems Engineering*, D. Van Nostrand company, INC., 1962, p.5.

[10] Chestnut,H., *Systems Engineering Methods*, New York: Wiley, 1967, p.10.

[11] http://www.gzmtr.com，“山川林泉”贯穿地铁 14 号线，广州地铁年底开通新线继续打造岭南文化主题站，2018 年 12 月 30 日。

[12] http://www.gzmtr.com，知识城支线首段隧道贯通，2015.09.11。

[13] Checkland,P.B., *Soft Systems Methodology Action*, John Wiley & Sons Ltd, Chichester 1990, p.201.

[14] 郭光灿，量子信息科学——一个令人惊奇的新兴领域 [J]，中国科学院院刊，2007，22(1)，57 页。

[15] Checkland,P.B., *Soft Systems Methodology Action*, John Wiley & Sons Ltd, Chichester 1990, p.28.

中国的人口人工智能发展和复杂性国家治理

导读：中国的人口发展是国家可持续发展的基础。随着当前的高科技发展，人工智能影响了国家的经济发展和社会发展。人工智能带来了社会发展的巨大转型，社会的大众群体的大众认识也随着人工智能的发展而产生重大的变化。这些变化深刻地影响大众群体的生育期待和生育观念，形成人口发展和人工智能发展的国家治理的复杂性。文章从中国的人口发展、人工智能和复杂性国家治理的相互联系出发，探索了中国的人口发展在人工智能发展影响下的机遇和挑战。

Introduction: China's population development is the foundation of the country's sustainable development. With the current high-tech development, artificial intelligence has affected the country's economic and social development. Artificial intelligence has brought about a huge transformation of social development, and the public perception of the masses of society has also undergone major changes with the development of artificial intelligence. These changes have profoundly affected the fertility expectations and fertility concepts of the masses, resulting in the complexity of population development and the development of artificial intelligence in national governance. Starting from the interrelationship between China's population development, artificial intelligence, and complex national governance, the article explores the opportunities and challenges of China's population development under the influence of artificial intelligence development.

人是地球上最高级的智能生物，通过辛勤的劳动，运用对自然世界的不断进步的科学认知，改良生产工具，对自然世界进行有目的改造，创造了地球文明。在世界的社会属性视域中，人是世界最重要的主体，也是改造世界的核心推动力。因此，人口的发展问题，成为了国家治理和改造世界的重要因素之一。人口问题也深刻地影响到国家的政治、经济、社会、文化、传统、风俗、宗教和大众认识。

中国和世界上的其他国家一样，面对着人工智能和科技迅猛发展。这些发展深刻地影响到人口发展的问题。习近平总书记指出："人口问题始终是中国面临的全局性、长期性、战略性问题。"[1] 因此，我们需要从人工智能和人口发展的理论与实践结合，探讨科学合理性的国家治理策略，来适应在人工智能高科技影响下的全球转型。

人口是一个具有各种复杂社会关系的大众群体，它由不同年龄阶段的男性和女性组成。人口成为了生产活动和社会活动的基础。它一般包括人口的数量、人口的质量、人口的地理分布。人口可以按不同的年龄、职业、性别、居住地等划分成不同的群体。当今世界，由于各国的经济水平发展、科技发展、政治制度和大众认识的信念不同，世界各国的人口发展水平也有所不同。人口问题成为了促进或者阻碍生产力发展的重要因素。

近年来，随着科学技术的爆发式增长，科技创新带来了人类社会的科技革命，深刻地影响了人类社会。如今，科技革命给人类带来了具有重大意义的人工智能。人工智能的发展，影响了人类生活、生产的各个方面。然而，人是科技创新和人工智能的主体，人口和人工智能之间具有相互影响、密切联系的关系。一方面，人口是人工智能发展的核心主体。另一方面，人工智能深刻地影响着人口的数量、质量和人口分布。他们具有相互依存、相互影响的密切关系。

人工智能是信息科技创新和科技革命的结果。当前，人工智能正在迅猛发展。人工智能对人类社会的影响，不仅仅局限于社会活动和生产活动。它深刻地影响了人们的大众认识和科学认知，改变了人们对社会和自然认识的信念和态度，从而影响了人口的质量。

大众群体是组成人口系统的基本元素。群体中的大众认识在人们的生产和社会活动中拥有重要的指导意义和发展导向。人工智能爆发性发展，带来人口群体的大众认识的革命性改变。在这种人口和人工智能的巨大改变中，现代化科技国家的国家治理就会面临管理的复杂性。从科学的国家治理谋略来看，我们应当采取相应的科学措施，来面对当前中国的人口和人工智能的巨大改变。

1. 人口发展受到人工智能科技发展的影响

人口发展是世界各国都关注的重要发展问题。然而对于这个问题，目前还存在两方面的争论。一方面，有的学者基于地球资源、地理环境、生活空间、环境保护等等因素的综合考虑，认为应该减少当前全世界的人口，以适应并合理利用地球赋予的有限生存资源，从而提高人口的生活质量和生存环境。另一方面，有的学者指出由于当前科技的发展，特别是人工智能的爆发性发展，人类可以通过科学技术合理地应用地球资源，开拓更大的人类生存空间。在这种基础上，适当地增加地球的人口，可以使得人类社会更加充满活力，扩大人们的生活追求和生活需要，进一步扩大社会的生产量。如果生产扩大和生活追求不断提高，那么科技水平也会随之而提高。这样就可以带动人类社会的可持续发展。

中国的人口发展问题是国家可持续发展的基础，它与当前的高科技发展，特别是人工智能的发展有紧密的关系。如何处理人口问题、人工智能和国家治理的复杂性是中国的现代化科技国家治理的重要治国谋略。

高科技就是当前最先进的科学技术。在当今 21 世纪 20 年代，科学技术已经发展到先进的水平，高科技的时代已经来临了。当今世界，信息科技、高速铁路、地铁、自动驾驶、穿戴技术、计算机高速运算、大型工程技术等崭新的科技深刻地影响人类社会的生产和人们的生活。人工智能是当前重要的高科技，人工智能成为影响人口发展的重要因素。

什么是人工智能？美国教授云斯顿（Winston, P.H.）认为："人工智能就是研究怎样运用计算机代替人的劳动的智能操作。"[2]

当今世界已经进入了人工智能的发展时代。人工智能的技术发展，改变了传统的人类活动。由于机器人技术的不断创新和进步，很多纷繁复杂的劳动工作，逐步地运用智能机器人去代替。例如，中国广州本田汽车制造有限公司，采用了机器人生产线。汽车生产应用了机器人操作，在每一条生产线上，机器人代替了以前每天劳作的100多个工人。如今，每条生产线只需要十多个工人操作按钮，监督机器人运行，控制整个生产系统。广州本田汽车公司运用机器人代替人工操作，极大地提高了生产的效率和产量。“2019年，广州本田公司的年产量超过760,000辆汽车，产能利用率达到120%以上。”[3]

从人工智能代替传统的人们劳作的视域来看，有的学者认为，人类的劳动操作得到进一步的解脱，未来的社会根本不需要数量庞大的人口。基于这种考虑，全世界的人口应当逐步减少，以适应人工智能科技的发展。同时，有的人口专家提出不同的意见。他们认为，人工智能的发展，就是基于人口质量的提升，而人口质量的提升来自于庞大的人口数量，来自于世界当前拥有人工智能的高科技城市的人口密集分布。所以，要继续发展人工智能科技，必须适当增加人口数量和提高人口质量。

人工智能对于人口问题的影响，表现在劳动力的代替方面，就是人类利用机器和机器人生产劳动代替了人类本身的劳动操作。学者费尔（Frey）在2015年的研究报告指出：“人工智能代替人的劳动操作的代替率表现：美国的代替率在45% ~ 58%之间，英国大约为30%，日本大约为30% ~ 55%之间，欧洲大约为45%~60%之间，芬兰为35%，印度和中国的代替率分别为69%和77%”。[4]

随着人工智能的技术发展，智能机器人的劳动代替了过去的人力劳动。这样就会造成生产活动的劳动岗位减少，结果导致工厂、农场的人力劳动需求大幅度减少，最终会使得很多人口失业。我们如果从中国的工业和农业生产来看，人工智能的确使劳动岗位大幅度减少，有可能增加社会的失业人员。但是社会是一个开放性和整体性的大系统，第一产业和第二产业的劳动岗位减少，并不意味着整个社会的劳动岗位减少。为了适应现代化科技国家人工智能的发展，我们必须科学合理性地调整产业结构，发展第三产业。这样就可以把在工业和农业生产岗位淘汰的劳动工人，转移到第三产业当中。让他们从事服务业、金融业、旅游业、医疗卫生、科学研究等工作。如今很多发达国家的第三产业占全国产业结构比例很大，美国的第三产业占全国 GDP 的 70% 以上。因此，人工智能的技术发展，并没有大幅度减少社会的劳动岗位。相反，人工智能的发展提升了人口的质量，提高了人们的生活质量和生存能力。更加有效地提高了整个社会的生产力，进一步丰富社会的劳动成果。由于人工智能的发展，使交通更加便利和快速，人与人之间的沟通更加容易实现。这样就改变整个人口结构的大众认识水平。因此，人工智能的发展，为人类提供了更加广阔的生活和生存空间，整个世界的人口数量可以逐步增加。

从目前中国的人口情况来看，中国出现了人口老龄化和高龄化的速度加快，我们必须重视这些人口结构的变化。中国人口的老龄化和高龄化如下图所示。

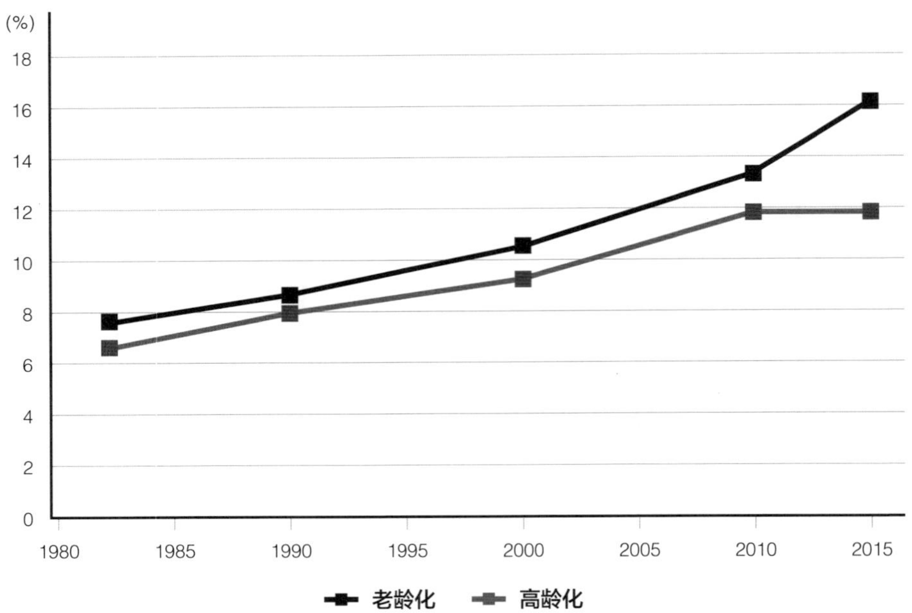

图 1. 1982 **年以来中国人口老龄化和高龄化系数变化（图表说明：横坐标：年；纵坐标：百分比，%；图表来源：丁金宏，从我国的人口背景看人工智能的就业替代，人口与健康，** 2020 **年** 6 **期，**20 **页。）**[5]

图表中相关数据表明："上世纪 80 年代以来，我国人口老龄化发展迅速，1982 年 60 岁以上老年人口占总人口的比重仅为 7.6%，80 岁以上高龄老人占老年人口的比重仅为 6.6%，到 2015 年上述两项比重分别增加到

16.1% 和 11.8%，几乎增加了一倍。我国人口老龄化和高龄化的趋势还将继续上行。”[6] 从这些人口数据的变化来看，中国人口结构老龄化的趋势不利于经济和社会的可持续发展。

在人工智能发展的前提下，中国的人口数量的发展应当是增加还是减少？这个论题成为学术界和民间大众争论不休的问题。这是人口发展和人工智能发展的一个重要论题。

从科技发展的角度来说，无论人工智能发展得如何厉害，它都需要人的制造和维护。智能机器人是由人类生产出来的，无论将来的社会机器人发展到哪一种高级程度，它都摆脱不了人的控制。因此，人工智能的科技发展必须依靠人口质量提高作为支撑。从人口群体的认知精英的产生概率逻辑来看，人口质量出自于人口数量。从国家治理的策略来看，应当长期的稳定和发展适当数量的人口。因此，为了人工智能的发展，人类世界可以继续适当地增加人口的数量。

从经济的发展来看，整个社会的经济运行需要不断地消费，这样才能刺激生产。社会的消费与社会人口数量成正比的关系，在同等的个人财富水平下，人口越多，消费就会越多。为了扩大整个社会的生产力，必须扩大人口的消费水平。因此，在当前世界的国家与国家之间的经济竞争当中，要在竞争中占有优势的地位，必须持续稳定地增加国家的人口。这样就可以保证国家的 GDP 不断的扩大。如此可见，中国的经济水平和经济总量的提高离不开人口数量的持续稳定和发展。中国要在全世界保持经济总量的优势位置，必须保持人口数量的稳定和适当地增加人口数量。

2. 人工智能和大众认识影响下的生育率

生育率是影响人口数量的重要基本因素。在人工智能高科技的作用下，生育得到了前所未有的医疗技术支撑。在人口生殖方面的高清智能 B 超技术、人工授精技术、手术辅助生殖技术、人工智能产前检查技术等革命性的人工智能的生殖技术产生了。产妇的怀孕概率大幅度提高，提高了婴儿健康出生的概率。在这些人工智能生殖技术的影响下，人口的生育率大幅度提高。如果忽略国家的计划生育控制机制，从人口自然增长的视角出发，人工智能技术可以使生育率大幅度提高。

现阶段的人工智能人口生育技术已经进入了数字技术时代，生育技术的信息化不断地增强。在人工智能医疗技术的保障下，育龄妇女的健康得到进一步的保障，出生婴儿的存活率大幅度提高，婴儿和儿童的成长得到了更多的健康保障，出生婴儿的残疾率进一步减少。人工智能医疗技术普及的地区，妇女、婴儿、儿童的健康得到了很好的保障。如今，人工智能在医疗和生物领域高速发展，未来单性生殖、克隆技术、受精卵移植切割等技术也会应用到人口生育当中。在这种基础上，人口的数量不断增加，人口的质量不断提高，社会的人口素质全面发展。

那么，是否人工智能的发展，在自然生育的条件下，就一定可以增加人口的数量？其实不是的。在社会的自然和自愿的条件下，如果政府不作生育调控，人们的生育欲望和当时的大众认识有关，大众群体的大众认识是现代化国家科学治理的重要依据。

什么是大众认识？大众认识就是："一个以大众为根本的组织群体，基于相同的经济文化、习俗、生活方式、宗教等因素的影响，形成共同的信念，对社会、科学、道德等问题有相同或相似的共同看法，并且有相同或相似的生活理念和理想追求。"[7]

集体心理是大众认识的一个普遍的表征。它往往表现大众群体的共同心理特征，而且这种心理特征具有强烈的传播性。在今天人工智能和信息科技的普遍运用下，大众认识的集体心理更加容易传播。"心理群体是一个由异质成分组成的暂时现象，当他们结合在一起时，就像因为结合一种新的存在而构成一个生命的细胞一样，会表现出一些特点，与单细胞所具有的特点大不相同。"[8]

大众群体的生育期待通常体现了当时在生育方面的大众认识。这种大众认识是国家导向、社会、经济、文化、传统习惯、宗教等方面的综合体现。例如，1945 年，在第二次世界大战结束后，参加战争的各个国家都损失了大量的人口。此时，补充人口和发展生产力成为世界各国的重要目标。世界各国人民都形成了一种强烈的生育欲望，于是在往后的 20 年里，形成生育大发展的大众认识。在此期间，中国、印度、日本、俄罗斯、美国、德国等国家都出现了人口爆发式增长。

然而到了20世纪80年代和90年代，世界各国以经济发展为目标，大幅度的提高生产力和经济实力。世界各国的生育的大众认识普遍降低，欧美等发达国家的人口出生率持续下降。中国从1982年开始把实行计划生育作为国策，有效地控制了人口增长。

从1982年到2015年，中国提倡晚婚晚育、少生优生，鼓励一对夫妻只生一个孩子。几十年过程中，形成了少生孩子的大众认识。随着中国独生子女成为常态，随之而来造成了人口的老龄化问题。2015年，中国政府放弃一胎化政策，逐渐转为鼓励生育，然而30多年严格执行的计划生育政策已改变了生育的大众认识，大众从传统的多生孩子的欲望改为少生孩子。

如今，人工智能对生活和社会造成很大的影响，大众群体之间的信息沟通进入了智能数字时代。无人飞机，自动驾驶，穿戴技术，高速铁路，地铁，超大型工程技术等人工智能科技，影响了大众生活的每个方面。大众群体的大众认识也随着人工智能的改变而发生转变。人工智能带来的极大便利，使人们习惯了享受生活，崇尚自我。因此，对于人口问题、生育欲望的大众认识也在逐步转变。欧洲和美国等发达国家的生育率持续降低，在今天的中国，大众群体对于生育的欲望也逐步减少。因此，现代化科技国家面临着人口出生的可持续发展问题，人口发展问题也随着人工智能的发展而变得越来越复杂。

人工智能还深刻地影响了青年人大众认识的传统家庭观念、恋爱观念、性行为观念、婚姻观念。由于互联网的发展，人类在踏入21世纪以来，运用互联网为中介，男女之间的互联网恋爱方式已经发展了20多年。随着人工智能的进一步发展，近年来，日本科学家制造出仿真性极高的"机器人妻子"。这些"机器人妻子"一出现，就惊动了全世界的年轻人。日本的机器人生产厂家在几天内就把这些"机器人妻子"售完，这些新产品一直受到用户的良好评价。从这些人工智能的新科技观察，可以预测将来年轻人将会极大的改变婚姻观念和恋爱观念的大众认识。未来的人工智能社会将会出现不结婚的大众群体，还会出现不生孩子的大众群体。这种大众认识观念的转变，将会强烈冲击人口出生率。在未来的现代化科技国家，面对着人工智能的革命性发展，人口出生率的问题将会变得更加复杂。中国要制定新的人口管理战略，这是当前应对人工智能发展的重要任务。

“人工智能时代，中国人口发展的内在动力和外部条件将发生显著变化，未来人口发展将会进入深度转型阶段。但就目前的情况来看，中国人口自身发展以及人口与外部系统关系的平衡都会面临不可忽视的问题和挑战。”[9]

人工智能的飞速发展和生产应用，大幅度地改变了女性的生育观念的大众认识。由于人工智能替代了大量的人工操作劳动，在过去需要体力劳动的生产工作被机器人代替了。企业生产的劳动工人从体力劳动转化成脑力劳动，工人的主要操作是控制机器人。工人的劳动生产主要体现在智力运行和智能活动，而不是过去的体力劳动。这样，女性工人就凭着自己的智能展开生产工作，由于脱离了体力劳动，女性工人和男性工人的劳动差异就变得极其微小。在人工智能技术发展的基础上，就促进了职业女性的大量产生。职业女性要求和男性工人拥有同等的权利，这种诉求会随着未来现代化科技国家人工智能的发展而增加。人工智能的发展，促进了年轻一代女性对个人的事业和理想追求不断地增加。新一代的年轻女性就形成了崭新的生育观念的大众认识。她们普遍认为，生育孩子从生理角度，要求怀孕 9 个月，之后还至少要照顾孩子 2 年，必然打乱她们的工作节奏和计划。如果一个女性生育 2 个以上的孩子，需要付出很多的劳动和时间，还有漫长的怀孕时间，一定会影响个人的事业和发展。基于这些考虑，人工智能的发展促进了职业女性发展，她们的生育观念的大众认识改变了。她们普遍的大众认识是不愿意生太多的孩子，或者是最好不生孩子。这种新一代的女性生育观念的大众认识形成，就会严重影响未来现代化科技国家的人口生育问题。

3. 人工智能和大众认识影响下的人口发展的复杂性国家治理

当今世界进入了高新科技飞速发展的时代，人工智能成为科技的前沿技术，快速地改变着整个人类社会。在这种人工智能快速发展的背景下，世界各国的大众群体的大众认识在不断地改变，这些改变影响着人口的发展。然而，任何一个国家的发展都离不开人口的发展，人口是组成国家核心基础的最重要因素。人工智能、大众认识和人口发展成为了互相联系、互相影响的三个因素。由于当前的人口发展理论还存在很多的争论，这三个因素就造成了国家治理的复杂性。

从科学管理的视野来看，国家的治理就是面对一个国家巨大系统的管理，国家是一个具备复杂性特征的巨大系统。什么是复杂性?“复杂性就是由各种各样的相互联系、相互影响的元素组成，这些组合很难清楚地表达出来。但是它们之间的关系是紧密联系的，要通过认真的观察和思考才能理解。复杂性具有非对称性、非线性、多样性、无序性等等特征。”[10]

以系统科学和管理科学的理论作为基础，我们就可以这样定义复杂性系统。“一个由各种各样的元素聚合而成的集合体。这些元素具备多样性、复杂性、不规则的、非线性的、难以预测的特点。同时这些元素是相互联系，相互影响的。这些元素共同作用于集合体。”[11]

人工智能、大众认识和人口发展的三个因素，构成了国家治理的复杂性系统。随着现代化科技国家的进一步发展，人工智能也走在科学发展的前沿阵地。人工智能继续深刻地影响国家社会和大众群体的大众认识。这种前提下，人口问题的发展和管理就变得更加复杂。人口问题的发展理论和实践探索，需要面对国家大系统的整体性和开放性，结合人工智能和大众认识，从全局出发，考虑多种因素的影响，全面系统地预测和调控人口的发展。国家的高层决策机构要制定好人口发展的方向、短期目标和长期目标，科学合理地调控人口发展中出现的各种复杂性问题。我们需要在人口发展的理论和实践探索中不断地学习，不断地改进，制定出具备科学合理性的人口发展战略。

首先，人工智能的发展，能有效解决中国人口面临的老龄化的复杂性国家治理问题。

从人类漫长的科技史发展变化来看，科学创新和科学革命给人类社会带来生产力的大幅度提高。人类文明就是在科学技术发展的基础上不断地向前推进。人工智能的出现，机器人的产生，给当前社会带来了极其先进的生产工具。它产生了劳动力的替代，快速地推进人类文明。由于人工智能可以替代人类的劳动，它可以有效地帮助解决人口老龄化、劳动力不足的问题。

由于中国从 1982 年开始把计划生育作为国策，从那时一直到 2015 年的 30 多年里，鼓励一对夫妻只生一个孩子。如今，独生子女成为当代中国青年人的主流。中国的劳动力旺盛时期已经过去，随之而来出现人口老龄化的现象加重。中国近年来的人口老龄化和劳动力情况的变化，如下图所示。

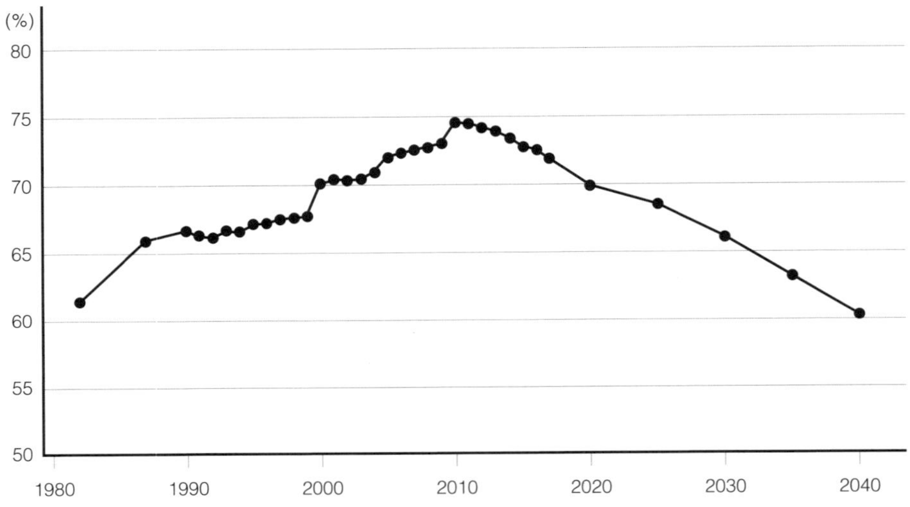

图 2. 1982 **年以来中国劳动适龄人口比值变化（图表说明：横坐标：年；纵坐标：百分比，**% **；图表来源：丁金宏，从我国的人口背景看人工智能的就业替代，人口与健康，** 2020 **年** 6 **期，** 19 **页。）**[12]

图表中相关数据表明："上世纪 80 年代以来，中国劳动适龄人口（15－64 岁）占总人口的比重持续攀升，从 1982 年的 61.5%，升至 2010 年的峰值 74.5%，达到人口红利的顶点，可以说改革开放的四十年得到了人口红利的有力支撑。但是，从 2010 年起，中国劳动适龄人口比重转为下降。2018 年降到 71.8%，劳动适龄人口的数量也从 2013 年达到 10.13 亿人的峰值之后开始减少，2018 年降至 9.98 亿人；这意味着自从 2010 年起，中国进入了人口红利收缩期，根据预测，这个收缩过程将会长期持续，到 2040 年劳动适龄人口规模将降至 8.31 亿人，比重将降至 60.3%。"[13]

从人口结构变化的数据分析可知，劳动力资源旺盛的时期，给中国的经济带来快速的增长。由于中国实行了30多年的独生子女政策，今天，劳动力资源旺盛的时代已经过去，随之而来进入了人口的老龄化。人工智能的技术发展，产生了劳动力替代的工具。机器人的劳动代替了人的手工操作，很好地解决了人口老龄化导致的劳动力不足。

人工智能虽然可以解决人口老龄化所带来的劳动力不足，但是却没有办法增加人口的消费需求。如果在人口结构中，15岁至65岁的人口数量不断地减少，一定会影响到整个社会的消费能力。从经济运行的视野来看，整个社会的消费能力减少，必然会导致社会的生产需求和生产成果不断减少。这就会造成经济运行无法持续发展，经济的发展受到障碍。如果出现这样的结果，没有强大的经济支撑，科学技术和人工智能也会遇到发展障碍。由此看来，整个社会的运行就是一个复杂性的大系统。人口发展、人工智能和大众认识这三个相互联系的因素，形成经济和社会发展的重要基础。中国作为现代化科技强国，应当从国家的整体性和系统性出发，全面地权衡和分析当前所面临的复杂性人口问题，制定出具有科学合理性的人口发展策略。

"人工智能对人口研究的影响是全方位的，不仅仅对人口出生、死亡、健康、迁移、分布、人口安全和人口治理等产生了深远影响。更重要的是人工智能改变了人口的内涵，人类人口由劳动者和消费者的统一向以消费者为主，劳动者为辅而转变。"[14]

其次，智慧城市的发展，使中国的人口问题面临新的机遇和挑战。

现代化的科技城市是一个具有复杂性特征的综合大城市。随着人工智能的飞速发展，世界各发达国家都产生了很多智慧城市。所谓的智慧城市也称作智能城市，指的是以人工智能为基础建设的大都市，城市的基础设施具有高科技、智能化和数字化特征。智慧城市是人工智能在城市管理中的实践应用，它拥有现代化的人工智能技术。比如，城市之间的轻轨、高速铁路，城市基础设施的地铁、共享汽车、公共汽车网络、互联网系统、智能融合应用、感知数据融合、智能识别、有线的宽带技术、无限的网络技术等等。智能城市体现了现代化的高科技，体现了人类知识的高度融合。智能城市聚合公共的智慧，展现了城市的复杂性管理的高度智慧。在智能城市全面开放的系统里，城市的大众群体更加容易协同创新，使现代化的人工智能城市可以持续发展。

在人工智能技术发展的促进作用下，智慧城市不断地持续发展。智慧城市的产生，对环境的保护起到很大的作用。缓解了人口对于水资源、能源、森林、耕地、食物的紧张需求。智慧城市能够使人的生存空间得到更加合理的利用，资源和能源的利用率更加高。人工智能促进了生态环境的保护，使人口的生活质量和健康状态进一步提高。在这种基础上，在同等的生活空间里，可以容纳的人口数量进一步扩大。人工智能和智慧城市的发展，为人口的高质量发展提供了极大的帮助。

在建立智慧城市的巨大作用下，中国可以开发中国西部大片的土地。目前的中国西部地广人稀，土地资源非常辽阔，土地面积超过 4,000,000 平方公里，西藏自治区的人口密度为每平方公里仅 2.21 人。因此，通过人工智能和智慧城市的开发，把中国东部和西部的居住环境差距缩小。这样就可以使大众群体产生迁移西部的大众认识。人口群体的居住意愿一旦改变，那么就会有大量的人口愿意到中国西部从事生产和生活。人口的质量和数量是经济区域的重要因素，只要中国西部的人口数量全面提升，全面开发中国西部就有可能。中国西部的开发具有重大意义，这样一定会极大提高中国的生产能力，经济发展加速，科技水平增长，国际地位更加巩固，在世界上的威望更加强大。

由于人口、经济、人工智能的发展，科学技术不断创新，中国的综合国力不断上升。从 2008 年开始直到今天，中国的 GDP 一直排在全世界的第二位，仅次于美国。中国政府综合考虑国外和国内的发展因素，从 2016 年开始，全面放弃一胎化政策，转为鼓励生育。同时加强了生育的健康保障，加强了幼儿教育。中国面对人口老龄化的加剧，采取一系列的生育保障措施，为解决人口发展问题，进行了具有科学合理性的调整和实践，并取得了一定的成果。

然而，中国调整计划生育政策，放开二胎生育之后，到 2020 年，生育率还是持续下降，大众群体的生育期待没有明显提高。为此，政府、学术界、民间大众就出现了再次改革计划生育政策的愿望。一方面，有的学者认为：国家的人口增加，就会增加国家的运行成本，制约着国家治理的高效率运行，不利于国家的经济发展。因此，生育率降低，可以提高国家治理效率，促进经济发展，提升人口的生活水平。另一方面，有的学者提出了反对的意见。他们认为：中国在人工智能和科技高速发展的前提下，人口的生存和生活的环境和资源都发生着转变，革命性的新技术改变了人口的生活质量，大幅度地增加了人口的生活空间。人是国家运行和治理的最重要的基础，是人类文明和生产技术的创造者，是经济发展的推动者。只有适当增加人口的数量，提高人口质量，才能保持国家的经济、技术、政治、文明的高速运行，创造人类的一次又一次的辉煌。

从中国国家统计局 2019 年公布的数据来看，2019 年，中国出生的人口比 2018 年减少了 580,000。这是中国全面实施一对夫妻生育两个小孩的政策以来，人口出生连续三年下降。[15] 针对这种现象，很多人口学家和政府管理人员认为要全面放开人口的生育、不再限制人口生育。因为在人工智能和高科技发展的影响下，中国的大众群体对于生育孩子的大众认识已经改变。新一代的年轻人产生了少生育、不生育的大众认识。因此，只有全面放开生育限制，才能保证人口的数量稳定持续发展，保证国家的人口结构得到合理的调整。2021 年 5 月，中国政府进一步优化生育政策，实施一对夫妻可以生育 3 个子女及相应配套支持措施。

4. 人工智能带来全球转型的中国人口发展展望

人口发展问题是国家可持续发展的重要问题。在当前全世界以人工智能为主的高科技飞速发展背景下，人口发展问题面临着新的机遇和挑战。“人工智能如同当年的蒸汽机、电气化，将成为新一轮工业革命的主力，带来生产力大提升和生产方式大变革。科技进步深刻改变着人类社会对劳动力数量、素质的需求和劳动就业模式，使人口与经济相互作用的机理发生重大变化。” [16] 在中国，随着人工智能的发展，人们的生育理念也正在改变。怎样才能做到对人口发展问题，具有科学合理性的国家治理战略？这是中国可持续发展的一个重要的治国策略。

但是人口发展问题是一个国家的复杂性管理的难题。目前，对于中国人口的发展战略问题，政府、研究机构、大众群体都有不同的看法。政府怎样才能引导大众群体的大众认识，使大众群体的生育观念适合可持续的国家发展观？这些问题都在研究和探索之中。

中国和全世界的其他国家一起，面对着数字化科技、人工智能等科学技术的飞速发展，全球的经济和社会面临着重大的转型。那么，中国的人口发展问题，应该怎样调整才能适应这种巨大的转变？

从目前的人工智能、数字化技术、超大型工程和智慧城市逐步建设的发展情况来看，中国可以利用于人口发展的空间越来越大，随着科学技术的不断成熟，中国未来的西部开发、东北三省的开发一定会实现。在人工智能的作用下，水资源、能源、粮食生产和服务业发展可以得到有效的保障。人工智能的应用，使环境资源的承载力大幅度提高。这是人工智能给人口发展带来了改善之后的自然条件。在这些基础上，人口发展的数量、质量都可以得到大幅度的提高。也就是说，人工智能给人口发展提供了科学技术支撑，为人口的数量增长和人们的生活质量提高提供了支持和保障。有了人工智能的帮助，中国就可以进一步调整人口结构和人口规模。因此，中国的人口数量可以持续适当保持增长。同时增加对人口的教育和培训，加强人口生活的服务功能，全面提高人口质量。

在以人工智能为主的科学技术影响下，中国的大众群体在生育方面的大众认识也全面改变。当前，大众群体的生育期待越来越低，新一代的年轻人的生育期待进一步降低。在这种情况下，中国从 2016 年开放二胎生育以来，生育率持续下降。在中国东北的三个省，人口出现了负增长。从国家治理的长远目标来看，我们必须重视这种生育的大众认识的变化，维持人口未来的均衡发展。我们应当采取科学的国家治理方法，采取积极的人口发展措施，调整目前的计划生育政策，做好人口发展的服务配套衔接，进一步提高人口的劳动技能，提高人口的素质。因此，中国可以考虑全面放开生育限制。也就是说，中国的家庭，夫妻双方可以凭自己的意愿生育孩子，不受生育数量的限制。这种方案可以先以个别的省市作为试验的地方，通过一到两年，分析这些试验地区的生育率。如果达到预期的效果，就在中国全面调整实施这方面的生育政策。

全面提升人口的劳动技能，是人工智能和现代化科技国家发展的重要基础。从人口的劳动技能方面来看，中国和欧洲、美国的发达国家相比，存在着很大的差距。虽然，中国适合劳动年龄的人口在减少，但是劳动力总量仍很庞大。“目前 2019 年，中国拥有 15 到 64 岁的劳动年龄人口 9.9 亿，预计 2030 年有 9.5 亿，2050 年还有 8.2 亿。当前，西方七国集团的劳动年龄人口总和约为 4.8 亿，但经济总量是中国的 3 倍，劳动生产率是中国的 7 倍。”[17]

从这些人口劳动技能的数据可以看出，决定劳动生产总量和生产效率的因素，并不是人口的数量。人口的质量和人口劳动力技能是其中重要的因素。那么从发展生产力和提高生产率的视角来说，提高人口的数量就不重要？我认为，提高人口的数量仍然是非常重要的。因为国家治理和国家发展不仅仅是提高生产率和发展生产力。人口数量的增加，还有很多促进国家发展和提升人类文明的作用。比如，传统文化的继承，语言的覆盖率，文化和习俗的扩展，民族信念的传播，对自然土地的拥有权，大众群体形成的媒体传播力量，民族的凝聚力，民族的勇敢精神和开拓精神等等。这些都是国家治理和国家发展必要的因素，也是民族和国家在世界上立足的重要支撑。因此，人口数量的增加，一定会促进国家的发展和民族的富强。

中国是世界上的大国。到 2020 年为止，中国是世界上人口数量第一的国家，中国经济的 GDP 在全世界排第二位，军事力量排在全世界第三位，国土面积排在全世界第三位，中国的科学技术排在全世界的前列。作为一个超级大国，中国应当在全世界的人口发展问题上做出贡献。中国不但要维持自己国家的人口发展，而且要促进全世界人口的良好发展。

纵观全世界，发达国家都在科学技术和人工智能的发展方面进行了激烈的竞争。在人工智能的高速发展影响之下，世界各国的大众群体的人口生育的大众认识也在快速转型。在欧洲和北美洲，很多发达的国家生育率长期下降，人口出现负增长。在澳洲，人口密度非常低。在南美洲，出生率也持续下降。只有在亚洲和非洲，人口持续增长。但是非洲科技不发达，经济落后，虽然土地面积非常大，资源丰富，但是人口的质量提升非常缓慢。可以说，非洲的人口发展问题不是数量的增加，而是提升人口质量的问题。亚洲是世界上人口最多的区域，中国、印度、日本都拥有众多的人口。亚洲人勤劳努力，奋发向上，无论在科技和经济上都有很大的发展空间。

通过综合分析人工智能、大众认识和复杂性国家治理，可以预测未来世界人口的发展，在欧洲、北美洲、澳洲等地区会产生人口数量持续下降的趋势。面对这种人口发展的不利因素，中国在未来人口发展问题上，要承担起大国的责任，应当做好人口输出的准备。未来在世界一些区域，人口下降到一定的程度，必然需要人口的补充，求助于中国将是一个必然的选择。这样才能使地区的经济和社会持续增长。在现今和未来的发展阶段，中国适当增加人口出生，是一种现代化国家治理和全世界人口均衡发展的重大战略措施。

参考文献

[1] www.cpcnews.cn，中国共产党新闻网，习近平，十九大报告，2016.5.18。

[2] Winston P.H. and Prendergast K.A., *Artificial Intelligence. Cambridge*, MA: The MIT Press: 1984, p.86.

[3] www.ifeng.com，凤凰网，广州本田公司的年产量超过 760,000 辆汽车，2020.03.29。

[4] Frey C and Osborne M., Technology at Work: The Future of Innovation and Employment. *Citi GPS: Global Perspectives & Solutions*: 2015, pp.28-35.

[5] 丁金宏，从我国的人口背景看人工智能的就业替代 [J]，人口与健康，2020 年 6 期，20 页。

[6] 丁金宏，从我国的人口背景看人工智能的就业替代 [J]，人口与健康，2020 年 6 期，19 页。

[7] 汤治成，大众认识与技术范式的转变引起中国农村模式变革 [J]，自然辩证法通讯，2018 年第 40 卷（4 期），99 页。

[8] [法] 勒庞著，冯克利译，乌合之众：大众心理研究 [M]，北京，中央编译出版社，2015 年，6 页。

[9] 雎党臣、曹献雨著，人工智能、人口发展与中国未来人口政策 [J]，新疆师范大学学报，2020 年第 3 期，97 页。

[10] Klir,G.J., *Facets of systems science*. New York:Kluwer Academic Plenum Publishers, 2001, p.135.

[11] 汤治成，中国超大型工程的科技创新与管理 [J]，自然辩证法通讯，2020 年 7 期，102-108 页。

[12] 丁金宏，从我国的人口背景看人工智能的就业替代 [J]，人口与健康，2020 年第 6 期，19 页。

[13] 丁金宏，从我国的人口背景看人工智能的就业替代 [J]，人口与健康，2020 年第 6

期，19 页。

[14] 黄匡时，人口智能时代人口研究的前瞻性思考 [J]，人口研究，2020 年第 5 期，125 页。

[15] www.ce.cn , 中国经济网，“2019 年新生儿同比减少 58 万人”，2020.01.17。

[16] 王培安，科学把握人口发展规律，促进新时代人口均衡发展 [N]，人民日报，第 8 版，2019 年 5 月 30 日。（人民网，人民日报）

[17] 王培安，科学把握人口发展规律，促进新时代人口均衡发展 [N]，人民日报，第 8 版，2019 年 5 月 30 日。（人民网，人民日报）

新冠病毒传染病重大疫情控制的复杂性管理

导读：公共危机处理和公共安全是国家治理的重要措施和保障，这是国家稳定发展和人们健康和谐生活的支撑。文章通过分析 2019 年到 2022 年中国对新冠病毒疫情的控制，在这基础上，才能开展 2023 年的疫情后经济恢复和 2024 年的新质生产力发展。文章从科技创新、系统复杂性的视域，以国家治理的科学合理性为线索，对这次传染病重大疫情进行科学防控的探讨。文章运用国家应急治理科学理论和疫情防控实践相结合，研究对传染病重大疫情控制的公共管理和对策，阐述中国对重大传染病疫情建立了科学的治理范式，为全世界应对重大疫情控制的科技创新与系统复杂性管理方法提供典范。

Introduction: Public crisis management and public security are important measures and guarantees for national governance, which are the support for the stable development of the country and the healthy and harmonious life of the people. This paper analyzes the control of the novel coronavirus epidemic in China from 2019 to 2022, and on this basis, we can carry out the post-epidemic economic recovery in 2023 and the development of new quality productivity in 2024. This paper discusses the scientific prevention and control of this major epidemic from the perspective of scientific innovation and system complexity, and takes the scientific rationality of national governance as a clue. By combining the scientific theory of national emergency management with the practice of epidemic prevention and control, this paper studies the public management and countermeasures for the control of major infectious diseases, expounds that China has established a scientific governance paradigm for major infectious diseases, and provides the world with a model of scientific and technological innovation and system complexity management methods for major epidemic control.

1. 新冠病毒疫情的系统复杂性特点

中国在 2019 年 12 月到 2022 年 12 月战胜了人类历史上的重大疫情，新冠病毒疫情得到了有效的控制。在这种国家治理的保障下，中国取得了 2023 年疫情后的经济发展，并且在 2024 年的“两会”重点提出要大力发展新质生产力。我们可以看到，中国近年来的高速发展离不开科学的国家治理方法，对新冠病毒疫情的有效控制，是维持国家稳定和经济社会发展的良好保障。我们通过科技创新与系统复杂性管理的方法，分析中国在新冠病毒疫情控制方面的科学管理经验，为世界提供危机处理的科学方法典范。

我们从新冠病毒疫情的控制情况来看，它具有系统复杂性的特点。在系统管理理论中，系统通常的表征是具有不同特征的一些个体通过一定的联系而形成的组织结构。系统存在于开放性的大环境里，一般的大型系统的周围环境都具有各种各样的不确定性、不稳定性、非线性、蝴蝶效应、纵横交错、不可预测等特征。新冠病毒疫情的特点具备了上述系统复杂性特征。我们应当运用科技创新的方法和复杂性系统管理的措施来对它进行控制。

新冠病毒疫情的迅猛发展，给国家的传染病控制造成了极大的困难，浪费国家资源，消耗大量的人力、物力、财力，给人们的生活带来极大的冲击和生命危机。因此，对于国家治理而言，必须采取应对社会重大危机的科学治理方法。习近平总书记提出：“把人民群众生命安全和身体健康放在第一位。”[1] 作为国家安全与稳定治理的长期策略，必须针对新冠病毒疫情这种高危扩散性传染疾病防控的应急处理制定应对的措施。

高危扩散性传染疾病是指对人类生命有极大危害的，目前的医疗技术还不能治愈的传染性疾病。这种传染疾病在短时间内具有迅速的扩散性和传染性，由此造成社会和民众很大的恐慌，严重地影响人们的生产和生活活动，并且危及到国家的安全和稳定。

当今世界是日新月异的科技创新时代，科学技术的进步和革新使社会飞速发展。与此同时，科技发展是一把双刃剑，科技发展会带来信息快速传播，带来交通的更大便利。人类的交往更加频繁、紧密、快速。在这种紧密交流的社会，如果有高危扩散性传染疾病的散播，它的传染途径更加多样性，速度更加快，造成破坏性的危害更加大，人类的文明将面临重大的危机。

中国经历了 2003 年的 SARS 传染疾病的控制作战和 2019 年底以来的新冠病毒疾情的控制，这两次具有强烈传染性的疾病，在开始阶段都遇到了地方政府的弱治理的行为。随后的治理阶段，中央政府采取了科学合理性的、迅速的、高效性的治理策略和措施。特别是 2020 年上半年的新冠病毒疫情的控制，习近平总书记的统一决策和领导，展现出中国速度、中国规模、中国效率，令全世界瞩目。

在中国政府的科学领导下，全国人民共同迎战这次重大疫情防控，使得传染病新增加的病例逐步下降。直至 2021 年 12 月，中国在新冠病毒疫情控制取得了举世瞩目的成就。中国保护了人民大众的健康，保障社会和经济正常运行，并且在 2020 年和 2021 年，全国的经济 GDP 实现了增长。这些成就在世界强国之中非常少见。我们从下面图表就可以看到中国在控制新冠病毒疫情方面做出的巨大努力。（图表 1，资料统计于 2020 年 3 月 1 日）[2]

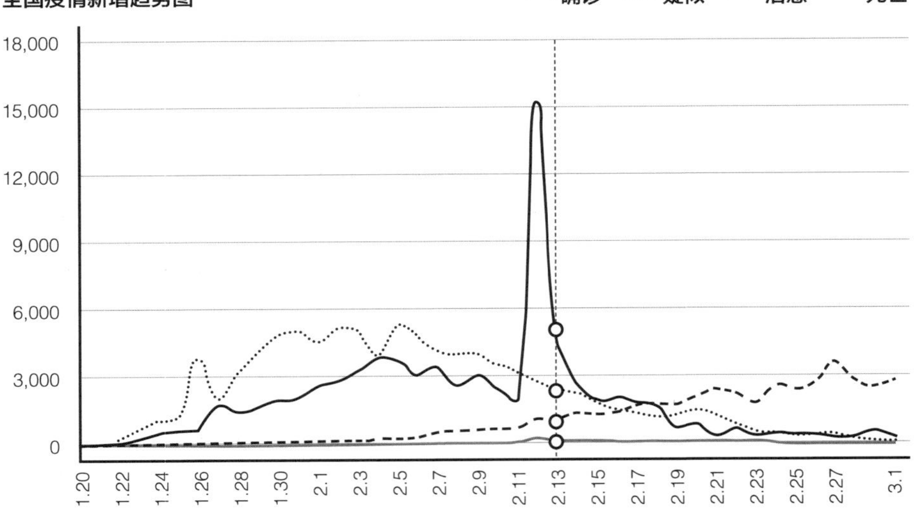

图表 1（图表来源：https://news.ifeng.com/c/special/7tPlDSzDgVk，2020.3.01. 图表说明：2020 年 3 月 1 日，全国疫情实时动态。横坐标代表日期，纵坐标代表新增病例的确诊、疑似、治愈、死亡人数。）

从图表可以看出，到 2020 年 3 月 1 日，新冠病毒肺炎传染病重大疫情暂时得到有效的控制。中国是世界上具有巨大影响力的国家，我们不仅仅要维护自己国家的稳定安全发展，我们也有责任领导全世界的稳定安全发展。我们必须在传染病疫情防控方面作出典范，为全世界的安全和稳定发展做出榜样。

从 2020 年的 1 月到 2021 年的 12 月，中国推行了佩戴口罩，检测健康码，在特大城市的大量人群聚集点的入口采取健康码的绿码准入原则。坚持特大城市人员曾经到达过高、中、低风险地区的 14 天强制隔离和居家隔离制度。中国对境外的人员实施隔离和检测制度，全国进行新冠病毒疫苗的接种等等的一系列新冠病毒肺炎传染病防控措施。中国对新冠病毒疫情取得了全面防控的成就，如下面图所示。[3]

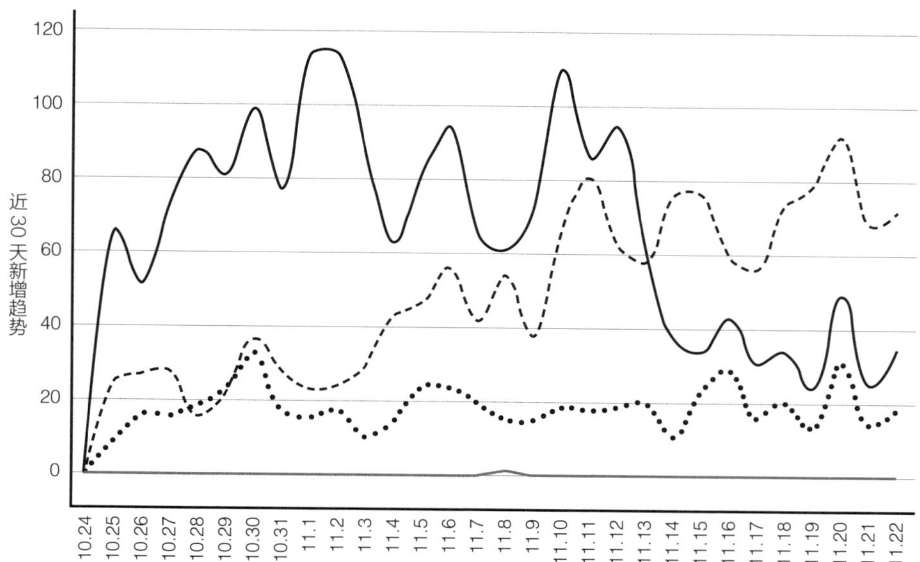

图表 2（**图表来源**：https://i.snssdk.com/ugc/hotboard_fe/hot_list/template/hot_list/forum_tab.html, 2021.11.24. **图表说明**：2021 **年** 11 **月** 24 **日，全国疫情实时动态。横坐标代表日期，纵坐标代表新增病例的确诊、境外输入、治愈、死亡人数。**）

从 2020 年 3 月和 2021 年 11 月的两个图表的比较可看出，中国在 2020 年 3 月，每天的疫情人数达到 3,000 到 15,000 之间。到了 2021 年的 11 月，每天的疫情人数在 0 到 100 之间。至此，新冠病毒疫情控制可说是获得了阶段性胜利。

然而，到了 2022 年的 11 月，我国的疫情爆发扩散严重。2022 年 11 月 15 日到 11 月 30 日，我国每日新增新冠病毒感染，大约 20,000 到 30,000 人。比较幸运的是此时的奥密克戎病毒感染致病，大部分病人都是轻微的，重症病人的几率极小。2022 年的 11 月 11 日，国务院联防联控机制发出《关于进一步优化新冠肺炎疫情防控措施科学精准做好防控工作的通知》，我们面对的新冠病毒疫情仍然复杂，这需要我们运用科学方法精准地抗击疫情。

2. 应用科技创新攻克新冠病毒肺炎这种高危扩散性传染病重大疫情

科技创新的概念来源于管理学家熊彼特（Schum Peter,J.A.）在 20 世纪初期提出的创新概念。他认为："创新是要建立一种新的生产函数，就是生产要素的重新组合。"[4] 科技创新就是科学技术在原有的基础上，创造了新的技术，在技术上发生了新的革命，新技术代替了旧技术。从而使人们的生产力大幅度提升，人类活动的目标更加容易实现。科技创新不仅是第一生产力，而且它成为了改变人们生活的重要因素。到了 21 世纪的今天，全球进入了科技竞赛，世界各国都把技术创新作为发展国家经济，提高人们生活水平，提高国家地位的重要战略。如今，世界各国都在信息科技、生物科技、太空科技、国防科技、医疗科技、新材料科技、能源开发科技等领域展开激烈的竞争。中共中央总书记习近平提出："坚持面向世界科技前沿，面向经济主战场，面向国家重大需求，面向人民生命健康，不断向科学技术广度和深度进军。"[5] 科技创新已经成为我国实现强国梦的长期战略。

我们把科技创新的战略思想应用到高危扩散性传染病重大疫情控制具有重要的意义。人类赖以生存的自然环境纷繁复杂，人类的发展史其实也是一部人类和各种疾病进行抗争的历史。从今天追溯过去的六千年历史，人类有无数次与疾病进行抗争的记录。从这些抗争记录来看，科技创新引领的医疗技术革命，使人类一次又一次地战胜疾病。

欧洲文艺复兴以来，人类高扬理性，提倡运用科学方法和科学实验，用实证寻求科学真理，科学界提出"知识就是力量"，人类的科学技术飞速发展，技术创新不断地涌现。回顾上个世纪到今天一百多年的世界医疗技术发展史，每一次医疗技术科技创新，都能让人类在战胜疾病方面有重大的突破。例如，1895 年，伦琴发现 X 射线，创新了医疗技术的透视功能；1928 年，德国科学家弗莱明发现了青霉素，在人类与细菌搏斗的战场获得重大胜利；1956 年，第一个人工心脏的制造，成为了人类医疗技术进步的里程碑；2000 年，美国引领了人类基因组计划的形成，推动人类医疗技术作出划时代的技术创新；到了 21 世纪 20 年代，医疗技术已经到了生物分子水平，全球的医疗技术创新的竞赛已经全面展开。

医疗的科技创新必定会引起医疗技术范式的转变，技术范式的转变必然产生医疗技术的革命。由于医疗技术应用的范围广泛，并且受到人们的密切关注，它所创造的经济利益与社会价值非常重大，对人类的生活方式和社会活动产生很大的影响。因此，医疗的科技创新对人类社会的发展产生很大的作用。世界各国都把医疗的科技创新作为国家发展的长期战略。

我们从 2019 年 12 月至 2022 年 12 月的新冠病毒肺炎疫情来看，这是一场中国建国以来最大的传染病防控战，新冠病毒来势凶猛、传播迅速、扩散范围之大前所未有。中国的经济增长、人们生命财产、社会稳定、生活品质受到了极大的冲击和伤害。人类世界无论是过去、现在和将来都会受到重大扩散性传染疾病疫情的困扰和危害。那么从国家治理的长期战略来看，我们应该如何去面对这些重大疫情的攻击？我们必须设定科学合理性的应对措施和管理策略。

考察近代人类与扩散性传染性疾病的重大疫情斗争史，有欧洲的黑死病传染，非洲的埃博拉病毒传染，疟疾病毒传染，鼠疫病毒传染，天花病毒传染等等。面对这些重大传染性疾病疫情的攻击，人类的医疗技术产生了科技创新和技术革命。人类制造出抗生素对抗细菌的伤害，制造出预防天花疫苗，制造出抗衡疟疾的青蒿素，病毒不断变异，人类对付各种病毒的药物也层出不穷。每一次的扩散性传染病重大疫情控制，运用医疗技术的科技创新，能取得对抗传染病的重大突破，挽救了无数的生命。因此，医疗技术上的科技创新是对抗传染性扩散疾病重大疫情的核心武器，它是重大疫情取得胜利的关键因素，也是最简单最有效的方法。只要获得杀灭传染病病毒或者阻止传染病病毒传播的医疗技术，重大疫情就可以被有效控制。如果能够运用科技创新的医疗技术，对抗目前的重大疫情，那么整个社会治理、国家治理、人们生活就会受到较少影响。有效性的医疗科技创新可以节省国家大量的人力、物力、财力和运营资本，有助于维持国家繁荣和稳定发展。

中国在新冠病毒肺炎疫情控制的科学技术创新方面做出了巨大的贡献。在疫情爆发初期阶段的 2020 年 3 月，中国研究出了疫情检验的试剂，这种检测方法迅速地推广到全世界。然后，中国和美国等西方科技强国一起进行了疫苗的研发和实践推广。2020 年 9 月，中国的疫苗研发到了实践应用的阶段。到了 2022 年 12 月，中国基本实行了全国人民的疫苗注射。普遍性的新冠病毒肺炎疫苗注射，有力地抵御了新冠病毒肺炎的扩散。中国和世界科技强国携起手来，在抗击新冠病毒肺炎传染病扩散防治的科学技术创新取得了伟大的成就。

医疗技术的科技创新是人类战胜扩散性传染疾病重大疫情的关键因素，应当把它作为国家安全和全世界稳定发展的有力武器，把它作为全球可持续发展的重要战略措施。所以我们必须加快医疗技术的科技创新研发，把它放到国家安全发展的首要位置。全世界应当密切关注这方面的研发和应用。从目前对防控扩散性传染病的科学技术研究和应用的情况来看，中国在这一方面的投入还不够强。我们应当增加这一领域的国家级科研机构，增加科研人员，增加科研经费的投入，加强国际间的科研合作和交流，增加科研人员的研究成果奖励。国家必须把防控扩散性传染病研究放到国家科研的重要位置，并且把它作为保障国家稳定和安全发展的长期战略。

3. 重大疫情的大众认识与公共管理

2020 年 2 月，新冠病毒肺炎重大疫情在中国突然扩散，对中国和世界造成强烈冲击。目前世界上还没有成熟的医疗科技可以应对病毒变异和快速传染扩散而伤害人体健康，甚至危及生命。人类面对生命威胁，心理上造成了很大的恐慌，严重影响了人们的工作和生活，形成了在重大疫情下特殊的大众认识。

所谓的大众认识就是：“一个以大众为根本的组织群体，基于相同的经济、文化、习俗、生活方式、宗教等因素的影响，形成共同信念，对社会、科学、道德等问题有相同或相似的共同看法，并且有相同或相似的生活理念和理想追求。大众认识通常表现为一种集体心理，具备大众认识的组织群体被看作是一个心理群体。”[6]

广大民众面对新冠病毒肺炎重大疫情，他们表现的大众认识为：在身体方面，认识到生命健康受到严重的危害，甚至受到死亡的威胁，表现为极度的恐慌。在主流意识方面，由于政府机构和媒体的各种关于重大疫情控制信息交叉传播，大众认识倾向于主流的大众意识方向。在大众认识选择方面，面对复杂的信息和控制措施，难以辨别正确和错误，容易出现盲从或者抵触的情绪。在大众认识的敏感性方面，民众容易陷入对信息过度敏感的蝴蝶效应。在大众认识的动态性方面，大众陷入了极其容易变动的心理变化阶段，对于疾病控制的信息和对策会形成动态的选择。在大众认识的同情倾向方面，大众普遍出现对群体中陷入疾病困境的个体的极大同情。在大众认识的自私防范方面，出现高度警惕和强烈的保护自己的自私行为。在大众认识的个体信任方面，群体中的个体普遍表现为害怕对方具有潜在感染病毒的可能，个体之间的信任度下降。

大众群体并不善于逻辑推理，法国著名的大众心理学家勒庞（Gustave,Le Bon）认为："群体不善于逻辑推理，他们对于信念，有时候全盘接受，有时候完全拒绝。如果给他们一些暗示，可以彻底地征服他们的信念改变，并且可以引导他们立即行动。"[7] 广大的民众对于突如其来难以控制的扩散性传染病重大疫情，大众认识的逻辑性思维缺乏，恐惧和杂乱超越了平时的理性，形成了一种特殊的大众认识。

我们面对来势凶猛的新冠病毒肺炎传染重大疾病和民众特殊的大众认识。如何才能用科学合理性的公共管理方法来应对这些特发性的国家治理危机?

这就要求我们用科学合理性的国家治理方法来应对这些特发性的国家公共危机，用科学认知的手段来平衡和引导民众特殊的大众认识。加强科学的传播和宣传，加强科学知识的普及，加强科学教育的力度，引导和带领广大群众，团结一致，听从指挥，共同战胜扩散性传染疾病的重大疫情。我们必须用公共管理方法来应对重大疫情特殊时期的大众认识。科学的公共管理方法，一般具有调控和引导的功能。调控一般是指"公共管理部门对于有益于社会的效益，实施长久的，目标明确的管理和控制"。[8] 公共管理的引导措施是指国家管理机构不是采用强制性手段，而是通过指导、引领、暗示、教育和宣传等方法对民众进行意志倾向的指引。

我们为了使扩散传染性重大疾病得到很好的控制，在社会管理方面，必须实行实际的调控管理行动。但是对于民众的大众认识，我们应当采取引导的方法。因为公共管理面对的主体是民众，民众的大众认识对于整个重大疫情的防控具有重要的作用。我们不但需要民众配合管理措施的实施，而且需要民众以实际行动听从公共管理的统一指挥。这样才能让公共管理达到效率的最大化，最终实现管理目标，战胜传染病重大疫情。所以，对于特殊时期的民众的大众认识，不能采用调控手段，应该采用引导的公共管理方法。努力使大众认识具有科学认知水平，尽量消除民众的恐惧、焦虑、自私、抵触、敏感等等心理现象。

国家危机治理的历史经验告诉我们，每当民众处在危机的时候，大众认识最容易迷失方向。如果民众受到社会不对称的信息传播，遇到政府信息不透明，听到媒体的假消息等等，民众的大众认识就很容易进入混乱的状态。比如，从 2020 年 2 月新冠病毒肺炎重大疫情开始爆发来看，民众也出现过蜂拥到药店购买口罩，挤满超市抢购，挤满药店购买双黄连口服液等现象。这些大规模的人群聚集，使传染病更加容易传播，给传染病的防控增加困难。

因此，现代国家科学的公共治理应该运用当前信息传播的先进技术，借助科学知识宣传传播机构，向民众发布具有科学性的扩散传染病重大疫情防治知识，科学的自我保护方法，科学的生活指引和健康辅导。大力提高民众的科学认知水平，让民众用正确方法防控传染病的传播，使民众的大众认识处在稳定和健康的水平。我们要用科学方法引导民众的大众认识，让广大的人民群众团结一致，听从指挥。这样才能做到群防群控，实现公共管理目标最大化。此外，基层政府，包括各个乡镇办事处、街道办事处、居委会办事处，应当对其管理地区的民众进行传染病防控的宣传教育。各个单位对本单位的员工进行传染病防控的科普和教导。我们要加强对广大民众的扩散性传染病防控的知识普及。在中央政府的领导下，全民一心，群防群控，用科学合理性的大众认识和公共管理方法对扩散传染性疾病进行防控。

4. 新冠病毒肺炎重大疫情的高危扩散性传染病防控的系统复杂性管理方法

从中国 2003 年的 SARS 传染病控制和 2019 年 12 月到 2022 年 12 月的新冠病毒肺炎重大疫情的控制来看，整个控制管理与行动实施就是一个工程系统的运行机制。它具备大型工程运作的系统复杂性特征。这些控制管理范围大，覆盖全中国；受影响的人群多，中国民众全民奋战；消耗大量的人力、物力、财力；直接影响到医疗、科技、金融、服务、交通、旅游、饮食、教育等众多的行业。

新冠病毒肺炎疫情的控制过程，深刻地影响民众的正常生活和交往。它表现了系统复杂性的特征。

系统的复杂性是系统科学里面的概念，复杂性是系统科学的重要特征。系统科学家克里吾（Klir,G.J.）对系统是这样描述的："系统是由各种相互联系、相互影响的元素，或者组织所形成的一个具有整体性特点的集合。"[9] 复杂性表现了系统的各个元素的相互联系和多样性，并且让人们难以清楚地描述系统和元素的关系。克里吾认为："复杂性表现为系统的各种元素之间的相互关系，这些关系难以清晰地表达，必须要通过仔细的观察和研究才能真正的了解。"[10]

新冠病毒肺炎是一种高危扩散性传染病，高危扩散性传染病重大疫情防控具有系统复杂性的混沌性特点。所谓混沌性，就是在系统复杂性中表现为模糊不清，模棱两可，难以弄清事物的真正本质。"混沌表现出令人惊奇的复杂动力学的特征。"[11] 新冠病毒肺炎疫情从始至终一直表现出混沌的现象。在疫情的开始阶段，究竟这个传染病有否人与人之间互相传染的可能性？这个问题也让专家多次检测认证，经过两个多月才得以确认新冠病毒可以通过人与人之间互相传染的传染途径。这种系统复杂性的混沌状态，影响了整个重大疫情防控战役，错失控制传染病源头的机会，让重大疫情迅速扩散，让国家陷入了治理危机的重大困境。

如何处理这种重大疫情的混沌现象？我们通常使用权变的管理方法。如果我们面前的混沌现象成为事情发展关键因素，我们必须高度重视。我们要把混沌现象造成的最坏结果作为依据，制定相应的管理措施。例如，面对这一次的新冠病毒肺炎传染病疫情，当我们还没有证实病毒是否具有人与人之间传染的时候，我们假设它存在，按照这种存在的假设现状做出相应的管理措施。这样我们就不会错失重要的防控机会。

高危扩散性传染病重大疫情防控的系统复杂性的动态性是其另外一个特征。这种动态性表现为重大疫情系统在不同的时间有不同的变化，动态性的变化使管理措施难以适应。重大疫情的变化，有时处于稳定，有时处于巨变。从这次新冠病毒传染病疫情来看，新增的病例有着动态的变化。因此，在调动医务人员和预留病床的时候，也应该做出动态性的调整。以便适应重大疫情复杂系统的强烈动态性变化。

高危扩散性传染病重大疫情防控的系统复杂性的动态性如下图所示，（资料统计于 2020 年 3 月 1 日）。[12]

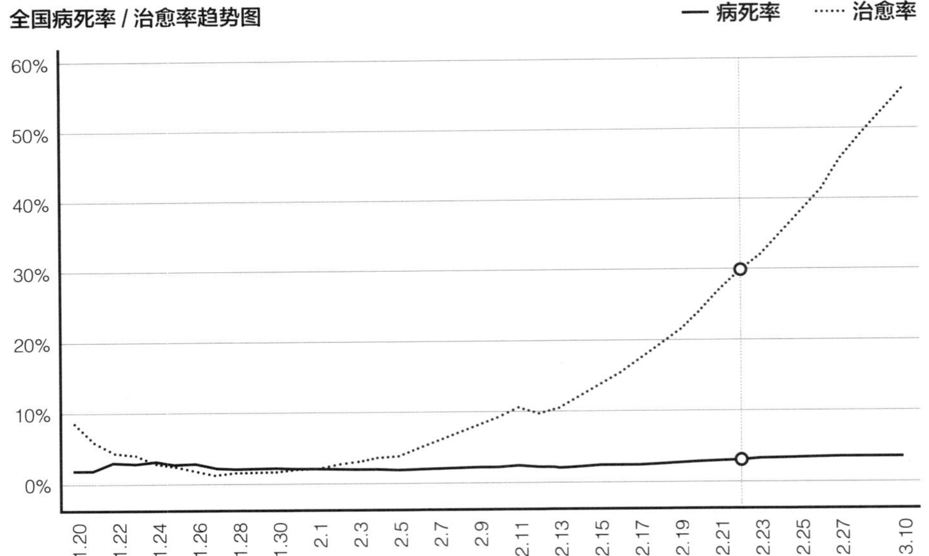

图表 3（**图表来源：**https://news.ifeng.com/c/special/7tPlDSzDgVk，2020,3,01. **图表说明：**2020 **年** 3 **月** 1 **日，全国疫情实时动态。横坐标代表日期，纵坐标代表病死率和治愈率。**）

从图表可以看出，在 2020 年 3 月，中国的新冠病毒疫情严重爆发，当时还没有得到有效的控制，疫情的变化呈现强烈的动态性。

我们通过 2021 年 11 月 24 日的新冠病毒疫情大数据分析，看一下美国的情况，如下图表所示。[13]

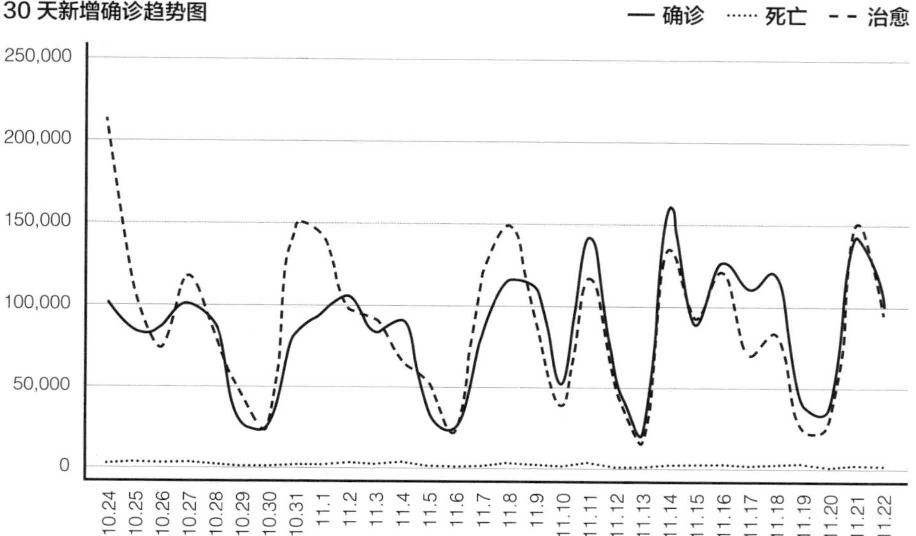

图表 4（**图表来源：**https://i.snssdk.com/gf/virus/country/?country_id=USA&click_ from=overseas_new_curve&share_token=D9BEE229-02A1-4B8E-A89A-,2021.11.24. **图表说明：**2021 **年** 11 **月** 24 **日，美国疫情实时动态。横坐标代表日期，纵坐标代表确诊、病死和治愈人数。**）

从 2021 年 11 月 24 日的美国新冠病毒肺炎统计数据图表可知，当时美国的疫情还没有得到有效的控制，疫情还非常严重，疫情表现出强烈的动态性。

到了 2022 年 12 月，美国和欧洲的大部分国家对新冠病毒疫情采取了消极防控的方法，这给他们本国人民的身体健康带来了极大的伤害。应当指出，新冠病毒肺炎疫情的控制过程是一种动态的复杂性系统工程。但是，这种系统工程与国家的普通建设工程有所不同。因为桥梁建设、电力系统建设、地铁建设等工程是一些目标明确的工程。这些工程的管理措施通常是明晰的、恒常性的。但是传染病疫情控制的动态变化通常目标难以明确，因此，防控工作具有很大的难度。我们必须运用科学合理性的公共管理方法，面对具体事情，作出具体分析，尽量控制重大疫情的动态变化所带来的负面影响。

新冠病毒肺炎疫情是典型的高危扩散性传染病，这种重大疫情防控的系统复杂性的不可预测性是一个显著特征，由于这种不可预测性，给这次重大疾病防控工作带来重重困难。面对传染病疫情，最困难的是不可预测表面上健康的人体是否携带新冠病毒，是否有潜在传染病毒的可能。因为按目前的医疗科技水平，我们不能用简单快速的方法来检验这两种可能性。这也是造成人与人之间的病毒传染的核心因素。在日常生活中，人与人之间是不断地交流接触，由于这两种可能性的不可预测，我们就很难推断某个人是否潜在具有病毒传染性的可能。因此，快速的传染病传播就发生了。如果不采取限制行动，我们很容易地用数列模型推断出感染病毒的人群迅速增加。

2020 年 2 月，新冠病毒疫情爆发之初，基于这次重大疫情的不可预测，给这次的防控工作带来极大的困扰和艰难的防控管理行动。中国政府采取了大量的工厂停工、学校停课、旅游景点关闭、酒店停开等措施。对于传染病发源地武汉市，还采取了封闭城区的管理措施，要求民众尽量留守在家里，出门戴口罩，住宅小区和工作单位实行封闭式管理。这些措施就是为了减少人与人之间的聚集和接触。尽力减少人与人之间的病毒传播，以便更好地控制传染病重大疫情。

医疗技术的科技创新在传染病防控重大疫情中有着极其重要的作用。假如我们在医疗技术上有重大的突破，能够具备简单快速的检测技术，可以快速地检测人体是否存在传染性病毒，是否存在有传染性的可能。这样我们就可以减少纷繁复杂的防控措施，攻克传染性的不可预测性，达到重大传染疾病防控的最佳效果。

高危扩散性传染病重大疫情防控系统复杂性的关联性是防控工作的一个重要特征。社会交往是人类社会的普遍活动，人类在生产活动、日常生活、娱乐活动和情感沟通等方面都离不开人与人之间的密切关联。人类社会是一个大系统，并且表现出系统的关联性。新冠病毒肺炎疫情的爆发，不仅卫生医疗方面，而且使人类各方面的活动都受到重大的影响。重大疫情，既表现出系统的复杂性，更重要的体现了它与社会其他方面的关联性。根据呼吸道疾病治疗理论，传染病直接的关联性就是会导致慢性呼吸道疾病。著名的呼吸道疾病治疗专家钟南山院士认为：“在中国，慢性呼吸疾病有 3 个明显的发病因素：空气污染严重、吸烟人口众多和重大急性呼吸传染疾病频发。”[14] 我们对于疫情的控制是以防控疾病为基础，需要社会各方面紧密相联的管理密切配合，运用整体思维的管理方法对互相关联的社会管理措施进行实际的推进。这样才能克服新冠肺炎病毒疫情复杂的关联影响。

从重大疫情的关联性来看，我们一方面要做好疫情的防控保护工作，另一方面必须加强经济生产。因为没有经济基础，没有物质支持，一切的医疗防控工作无法进行。所以，科学的公共危机治理，必须加强经济生产作为重大疫情的有力保障。

2020 年 5 月，我们在有效地防止传染性扩散的前提下，慢慢地让学校复课，让酒店开业，让旅游景点逐步开放。重大疫情的科学治理，必须是一边做好疫情的防控工作，一边恢复经济生产和人们的正常学习、工作、娱乐活动。只有这样，我们重视传染病疫情复杂系统的关联性，对传染性疾病做好长期的防控，运用系统性和整体性的防控战略，才能应对传染病重大疫情。

中国政府全面布局，科学的防控疫情。2020 年 6 月，疫情得到了良好的控制，各个省市的学校和工厂逐步恢复开学和开工。在 2020 年的第一季度，中国经济运行大部分停止。随着第二季度的经济复苏，下半年迎来了经济的全面恢复。在这种新冠病毒疫情控制艰难的生产条件下，中国成为了世界上的经济大国中 GDP 唯一增长的国家。在 2020 年的下半年和 2022 年，中国一边进行新冠病毒疫情防控，一边实行国内和国外经济双循环策略。在 2022 年，中国成功控制了新冠病毒疫情的扩散，并且在经济上大力地促进增长。

中国从 2019 年 11 月到 2022 年 12 月对新冠病毒疫情进行了有效的隔离和防控，运用了复杂性系统的管理方法，阻挡了疫情的大规模流行，使全国人民的生命财产得到了有效的保护。到了 2023 年 1 月，当时的新冠病毒疫情主要流行病毒奥密克戎的毒性和对人体的伤害比较小了。国家防疫部门通过详细分析，决定取消对疫情的隔离防控。在 2023 年的第一季度，随着放开管控，掀起了一股新冠病毒疫情的传播潮流，但是这时候的疫情对人体的伤害比较弱了，人体自身也能具备免疫力抵抗病毒。因此，这一次的疫情传播能够把各方面不良的影响减少到极点。到了 2024 年，新冠病毒疫情对人们的影响已经非常少，中国重新进入了高水平发展和提高新质生产力的全面建设，国家的治理发展更加稳步地前进。

5. 总结

我们通过分析 2019 年底到 2022 年的新冠病毒肺炎传染病重大疫情的控制情况，以及 2023 年的生产恢复和 2024 年的新质生产力提高的宏伟目标，将重大疫情的实际工作结合国家治理的科技创新理论、系统复杂性理论，对传染病疫情控制进行研究。依据国家治理的科学合理性为线索，研究了针对传染病重大疫情的公共管理与对策。充分肯定了中国对扩散性传染病重大疫情的科学治理范式。从这次重大疫情防控，可以看出中国速度、中国规模和中国效率，给全世界提供了国家传染病的危机治理典范和治理模式。

中国是世界上经济实力和军事实力都非常强大的大国，能够影响世界的格局。中国的国家治理规范具有中国特色，全国各级行政机关全面听从中央领导，依照中央的方针政策办事，对于中央的指令，能够做到快速有效地执行，可以做到行动军事化。中国的国家治理在中央政府的指令执行，执行的速度与效率等方面优于全世界。因为有了这种国家治理的优势，才能做到在中央政府的领导下，全民一心，群防群控。中国的各个地方政府、各个行业联合在一起。中央政府调集了优秀的医疗队伍，充分认识系统复杂性的系统性和整体性特征，对新冠病毒重大疫情进行协同防控，有效地控制了传染病毒的扩散和传播。

中国具体采取了如下有效的措施：核酸检测手段，健康码的进出依据，发现疫情有效地隔离，划分为高中低风险地区，对海外人员入境进行隔离，运用大数据技术寻找新冠病毒疫情人员的时空错位和相关联人群，全国实行疫苗注射等等。这些成功的经验使中国有效控制了新冠病毒疫情扩散，这些系统复杂性管理经验值得全世界的国家疫情治理学习。

参考文献

[1] 习近平，全面提高依法防控依法治理能力健全国家公共卫生应急管理体系，https://www.gov.cn, 2020.2.29。

[2] https://news.ifeng.com/c/special/7tPIDSzDgVk, 2020.3.02.

[3] https://i.snssdk.com/ugc/hotboard_fe/hot_list/template/hot_list/forum_tab.html, 2021.11.24.

[4] SchumPeter,J.A., *The Theory of Economic Development*(1912), Oxford University Press, London, 1961, p.8.

[5] www.gov.cn,2021.09.11，中国政府网，习近平 2020 年 9 月 11 日在科学家座谈会上的讲话。

[6] 汤治成，大众认识与技术范式的转变引起中国农村模式变革 [J]，自然辩证法通讯，2018 年第 40 卷（4 期），99 页。

[7] Gustave,Le Bon, *Crowd: A Study of the Popular Mind*, New York: Viking Press, 1960, p.26.

[8] Majone,C., *Deregulation or Re-regulation?* London: Pinter, 1990, p.24.

[9] Klir,G.J., *Facets of systems science*, New York: Kluwer Academic Plenum Publishers, 2001, p.4.

[10] Klir,G.J., *Facets of systems science*, New York: Kluwer Academic Plenum Publishers, 2001, p.135.

[11] T.Y.Li & J.A.York, Period 3 Implies Chaos, *American Mathematical Monthly*, 1975, p.82.

[12] https://news.ifeng.com/c/special/7tPIDSzDgVk, 2020.3.02.

[13] https://i.snssdk.com/gf/virus/country/?country_id=USA&click_from=overseas_new_curve&share_token=D9BEE229-02A1-4B8E-A89A-, 2021.11.24.

[14] 钟南山，慢性呼吸疾病的防治策略 [J]，中国临床保健杂志，2020 年 1 期，16 页。

“无为而治”管理思想的大众认识与自组织思维

导读：“无为而治”是中国古代思想家老子提出的管理思想，这种管理智慧深远影响中国以及世界文化。本章论述了“无为而治”是具有科学合理性的管理策略。运用大众认识理论和系统思维的自组织理论，对“无为而治”管理思想予以剖析。从大众认识与系统理论的自组织视域，探讨“无为而治”的管理思想精华。“无为而治”的管理对象是组织群体，然而人类组织具有复杂性，大众认识与自组织思维具有密切的相关性。“无为而治”的管理方式是大众认识和自组织理论的灵活应用，在管理决策中有高超的管理技术。

Introduction: “Governing by Inaction” is the management thought put forward by Lao Zi, an ancient Chinese thinker. This kind of management wisdom has profound influence on China and world culture. This article briefly illustrates that “Governing by inaction” has the scientific management thought. Using the self-organization theory of mass cognition theory and system thinking, to analyze the management thought of “Governing by inaction”. From the perspective of self-organization of system theory and mass cognition, This paper explores the essence of management thought of “Governing by Inaction”. The management object of “Governing by Inaction” is the organization group. The human organization is complex, and mass cognition and self-organization thinking are closely related. “Governing by Inaction” is the mass cognition and self-organization theory of flexible application, in the management decision-making in the superb management techniques.

“无为而治”是由我国古代思想家——老子在探索治理国家社会的方法时提出的。这种博大精深的管理思想，到了科技与管理高度发达的今天仍然闪烁光芒。“无为而治”的管理思想体现了我国古代哲学家的高度智慧，它为人类提供国家社会管理的宝贵经验，这种管理思想深远影响中国以及世界文化。“无为而治”是科学的管理思想。本文运用大众认识理论和系统思维的自组织理论，对“无为而治”管理思想予以剖析。从大众认识与系统思维的自组织理论视域，探讨“无为而治”的管理思想精华。“无为而治”的管理对象是组织群体，人类组织具有复杂性，大众认识与自组织思维具有密切的相关性。“无为而治”的管理方式是大众认识和自组织理论的灵活应用，在管理决策中有高超的管理技术。

1.“无为而治”的管理思想与大众认识、自组织的关系

“无为而治”是一种中国古代重要的治理国家的管理策略。它的思想来源在学术界仍然是有争议的，很多古代和现代的学者都认为是来源于老子的治国思想。但是有些学者提出不同的看法，有人提出来源于孔子，认为孔子所说的“无为而治”是舜的一种“悠游自逸”的治国方式。也有学者认为“无为而治”是由“垂拱之治”演变而来。

“无为而治”的管理与治国思想深远地影响中国古代的治国策略。它不仅是道家黄老的“清静无为”；也是儒家董仲舒的“寂寞无为”；更为重要的，它是法家韩非的“虚静无为”。韩非把“无为而治”的思想发展为“君人南面之术”的国家治理谋略。

从现代的哲学思想看，“无为而治”具有多元主义的文化汇合。这种管理思想不仅适用于治理国家，也可以用于管理社会的组织团体。因为“无为而治”的主体是群体的人和组织，所以群体的组织心理与行为对“无为而治”非常重要。“无为而治”管理的社会群体是一个具有各种不同心理的复杂性人群，我们必须把这一群体看成复杂性系统。基于这一视域，研究大众群体的大众认识和复杂系统的自组织现象，对于进一步理解“无为而治”的管理思想有很大的作用。我认为大众认识与自组织理论是“无为而治”

管理思想形成的基石。分析这三者间的关系，能进一步对“无为而治”作拓展性的研究。

我认为“无为而治”的管理思想来源于我国春秋时期的思想家老子。老子是道家的创始人，他的经典著作是《道德经》。《道德经》概括了老子的哲学思想，而“无为而治”治理国家社会的主张是《道德经》中的一部分内容。它充分地体现了老子的管理艺术。

“无为”思想在《道德经》中有着重要的地位。《道德经》强调“为无为，则无不治”，（第3章）但并没有直接说“无为而治”。“无为而治”的提法是孔子说的。在《论语·卫灵公》中，孔子说：“无为而治者，其舜也欤”。但“无为而治”的确是老子的主张。或者可以认为，孔子讲的“无为而治”，本来就是对老子思想的概括。[1]

“无为而治”的国家管理思想产生于2500年前，在以后的专制统治的中国，这种管理思想历来受到统治者和学者推崇。它是一种高效率的管理方式。

在《道德经》第57章中老子清楚地作了回答：“以正治国，以奇用兵，以无事取天下。吾何以知其然哉？以此。天下多忌讳而民弥贫，民多利器国家滋昏。人多技巧奇物滋起，法令滋彰盗贼多有。故圣人云我无为而民自化，我好静而民自正，我无事而民自富，我无欲而民自朴。”（大意是：我为什么主张无为而治？就是因为我本来主张“以正治国”，但现在的治国者自以为是，搞了那么多戒律、条例、禁令、法律和刑罚等等，这些东西越多，百姓越是无所适从，或越有空子可钻，结果是越治越乱。其实，有许多事情老百姓自己就能做得很好，所以我主张反其道而行之，来一个“以无事取天下”。）如果说提出无为而治有书面价值标准的话，那么正义就是这一主张的价值标准（“以正治国”）。怎么能达到正义就怎么去治国，无为而治最能达到正义，所以无为而治是最好的治国方法。[2]

由此可见，老子治理国家和社会的管理思想最重要的核心是“无为而治”。

但今天有些学者对“无为而治”持否定观点，认为“无为”是消极的“不作为”。我认为这是对“无为而治”的误读，“无为而治”并不是一种消极的不作为的管理方式。老子在《道德经》里说“道常无为而无不为”。相反可见，这种“无为而治”是一种积极而又有事半功倍的效果的管理办法。

从目前所研究的大众认识论和系统管理理论来看，“无为而治”是一种独特的管理方式。在大众认识与自组织的视域里，在一些组织与环境下，这种管理方式是可行和高效的。

结合现代管理的实践与理论，我认为“无为而治”有如下特点：

（a）管理过程运用宏观调控的方式。

（b）管理者在管理过程中投入的行动和指挥较小。

（c）管理者在管理过程中以指导、协调、引领为主。

（d）组织成员自觉地去完成工作或行动的目标。

（e）组织成员在行动过程中充分地发挥主观能动性。

（f）组织成员大都能达到大众认识的共识水平。

（g）整个组织的运作是一种组织系统的自组织的行为与协调。

2. 从大众认识看“无为而治”

人类的组织群体具有复杂性心理和认识。要做到组织管理的“无为而治”，那么组织的大众认识是非常重要的因素。只有达到大众认识的大概一致的共识，“无为而治”的管理方式才能实施。

何为大众认识？大众认识来源于大众认识论的概念。“大众认识论是我们思考我们自己和他人的信念的各种认识性质的日常能力。”[3] 那么大众认识可以理解为：一个组织群体的共同信念，它是一种集体的心理倾向，是一种群体认识的汇合。我们可以把这样的大众组织看成一个心理群体，这个群体的价值观受大众认识所支配。

一个心理群体表现出来的最惊人的特点如下：构成这个群体的个人不管是谁，他们的生活方式、职业、性格或智力不管相同还是不同，他们变成了一个群体这个事实，便使他们获得了一种集体心理，这使他们的感情、思想和行为变得与他们单独一人时的感情、思想和行为颇为不同。若不是形成了一个群体，有些念头或感情在个人身上根本就不会产生，或不可能变成行动。心理群体是一个由异质成分组成的暂时现象，当他们结合在一起时，就像因为结合一种新的存在而构成一个生命体的细胞一样，会表现出一些特点，与单个细胞所具有的特点大不相同。[4]

在大众认识的信念和价值观支配下，就形成了组织的心理群体。这时大众认识表现出一种集体心理。当要实现“无为而治”的管理目标时，大众认识就成了组织群体行动的导向。大众认识还具有传染性的特点，在组织群体中，心理倾向和感情、行动都有传染性。有共同大众认识的群体容易协调一致地行动，因为大众认识是组织群体形成行为的源动力。

大众认识受到组织群体的文化、经济、习俗、宗教、生活环境等因素的影响。大众认识一旦形成，组织群体的管理者只用权威和引导，并顺应大众认识的价值取向，就可以达到“无为而治”的管理目标。

“无为而治”实际上就是建立在大众认识基础上的“宏观调控”的管理策略。管理是计划、组织、指挥、调节、控制的过程，“无为而治”的管理思想体现了宏观调控的特点。

管理活动通常是管理者和他们的团体成员一起，通过各种协调分工，迈向预定目标的活动。在“无为而治”的管理思想里，管理者主要起指导作用，他一般向目标团体发出预定目标信息，怎样实现目标的步骤，资源如何调配使用。领导在管理过程中，起着领航指引作用，使组织群体里的行动尽量不会偏离主要的目标，让组织的各个成员团结一致，共同合作以达到预定目标。也就是说，他们的主要作用就像现代管理学中的宏观调控作用。“无为而治”要求管理者不要事事躬亲，只作顶层设计、顶层控制。这样管理者实际的管理工作减少，尽量做到“无为”。这种“无为而治”就是宏观调控的充分表现。这样做不但能使管理者工作和行动减少，而且更能发挥团体里的各个成员的主人翁精神。

正是因为这种“无为而治”的宏观调控，它使整个组织里各个成员发挥主观能动性作用。领导对他们的充分信任，使他们认为自己也是团体里的主人翁，实现团体预定目标的计划，实施迈向预定目标的过程行动。组织群体在大众认识的基础上思考，他们不是在执行命令，而是在创造性地完成自己预定目标。可见“无为而治”能够大大地提高成员的积极性、自觉性和创造性。这样既能发挥每个群体成员的潜力，又能够加强团体成员的凝聚力。如果能够让群体里每个成员都有主人翁的责任感，那么这个组织完成预定目标的速度和力量就会极大地提升。管理先管人，管人先管心，攻心为上，攻城为下。在管理活动中，人的大众认识极其重要，它是实践活动的信念和动力。“无为而治”是老子所认为最佳的治理国家和社会的方法，它是建立在大众认识基础上的一种管理艺术。

在大众认识基础上进行“无为而治”的管理活动中，可以看出，组织群体在行动中实际上形成了心理定势。心理定势（mental set）就是用某些特定的模式、计划或者过程，或者可以说，用某些特别的模式，而不是其他最合理的模式来看待事情发展的趋势。[5] 如果组织群体顺应心理定势的发展，“无为而治”的管理方式是非常有效的。“无为而治”是组织团体处于管理和约束较小的一种系统状态，此时组织的集体心理和心理定势对组织群体的行为和协调起着重要的作用。集体心理和心理定势是大众认识的基础，因此大众认识与“无为而治”有密切的联系。

3. 从自组织理论看“无为而治”

人类组织是一个复杂性的系统，组织具备管理过程的复杂性特征。从组织个体的心理状态来看，这些组织群体的认识是多样的，大众认识间的联系处于有序与混沌之间。要使“无为而治”的管理方式顺利实施，理解管理的复杂性，发挥组织系统的自组织能力非常重要。

在管理学理论中，复杂性是指：组织的细分程度，一个组织越是进行细小的行动分工，就会有越来越多的纵向等级分层，组织个体的分布更加广泛，那么协调工作和行动就会越困难。[6]

复杂的组织系统里，普遍存在系统的自组织功能。在大众认识论和系统理论中，组织群体的心理定势和自组织功能是相互关联的。自组织的功能越强，“无为而治”的管理策略就越容易实施。

何谓自组织，是系统管理理论的概念。它是指系统通过自身的力量自发地增加它的活动的组织性和结构的有序度的进化过程，它是在不需要外界环境和其他外界系统的干预或控制下进行的。[7]

在管理过程中，自组织表现为整个系统里的各种子系统，系统所组成的元素自觉地、自发地进行实现目标的活动。活动往往可以在不需要强制性的命令和指挥下完成。自组织能够发挥系统里各个元素相互协调、自发行动的功能。"无为而治"的管理思想正好体现这种自组织的特征。

组织系统中的自组织功能，通常是以有秩序的模式，在相对稳定的环境下进行的活动。在"无为而治"的管理活动中，自组织功能促进组织群体推进他们的行动目标。管理活动就会有投入少、效果明显的成绩。正如老子所说:"无为而无所不为。"

在"无为而治"的管理活动中，自组织功能的形成相当复杂，这也涉及到很多的大众认识问题，并要从社会功能的主要方面作出探究。一般来说，自组织功能形成的前提条件是要具有基本一致或大多数组织成员认同的共同利益、目标、信念、认识等等。最后，组织群众有共同关心的事情，这样整个组织便会团结起来，一起去完成他们的目标。由于有大致相同的大众认识，组织群体之间的行动就容易协调。自组织还有组织群体的主动性和自愿性，有了这些心理定势，整个群体的行为一定是高效的。自组织活动在纪律约束方面有很大的自觉性，在管理活动中不用制定严格的规章制度。自组织活动是一个人际关系融合的管理过程，这些特点都会在"无为而治"的思想中充分体现。

正如 18 世纪英国经济学家亚当 ·斯密在他的《国富论》写道:"每个人都在力图运用他的资本来使其产品得到最大的价值。一般说来，他并不企图增进公共福利，也不知道他所增进的公共福利是多少。他所追求的仅仅是他个人的安乐，仅仅是他个人的利益。在这样做时，有一只看不见的手引导他去促进一种目标，而这种目标决不是他所追求的东西。由于追逐他自己的利益，他经常促进了社会利益，其效果要比他真正想促进社会利益时所得到的效果为大。" [8] 在这里，亚当·斯密所说的"看不见的手引导"，就是一种典型的自组织管理功能。从系统的自组织特点来看，"无为而治"的管理思想正是自组织管理理论的操作模型。

"无为而治"是一个有秩序、相对稳定的组织系统，它有动态的变化过程，这种治理过程不是由外界的控制干预，而是一种自发形成的系统运动。

4. 从大众认识和自组织看“无为而治”的优点和缺点

“无为而治”的管理思想在管理技术和领导艺术方面有着很大的参考价值。这种管理方法可以使管理者的行为活动达到最小化，它可以使组织群体里每个成员充分地发挥主观能动性的作用，运用大众认识来指导自组织的方式使管理的效率达到最大化，实现管理目标，管理过程可以事半功倍。“无为而治”的管理思想使管理者能够轻松地指挥组织群体去实现目标。

整个团体的活力和凝聚力是非常强大的。组织群体里的成员不是工具的作用，而可以发挥他们的主动性和积极性。在实现目标的过程中，他们往往有出色的表现，能够完成他们要争取的目标。在“无为而治”的管理过程中，管理者起宏观管理的作用，关心和思考全局问题，细小的事情全由组织的成员去完成。可见，“无为而治”是一种大众认识与自组织的灵活运用。

但是，“无为而治”也存在着管理上的缺点，太多的不管理，太多的自治和自组织，会造成难以调节和控制，团体里的成员也容易偏离目标，各自为政。没有严格的纪律，一味强调“无为而治”会造成组织松散。过分强调组织群体成员发挥主观能动作用，会削弱集体的凝聚力。“无为而治”需要较强的自觉性，自组织依赖于共同的大众认识。

我认为，“无为而治”的社会治理思想绝不能滥用。在管理实践活动中，要做到具体问题具体分析。其实，老子提出“无为而治”管理思想时，就告诫了统治者要学会灵活运用。

老子在《道德经》说:“知不知上，不知知病”（第 71 章）;“知人者智，自知者明”（第 33 章）;“知者不言，言者不知”（第 56 章）。这些话都是告诫管理者头脑要清醒，要知道在管理中自己有许多东西是不懂的，决不可夸夸其谈，胡乱地发号施令。社会管理中的许多混乱现象，其实是管理者没有自知之明，瞎指挥造成的。[9]

因此，我们在研究“无为而治”的社会治理思想时，必须结合大众认识与自组织理论，用系统性和整体性的思维，灵活运用“无为而治”的管理思想。

参考文献

[1] 张尚仁，新译新编新解《道德经》[M]，云南民族出版社，2008，155 页。

[2] 张尚仁，新译新编新解《道德经》[M]，云南民族出版社，2008, 156 页。

[3] Spicer,F., Cultural Variations in Folk Epistemic Intuitions, *Rev. Phil. Psych.* (2010) 1:515 - 529, Springer Science Business Media B.V. 2010, p.515.

[4] [法] 勒庞著，冯克利译，乌合之众：大众心理研究 [M]，中央编译出版社，2015，6 页。

[5] Galotti, K . M ., *Cognitive Psychology: In and Out of the Laboyatory*[M], 5th edition, chapter 10, p.159.

[6] Robbins, S.P., *Management*[M], 4th edition, Chaper 4, 1994, p.208.

[7] 颜泽贤、范东萍、张华夏，[M]《系统科学导论》，人民出版社，2006，149 页。

[8] 亚当 · 斯密，《国富论》(1776)，转引自 [美] 保罗 · A. 萨缪尔森、威廉 · D. 诺德豪斯著，胡代光等译，《经济学》(第 14 版)，北京经济学院出版社，1996 年版，62 页。

[9] 张尚仁，新译新编新解《道德经》[M]，云南民族出版社，2008，157 页。

从科学认知与复杂系统思维看孙子兵法的谋略

导读：孙子兵法是我国春秋时期杰出的军事家孙武的战略理论，它是中国和全世界的优秀文化遗产，其完美的战争谋略渗透着哲学思想的精髓。它是科学认知的智慧结晶，是复杂系统思维与战略实践相结合的产物。本文以科学认知的基理与复杂系统思维为理论基础，对孙子兵法进行全面的解读，分析它绝妙的战略精华。从科学认知与复杂系统的视域出发，给孙子兵法一种新的解释。阐明孙子兵法是具有科学合理性的谋略。

Introdution: Military Science of Sun Zi is a paper of the outstanding military strategist Sun Wu in the Chunqiu Period. It is the outstanding cultural heritage of China and the whole world. It is perfect war strategy that permeates the essence of philosophical thought. It is the scientific knowledge of the crystallization of wisdom, there are a complex system of thinking and the combination of strategic practice products. Based on the theory of scientific cognition and complex system thinking, this paper makes a comprehensive interpretation of Military Science of Sun Zi and analyzes its wonderful strategic essence. From the Perspective of Scientific Cognition and Complex System, a new explanation to Military Science of Sun Zi. It is clear that Military Science of Sun Zi is scientific and rational strategy.

孙子兵法是我国春秋时期杰出的军事家孙武的作品，大约创作于公元前 516 年，留传至今的兵法一共 13 篇。它是中国和全世界的优秀文化遗产，其完美的战争谋略渗透着哲学思想的精髓。孙子兵法谋略被全世界广泛推崇，深刻地影响和应用到各个领域。它是科学认知的智慧结晶，是复杂系统思维与战略实践相结合的产物。本文以科学认知的基理与复杂系统思维为理论基础，对孙子兵法进行全面的解读，分析它的绝妙的战略精华。从科学认知与复杂系统的视域出发，给孙子兵法一种新的解释。阐明孙子兵法是具有科学合理性的谋略。

1. 孙子兵法的科学认知思维

孙子兵法是中国古代最早的最杰出的军事战略理论，作为世界上最早的系统性阐述军事思想与策略的理论体系，孙子兵法体现了科学认知和科学合理性的高度智慧，其理论处处体现了认知的科学性和科学的逻辑推理。

纵观孙子兵法整个理论体系，展现了科学认知的全面策略。孙子兵法的战争整体观，动态协调作战观，攻守兼备作战观，战争人员心理分析，战争环境的分析，机动作战原则等等理论，正是体现了孙武以自然认知和日常认知的朴素认识论为基础，创造了孙子兵法，把自然认知和日常认知上升到科学认知的高度。使其战略思想体系形成了一个科学合理性的体系，那么孙子兵法的战略思想必然是最有效率的，使战略目标能达到最大值。

何谓科学认知？科学认知是个宽广的概念，有的学者从知识性质、组成、发展、应用等概述；有的从人的认知和智力本质特征进行描述；有的从心智理论和大脑科学进行描述。

我认为，在社会实践活动中，科学认知是人们对世界事物的科学认识，这种认知代表当前最权威科学的知识概括。在实现预定目标的过程中，能做出最简单、最具科学合理性的选择与行动。科学认知与迷信、伪科学、非科学有强烈的对立。

孙武论道："怒可以复喜，愠可以复悦；亡国不可以复存，死者不可以复生。"[1] 可以看出，孙武并不相信生死轮回的有神论。从《孙子兵法》的整篇兵书来看，查找不到孙武有关迷信的思想，看不到他对神灵的神秘主义的膜拜。孙武的思想具有朴素的唯物主义，是一种科学认知的思维。

孙子兵法理论阐述兵势、正兵、奇兵、谋攻、军争、九变、行军、用间等谋略。这些谋略都是最直接、实用、简单、有效的方法。从方法论的哲学视角来看，这些谋略方法极具科学合理性，是一个科学认知理论的生成过程。孙子兵法具有很强的实用性，它的谋略以达到最大的效用和目标为宗旨。它是实用主义和科学认知思想高度结合的智慧成果。

孙子兵法的整个思想核心是以智谋取胜，孙武所认为的战争实力是包括兵力和智谋的联合实体。因此，孙子兵法对用兵非常谨慎，对战略决策非常认真仔细，力求做到万无一失。这正体现了科学认知对所认识的事物不断探索，力求真理的认识过程。

《孙子兵法》所述："夫兵形象水，水之形，避高而趋下；兵之形，避实而击虚。水因地而制流，兵因敌而制胜。故兵无常势，水无常形，能因敌变化而取胜者，谓之神。"[2] 孙子兵法的这种谋略，是先从总结自然认知与日常认知开始，然后发展到科学认知的概括，最后才做出谋略的设计。

在这里孙武以对水的自然认知和日常认知分析为基础，推理出水"避高而趋下"的自然特点。进一步从"水之形"推理出"兵之形"。由"水因地而流"，推理出"兵因敌而制胜"。最后指出结论"故兵无常势，水无常形，能因敌变化而取胜者，谓之神"。从孙武这种演绎归纳的推理可看出，孙子兵法的谋略并非凭空想象，而是通过一个复杂的科学认知过程而得出最后结论。从哲学的方法论方面来分析，它具有科学的合理性，是一个科学认知的认识过程。因此，孙子兵法是科学认知的最终产物。

2. 谨慎的战争思考——复杂系统的整体性思想和信息论思维

如何分析战争的利弊，怎样评估战争对社会的影响？这是值得军事理论家研究探讨的问题。《孙子兵法》的首篇指出："兵者，国之大事，死生之地，存亡之道，不可不察也。"

这一论断不但是该书的纲领，更充分反映了孙武对战争的重视和审慎对待战争的思想。在孙武看来，战争是直接关系到国家、民族兴盛衰亡的大事。对战争，必须要有深刻的理解，时刻保持理性的思考。[3]

孙子兵法指明：必须经过谨慎的考虑，仔细分析才能发动战争。所以战争中要对全局进行分析，即对战争作整体性的分析。这种谨慎，对于战前的信息收集，战争过程的信息的捕捉，也是决胜的关键。

（1）战争的整体作战观——复杂系统的整体性思想

复杂系统由许多不同的元素组成，各个元素之间存在着互相联系和相互作用。彼此间既有独立性一面，又相互形成一个整体，整体性是复杂系统的重要特点。复杂系统整体性是指：系统的各个组成元素之间由于互相影响、互相制约、互相联系、互相作用而构成的网络结构。

孙子兵法的战略考虑具有复杂系统的整体性特点。

《孙子兵法》的计篇写道："故经之以五事，校之以计，而索其情：一曰道，二曰天，三曰地，四曰将，五曰法。"孙子兵法要求作战必须联系道、天、地、将、法五个方面，把作战作为一个互相联系密不可分的整体性复杂系统。这五个方面相当于复杂系统中的五个元素，各个元素构成相互联系、影响、作用的一个网络整体，密不可分，缺一不可。从战争联系到国家的生死存亡，表明战争属于国家社会这个复杂系统的一部分，战争会受到政治、经济、社会等多种因素的影响，表现了战争复杂系统的整体性。

它把战争的复杂系统描述成了一个统一的整体，认为整体的性质不能简单还原为部分的性质，要求对整体中的每一元素不能做出分割。这些构成整体的系统中的元素是呈网络状态连结而成，一旦将它们割裂，那么等于把网络的连接断开，则整个网络系统必然受到很大的影响。

诚然，要使复杂系统里的整体性能够统一，各个元素万众一心，各个元素能够平衡兼顾，这需要做出很大的努力对整体性进行协调。孙子兵法把"道""天""将""法"等元素进行连结，全方面地考虑，这是复杂系统整体性思想的精华。

怎样在战争中进行整体作战与局部作战？无论古今中外，这都是战略指挥家们思考的一个重要问题。这个战略问题没有标准的应对策略，必须根据具体问题具体分析。在这方面，孙子兵法提出了"因敌制胜"的原则，也就是根据敌人的具体情况调动整体与局部的差异，想办法运用整体兵力对应敌人的局部兵力，以获得兵力的优势，改变敌我双方力量的对比，取得作战的胜利。孙子兵法的这种策略，被近现代我国伟大的战略指挥家——毛泽东应用为“运动战”，在解放战争时期，常常采用集中整体的优势兵力战胜敌人的局部兵力，取得战争的胜利。

孙子兵法的整体与局部用兵有两个问题值得深入研究。一个是要善于运用空间和时间可以相互过渡相互补偿的特性。如上述整体的等势或劣势转化为局部的优势和胜利，再由局部的优势和胜利导致整体的全面胜利，往往（不是所有情况）需要设法减少交战的空间，缩短战线，并把空间的缩小转化为时间的延长。因为整体的等势或劣势一般总会在空间上表现出兵力不足（相对于整个敌方或为了达到以绝对优势兵力打敌之一部分），需要用延长时间来克服并扭转局势，即需要通过一个一个局部胜仗的积累，逐渐改变力量对比，这就需要时间。另一方面，为了在局部战场上造成优势地位，捕捉最有利于我不利于敌的作战地点和作战时机，又需要以尽快的速度，在广阔多变的空间调动军队，形成新的阵形。表现为通过跨跃空间（“并力”）换取交战时间的缩短（速胜）。孙子说：“兵之情主速，乘人之不及，由不虞之道，攻其所不戒也。”（《九地篇》）[4] 这里面就包含着时间和空间的相互变换。孙武在作战中整体性的分析，其理论机理正与复杂系统的整体性思想相吻合。

（2）战争的信息作战观——复杂系统的信息论思维

当代信息科学与信息哲学揭示了人的认识发生的信息中介性特征，并把人的认识看作在多级中介中展开的信息建构与信息虚拟的过程。[5] 信息论在系统科学中占有重要的地位，无论是贝塔朗菲系统结构纲领还是钱学森的系统科学框架，信息论都占有一席之地。

《孙子兵法》写道：“故三军之事，莫亲于间，赏莫厚于间，事莫密于间。非圣智不能用间，非仁义不能使间，非微妙不能得间之实。微哉！微哉！无所不用间也。”[6] 这里的“间”，就是间谍，实际上就是军事作战中的情报与信息。《孙子兵法》在用间篇论述了“用间”对于整个作战体系的作用，强调信息作战的重要性。在复杂系统里，信息在系统与外界环境起着沟通与交流的作用。孙子兵法强调“用间”，重视信息作战在整个战争的作用。

“知彼知己者，百战不殆；不知彼而知己，一胜一负；不知彼，不知己，每战必败。”[7] 孙子兵法把“知”作为重要的战备因素，孙武极其反对战争行动的盲目性。这种作战的信息情报收集，直到今天仍然发挥巨大的作用，世界各国的军队都加强情报工作。以信息情报作为作战计划的重要依据。

孙武把“知”的策略贯穿他的整个作战谋略。“知吾卒之可以击，而不知敌之不可击，胜之半也；知敌之可击，而不知吾卒之不可以击，胜之半也；知敌之可击，知吾卒之可以击，而不知地形之可以战，胜之半也。故知兵者，动而不迷，举而不穷。”（《地形篇》）。[8] 由此可见，如何在战争中获取信息，是战争胜利的保证，充分体现了孙子兵法的复杂系统信息论思维。

这些信息对于整个复杂系统相当重要。人们在夺取目标的过程中，必定从信息搜集出发，这是实现目标的关键。无论是战争或者是商业活动都是如此。孙子兵法从“用间”和“知”为手段，把握战斗的计划准备，展现复杂系统信息论思维。

3. 战争的机动性——复杂系统的动态理论与突变理论

（1）战争的动态作战观——复杂系统的动态系统理论思维

动态系统理论有数学和物理学方面的基础。其目标在于用少数变量从数学方面研究、描述系统变化的一般特性，而任何一个系统都被定义为变量的一个集合，而这些变量由独特的互动原理（法则）管理着，系统的状态是变量互动变化的结果。[9]

孙子兵法把战争行动看作是一个复杂系统的动态变化过程，在战争的大系统里各种外界环境和子系统都处在一个变化的运动中。如何能够控制这些系统的动态过程，使之有利于自己的发展，而不利于敌人的生存？这是孙子兵法考虑的一个重要问题。孙子兵法强调机动灵活的作战方法，用这种权变的快速反应来对付战争的复杂系统的动态变化。机动灵活和快速反应是孙子兵法的核心战略。这种战略和方法可以使自己的军队适应战争复杂系统的变化，把自己置于一个复杂适应的活系统里，从而取得战争的有利因素。

《孙子兵法》的谋攻篇写道："故用兵之法，十则围之，五则攻之，倍则分之，敌则能战之，少则能逃之，不若则能避之。故小敌之坚，大敌之擒也。" [10] 这段文字大意是：因此，用兵的方法就是：我方兵力是敌兵十倍时，就包围起来攻打他们。我方兵力是敌兵五倍时，就正面进攻敌人。我方兵力是敌兵的两倍时，就想办法分散敌人再攻打。如果兵力少于敌方，就得坚守或逃走，避开敌方主力。所以弱小的军队顽固地去坚守，只会成为强大敌人的俘虏。

这就是孙子兵法在敌我两方兵力总量上的一个动态分析。整个战争复杂系统是一个动态的变化系统，敌我两方的兵力在不同阶段、不同的空间会有不同的数量对比，所以在战争中须采取不同的权变应对策略。

必须指出的是，孙子兵法的兵力数量分析是针对当时冷兵器时代的兵力评估。现代战争则不同，我们必须把"兵力数量"看成是敌我两方的"综合战斗力"评估。这才是孙子兵法的现阶段灵活运用。

孙子的形论和势论都研讨兵力调度和作战部署的问题，所以二者在内容上有某些交叉，有相互包含交互为用的紧密联系。如"攻其无备"与"避实击虚"在实战中常常相互重合。无备则虚，虚多因于无备。又如"避其锐气，击其惰归"，亦可理解为"避实击虚"的一种特殊情形。故此，一些关于兵形指导规律也适用于兵势。反之亦然。孙子曰："兵无常势，水无常形"，兵势和兵形都流水一样变动不拘，没有固定不变的模式。而"奇正之变""击其惰归"也必须遵守因敌制胜法则。[11]

从这些论述可看出，孙武的这种动态作战观正是运用了复杂系统的动态系统理论思维。在作战的分析中，兵势与兵形相互联系、相互影响。孙子兵法利用了这种兵势的动态变化的规律，制定出相应变化的用兵策略，在战争的谋略中有独特之处。

(2) 战争的不可预测性——复杂系统的突现理论

突现的其中一个特征是不可预测性。即，突现性质在出现之前一般是不可预测的，即使我们对它的组成部分的特征及其规律有完备的认识。在系统整体出现前（这里指的是在我们的知识中，这类系统整体在这时还从来没有出现过），由于不存在系统整体的内部关系和外部关系，也不存在这些系统整体赖以出现的那些初始条件和边界条件。从低层次的观点来看，不可预测性初始条件和边界条件的出现在大多数情况下是非决定性的、偶然的、非本质的，因此，从这些将要成为整体的组成部分的元素及其相互关系中，是不可能预言（或预测）将形成的整体及其突现性质的。[12] 战争实际上也是一种系统运动，这种运动具备复杂系统的突现特征，其充分的表现就是不可预测性。因为系统运动本身就很难预测不规律性的系统环境变化，这是由系统运动本身的特点所决定的。因此，在战略决策上必须要考虑到战争的系统突现的现象。例如：战争的政治、经济、自然环境、作战心态等因素经常变化，不可预测，但却深远地影响整场战争的胜败。孙子兵法的谋略能够充分地体现这些战争谋略。

在《孙子兵法》的九变篇中，这种突现的不可预测性表现得淋漓尽致。“凡用兵之法，将受命于君，合军聚众，圮地无舍，衢地交合，绝地无留，围地则谋，死地则战。”[13] 这种“圮地”“衢地”“绝地”“围地”“死地”，表现在与敌作战中会遇到许多不可预测的作战环境。作战就是在一个复杂的大系统中，其环境的变化是不由人的主观意志所能决定的。它表现的正是复杂性系统中突现的不可预测性。这种突现是偶然的，非本质的，非决定的。在作战中必须为复杂系统的突现做好准备。

孙子兵法能够觉察战争的变化无常、战争情况的不可预测。从“兵无常势、水无常形”“五行无常胜、四时无常位、日有短长、月有死生”这些变化的景象中分析战争的情景变化，实际上是应用了复杂系统的突变理论。战争的情景这种突变的不可预测，就要求采取灵活多变的措施以应对突现。孙子兵法要求因应这些变化而做出不同的战略部署。

4. 战争的复杂性——复杂系统混沌思想

哈肯在《协同学导论》中指出："我们定义混沌性为来源于决定性方程的无规运动。"中国学者郝柏林与哈肯持相近的观点，认为："混沌决不是简单的无序，而更像是不具备周期性和其他明显对称性特征，混沌是系统的内在随机性。"[14] 研究表明，混沌是复杂系统的重要特征，比如内随机性，对初值的敏感性，也就是我们所说的"蝴蝶效应"，具有无序性和普适性等。但是，混沌也不是绝对的无序，更不是简单的杂乱，它具有复杂性的有序因素。

《孙子兵法》在地形篇写道："地形有通者，有挂者，有支者，有隘者，有险者，有远者。"其大意是：地形有通形、挂形、支形、隘形、远形等五种。把作战的地形分析作无序、非线线、不对称、杂乱等各种各样的混沌状态，这种状态包含复杂的有序因素和无序因素。要求作战中，针对这种复杂系统的混沌地形状态，做好相应的组织和控制的工作，才能取得作战的胜利。这种绝妙的地形分析，完全表达了复杂系统的混沌理论。

孙子兵法的"奇正相生"军事战略思想，体现了复杂系统的混沌机理。孙武在论述作战经验的过程中，表现出了非常丰富复杂系统的混沌思想。他把作战的各种影响因素描述为"奇正相生"，没有固定的、统一的规律，并时常处于杂乱的状态。这种状态，以复杂系统的视域来看，是一种混沌的情景。这就要求战争的决策者要善于在混沌无序的战争条件下做出系统而有序的分析。无论"奇"与"正"如何变化，混沌状态如何不清晰，但战略上必须做出明确合理的决策，在混沌中取胜。这正是孙子兵法的高明之处。

孙武认识到每一事物都存在着矛盾，在研究战争的发展规律时，就能从对立的范畴出发，从主客、众寡、强弱、分合、攻守、进退、奇正、虚实、动静、勇怯等出发，分析这些矛盾的性质和相互转化的条件，建立一整套战略战术理论。[15]

这种规律，体现了复杂系统里混沌的现象，有序和无序，对称和非对称，线性和非线性的变化。从孙子兵法的"奇正"理论看，其机理正好是复杂系统里混沌思想的表现。

混沌使复杂系统所面临的问题更加复杂。复杂系统的各个系统和各个元素时而有序，时而无序，从有序变为无序，从无序会变为有序，有时它又杂乱和无规则。这种混沌一直以来都是复杂系统理论里的难题。如何对付这些混沌，自有人类文明以来，人们便想出各种不同的系统工程应付混沌情景，发现规律。孙子兵法的思维总是把战争环境看成是复杂系统的混沌，采取五花八门的详细分析找出各种各样的应对措施，以求乱中求胜，突破混沌难题。

5. 以人为核心的治军原则——复杂系统的下向因果思维和自组织思维

孙子兵法非常重视人在战争中人的关键作用，孙武的后人孙膑提出了“天地之间，莫贵于人”的著名军事原则。这一谋略正是孙武重视对将士的训练与交流，提高军队战斗力策略的继承和发展。人是战争中的主体，无论古代还是现代；无论是冷兵器还是今天的高科技武器；人在战争中最终起到决定性作用。因为任何的武器都是由人操作，任何的军事行动都是由人来组织。为了适应各种战争，孙子兵法非常重视对军人的管理。从复杂系统的视角来看，孙子兵法具有复杂系统的下向因果思维和自组织思维的特点。

(1) 作战组织中的层级关系——复杂系统下向因果的思维

下向因果作用是什么？又是如何表现出来的呢？最早精确而不带隐喻地说明下向因果关系概念的，是美国前心理学会主席，认知心理学家唐纳德·坎贝尔（Campbell, D.）。他指出：“所谓下向因果关系原理指处于层级的低层次的所有过程都受到高层次规律的约束。并遵照这些规律行事。”[16]

《孙子兵法》在地形篇中写道：“视卒如婴儿，故可与之赴深溪；视卒如爱子，故可与之俱死。厚而不能使，爱而不能令，乱而不能治，譬若骄子，不可用也。”这表达了孙子兵法重视低层次（士卒）受到高层次（将领）的约束，社会系统中，士卒的个人行动受到政治、法律、道德和社会规范的约束，体现在社会的复杂系统中下向因果的作用。从这种兵与将的关系中可以看出：下向原因果作用在社会生活中也非常明显。

在社会系统中的个人行动，其主要约束力不是生理和心理的规律，而是社会的经济规律以及政治、法律、道德的社会规范。社会是由个人组成的，理性、自利的个人相互博弈，产生了社会契约和社会规范。因此，个人之间的协同作用是社会组织及其各种社会规范出现的原因，即上向因果关系。但社会组织或社会规范一旦突现，对个人的行为就会产生各种约束力，甚至是决定性的影响，这种影响就是社会或组织个人的下向因果作用。[17]

下向因果作用是复杂系统的基本特征之一，在系统的层级里，处于低层次的层级必然受到高层次的层级的制约。反过来，处于高层次的层级又受到低层次的层级的影响。两者间有相互影响的关系。然而，在复杂系统的最低层级，我们可称之为基础层级，它在整个系统中有基石的作用，如果没有这种作用，那么高层级的规律难以发挥作用。在孙子兵法中，高层次（将领）与低层次（士卒）正是如此，可见重视这种层次的关系是体现复杂系统下向因果作用。

（2）作战士兵的意志和心理表现——复杂系统的自组织思维

什么是自组织？自组织是复杂系统管理的概念，在管理过程中，自组织表现为整个系统里的各种子系统，系统所组成的元素自觉地、自发地进行实现目标的活动。活动往往可以在不需要强制性的命令和指挥下完成。自组织能够发挥系统里各个元素的相互协调、自发行动的作用。[18] 在孙子兵法的谋略中极为重视军事行动管理的组织行为，充分地发挥士兵的自觉能动性，顺利地完成各种行动目标，发挥积极的战斗作用。

《孙子兵法》在九地篇写道：“投之无所往，死且不北，死焉不得，士人尽力。兵士甚陷则不惧，无所往则固，深入则拘，不得已则斗。是故，其兵不修而戒，不求而得，不约而亲，不令而信。”[19] 从这里可看出，这是孙子兵法精妙的复杂系统自组织理论，它把士兵放置在一定的战斗环境中，由于这些特殊环境的影响，士兵为了求生存，不得不自觉地形成复杂系统的自组织结构，而不需要将令法规而自发形成，产生极高的战斗力。从无序到有序，不由外界干预，也不由系统控制者特定指令而形成。在复杂系统里，自组织的作用是必然的。孙子兵法让自组织的作用在复杂系统中发挥其最大值。孙武正是抓住这一特点，让战斗的环境迫使士兵们自觉求胜，发挥复杂系统中自组织的最大作用。

在军事行动中，自组织的积极作用对作战士兵的意志和心理素质的提高有很大的帮助。自组织会形成一个有共同意志的团体，这种团体一旦形成，会产生极强的集体主义信念。这时，士兵的个人利益会自觉地服从集体利益，强大的集体主义信念会超越个人主义信念。这样，便会形成一个具有极强战斗力的自组织系统。古今中外的很多战例，都展现了这种战斗组织强大的战斗力。孙子兵法的谋略，正是体现了这种自组织思维。

由于士兵面临险景，要生存必须使整个组织团结而稳固，增强整体的战斗力，战胜敌人才能获得胜利。基于这种情况，自组织的作用突显，士兵的斗意极高。孙子正好是利用复杂系统中自组织的规律。

6. 战争的战略决策——复杂系统中软系统方法理论

软系统方法论是英国学者切克兰德建立的一门解决目标问题的新兴复杂系统科学。它是相对硬系统而言，更为灵活，更为方便，更利于解决问题的办法。其特征是研究的系统目标不明确，而且是多元的，是一个组织起来的学习过程系统。

孙子兵法的作战理论就是运用这种权变的软系统方法。它采取具体情况具体分析，从作战、谋攻、形势、虚实、军争、行军、地形、火攻、用间等各方面详尽阐释攻与守的实战思想。它没有一成不变的结论，只有灵活的权变谋略，这刚好展现了复杂系统里软系统方法论的思维方式。

孙子兵法阐述了作战的地形、目标、军队情况、环境、信息、物资等各种不同的情况。体现了复杂系统的不确定性，动态的不稳定性，动态的变化过程，从而提出各种不同的作战对策，这正好体现了软系统方法解决问题的灵活性，多手段性、权变性、适应性、快速性。

在复杂系统里，向预定目标进取的过程中会遇到很多不可预测的阻碍因素。因此，在对行动方案进行决策的过程中采用软方法、权变的方法是必不可少的，因为面对系统的复杂性就只能以万变以对千变。

《孙子兵法》论道："策之而知得失之计，候之而知动静之理，形之而知死生之地，角之而知有余不足之处。故形兵之极，至于无形；无形，则深间不能窥，智者不能谋。因形而措胜于众，众不能知；人皆知我所以胜之形，而莫知吾所以制胜之形。故其战胜不复，而应形于无究。"因此，用兵的规律好像水，水流动的规律是避开高处而流向低处，用兵的规律是避开敌人坚实之处而攻击其空虚薄弱的地方。水因地势的高低而制约其流向，用兵则要根据不同的敌情而决定取胜的不同战法，所以，用兵作战没有固定不变的方式、方法，就像水流没有固定的形状一样，能根据不同的敌情而取胜的，就可以称做用兵如神了。用兵打仗的规律就像自然现象一样，永远处于变化之中。[20] 基于变化而采用不同的对敌作战的方法，以求在战争中取得胜利，孙子实际上是应用到复杂系统中软系统方法的决策分析理论。

综上所述，孙子兵法具有丰富的科学认知与复杂系统的思维，其谋略是科学合理性决策的展现。孙子兵法的思想体现了科学认知的知识观，它是中国古代的科学思想精华。

参考文献

[1] 孙武著，陈曦译注，孙子兵法 [M]，中华书局，2011 年版，225 页。

[2] 孙武著，陈曦译注，孙子兵法 [M]，中华书局，2011 年版，111 页。

[3] 陈云金、陆保生著，《孙子兵法》鉴赏 [M]，武汉大学出版社，2008 年版，22 页。

[4] 刘长林著，中国系统思维 [M]，中国社会科学出版社，1990 年版，251 页。

[5] 邬昆，中国古代哲学信息、系统、复杂性思想的十大特点 [J]，河北学刊，2008 年第 5 期，26 页。

[6] 孙武著，陈曦译注，孙子兵法 [M]，中华书局，2011 年版，239 页。

[7] 孙武著，陈曦译注，孙子兵法 [M]，中华书局，2011 年版，53 页。

[8] 孙武著，陈曦译注，孙子兵法 [M]，中华书局，2011 年版，186 页。

[9] 陈向阳、张艳玲，动态系统研究进展 [J]，理论研究，2007 年第 5 期，32 页。

[10] 孙武著，陈曦译注，孙子兵法 [M]，中华书局，2011 年版，46 页。

[11] 刘长林著，中国系统思维 [M]，中国社会科学出版社，1990 年版，259 页。

[12] 颜泽贤、范冬萍、张华夏著，系统科学导论 [M]，人民出版社，2006 年版，102 页。

[13] 孙武著，陈曦译注，孙子兵法 [M]，中华书局，2011 年版，139 页。

[14] 颜泽贤、范冬萍、张华夏著，系统科学导论 [M]，人民出版社，2006 年版，48 页。

[15] 陈云金、陆保生著，《孙子兵法》鉴赏 [M]，武汉大学出版社，2008 年版，35 页。

[16] 范冬萍，复杂系统的因果观和方法论 [J]，哲学研究，2008 年第 2 期，91 页。

[17] 范冬萍，复杂系统的因果观和方法论 [J]，哲学研究，2008 年第 2 期，92 页。

[18] 汤治成，从大众认识与自组织看“无为而治”的管理思想 [J]，系统科学学报，

2017 年第 2 期，32 页。

[19] 孙武著，陈曦译注，孙子兵法 [M]，中华书局，2011 年版，201 页。

[20] 陈云金、陆保生著，《孙子兵法》鉴赏 [M]，武汉大学出版社，2008 年版，29 页。

组织的理性模型的系统开放性和系统管理

导读： 组织的理性模型具有高效率，充分发挥工人积极性等管理优点。但是，组织的理性模型把组织看成一个封闭的系统，缺乏组织必须处于一个开放性系统的视域。它把组织与周围环境分割开来，这不是一种科学合理性的管理方法。基于组织的理性模型的优点与缺陷，本文将组织的理性模型结合生产实践来分析，把管理理论从自然认知和日常认知上升到科学认知的水平。并以科学合理性为标准，用系统理论为基础，建立一个系统开放性的组织的理性模型。本文把科学认知、科学合理性和系统管理理论有机地结合起来，进行一种多学科的交叉研究，构建一个更具科学合理性和高水平科学认知的系统开放性的组织的理性模型。结合系统理论的开放性特征，用形式系统，对应规则和概念模型的方法，设计一个开放性的组织的理性模型，使之成为一个系统适应性的活系统。

Introduction: The rational model of organization has the advantages of high efficiency, full exertion of worker's enthusiasm and so on. However, the rational model of the organization as a closed system, it is lack of an open system perspective. It separates the organization from the surroundings, which is not a scientifically rational approach to management. Based on the advantages and disadvantages of the rational model of organization, this paper combines the rational model of organization with production practice. It analyzes the management theory from natural cognition and daily cognition to the level of scientific cognition. Based on the scientific rationality and the system theory, a rational model of the open system is established. In this paper, the scientific cognition, scientific rationality and system management theory organically combine to carry out a multi-disciplinary cross-study to build a more scientific rationality and a high level of scientific understanding of the open system of rational organization model. Combining the openness of system theory and the formal system, corresponding rule and conceptual model, a rational model of open organization is designed, which makes it become a living system of system adaptability.

19 世纪末 20 世纪初，泰罗、法约尔和韦伯从三个不同的角度——个人、组织和社会来解决组织管理问题，结束了经验管理的历史，为现代管理学建立了坚实的基础，使管理成为一门科学。他们以“经济人”假设，以提高生产率，采用严格的管理制度等方法进行管理。后世的管理学者称他们的管理理论为科学管理理论。在系统思维里，称之为组织的理性模型。[1]

组织的理性模型是具有高效率的管理理论，直至经济高速发展的今天，仍然广泛地应用着这种理论。例如，广东省的珠江三角洲经济发展区域，是中国乃至世界最重要的制造业生产基地。这里有很多劳动力密集型的工厂，工厂大多数是以“按件计工资”的方法支付工人工资。即工人的工资不是按照工作时间来支付，而是按照工人个人生产出来的劳动成品的数量来计算。这样，工人的劳动就是“多劳多得，少劳少得”。这种管理方法，就是仿效组织的理性模型，即仿效泰罗首创的按工人的劳动成果的多少来给予报酬的方法。

可见，组织的理性模型具有高效率，充分发挥工人积极性等管理优点。但是，组织的理性模型把组织看成一个封闭的系统，缺乏组织必须处于一个开放性系统的视域。它把组织与周围环境分割开来，这不是一种科学合理性的管理方法。

基于组织的理性模型的优点与缺陷，本文把组织的理性模型结合生产实践来分析，把管理理论从自然认知和日常认知上升到科学认知的水平。并以科学合理性为标准，用系统理论为基础，建立一个系统开放性的组织的理性模型。本文把科学认知、科学合理性和系统管理理论有机地结合起来，进行一种多学科的交叉研究，构建一个更具科学合理性和高水平科学认知的系统开放性的组织的理性模型。结合系统理论的开放性特征，用形式系统，对应规则和概念模型的方法，设计一个开放性的组织的理性模型，使之成为一个系统适应性的活系统。

1. 组织的理性模型

组织的理性模型包括三个基本部分，分别在三本书中得到了阐释：弗•泰罗（F. Taylor）的《科学管理》，亨利•法约尔（Henri Fayol）的《行政管理理论》和马克斯•韦伯（M.Weber）的《科层理论》。[2]

（1）泰罗的科学管理

泰罗创立的科学管理原理的核心是标准化、规范化和制度化管理，它是管理的基础，直到今天仍有重大的现实意义。[3]

泰罗的科学管理研究在 19 世纪末 20 世纪初，他第一个将科学方法和企业的实际操作相结合，提出科学管理理论，成为现代管理学重要创始人之一，被人们称为“科学管理之父”，为组织管理理论作出重大贡献。泰罗的著作《科学管理》内容丰富，其中心思想是以制度化、规范化的科学管理方法来创造生产的最高效率。

泰罗是伯利恒钢铁公司的工程师，他很注重对工人生产动作的研究，通过分析工人动作寻找如何达到生产效率的最大化。他进行了著名的搬运铸铁件和铲铁的试验，开始了他的“科学管理”的管理制度与管理理论的研究。泰罗通过仔细观察工人的工作时间和动作，提出用怎样的动作与方法进行工作达到最高的劳动生产率。他要求工厂去掉不合理的、多余的动作，选择最合适的动作来工作。改进工作动作不但减少工人的疲劳，而且提高了生产率。泰罗用规范化的科学方法来实现其管理目的。

同时泰罗把工人假设为“经济人”，认为工人天生好乐恶劳。工人的本性厌恶工作，怕辛苦，但又对物质追求有强烈欲望，这种消极和积极的态度既对立又统一。泰罗利用工人这一特点设立各种工作制度，制定工作制度，建立惩罚和奖励的办法。后来这种管理手段被称为“胡萝卜”和“大棒”的管理方法。泰罗用制度化的管理方法来实现他提高生产效率的科学管理。

泰罗通过认真的研究和实践，提出了著名的科学管理 4 条原则：

第一条，给每个人工作的基本组成部分提出科学的工作方法。

第二条，科学地挑选、培训、教育和培养工人，以发挥其最大能力。

第三条，在工人和管理者之间培养合作精神，以确保工人按科学方法完成任务。

第四条，在工人和管理者之间进行明确、适当的分工，以保证管理任务的完成。[4]

泰罗的“科学管理理论”提供了解决企业管理的两个主要问题的方法，一个是提高工人的劳动生产率，另一个是改进组织的管理效率。他是最先运用科学的方法、技术对管理进行研究的人，并奠定了管理学的基础。他开创的许多管理方法和管理技术，至今仍为许多企业采用，发挥着重要作用。[5]

泰罗的科学管理理论为现代管理学建立坚实的基础，为现代的管理科学理论开创先河。

（2）法约尔的行政管理理论

在美国泰罗提出了“自下而上”的组织管理理论，而在欧洲的法国一位行政管理理论家法约尔却提出了“自上而下”的组织管理方法。他对行政管理理论作出了重大的贡献，成为了行政管理学的创始人。

法约尔把管理研究的重点放在组织的上层领导的管理。并使管理达到自上而下的合理化，中心论点是：把组织管理进行合理的分工和调整，用部门化和调整的方法来提高工作效率。他创造性地提出了管理活动里的 5 项基本要素：计划、组织、指挥、协调和控制。这 5 项管理基本要素直至今天，在组织管理活动实践中，仍然广泛应用。

法约尔认为：“计划就是探索未来和制定行动方案；组织就是建立企业的物质和社会的双重结构；指挥就是使其人员发挥作用；协调就是连接、联合、调和所有的活动和力量；控制就是注意一切是否按已制定的规章和下达的命令进行。”这 5 项管理职能已经成为研究管理的基本过程或职能的基础。[6]

法约尔指管理的职能分为 6 种：技术职能、商业职能、财务职能、安全职能、会计职能、管理职能。这些职能贯穿整个组织管理工作的全部过程。并着重强调管理能力的重要性，管理能力越强，这些职能会发挥到最大值。

法约尔认为：随着企业等级的上升，管理能力的相对重要性必然增加，同时技术能力的相对重要性必然减少。在中等企业中，这两种能力相等……技术能力是大型企业下层人员和小型企业领导人的主要能力；管理能力是较高层领导人的主要能力。技术能力在工业阶层的下层占主要地位，而管理能力在上层占主要地位。这一事实从企业的组织和领导的双重观点来看都具有极重要的实践意义。[7]

法约尔在研究组织管理活动中，通过管理的实践活动总结了 14 条管理的方法，他把这些灵活的管理方法称为管理的一般原则。这些原则是：劳动分工；权力与责任；纪律；统一指挥；统一领导；个人利益服从整体利益；人员的报酬；集中；等级制度；秩序；公平；人员的稳定；首创精神；人员的团结。

法约尔论述了这些管理原则对组织管理活动起着重要的指导和方法的参考作用，为组织管理理论作出很大的贡献。

(3) 韦伯的科层制理论（官僚体制理论）

韦伯是德国著名的社会学家，他与泰罗、法约尔在同一时代。在西方社会学里，韦伯有着极为崇高的影响力。他关于组织管理的科层制理论（又称：官僚体制理论）奠定了现代社会学的基础，韦伯被认为是现代社会学的奠基人。而他的组织管理的思路不同于泰罗与法约尔。

韦伯创造了一个系统的组织理论，就是他理想的行政集权制理论，对以后的组织管理思想产生极大的影响。其主要内容包括：

官僚制（Bureaucracy）是指像政府机关那样层次分明、制度严格、权责明确的组织模式。韦伯认为，官僚模型包含着每个复杂组织所具有的某些特点和规范，官僚模型可以最有效地使用于复杂组织——是企业、政府、军事等组织之中最有效的形式，它是现代世界中一直发展着的大规模的行政管理的最有效工具。[8]

韦伯理想的行政集权组织主要特点表现在他的《社会与经济组织理论》一书中，归纳如下：

第一，一个由规章制度将各正式职能连结成的不间断组织。第二，实现劳动分工，明确规定每个岗位的权力和责任，并把这些权力和责任作为正式职责而使之制度化。第三，组织中的官员遵从等级制的原则，即每一个较低的官职处于一个较高官职的控制和监督之下。第四，管理官员行为的规则可以是技术性的规则或规范，或者是各种标准、指标。如果这些规则需要不折不扣地执行，那么就必须给予官员关于这些技术规则或标准、指标必要的培训。只有经过适当的技术训练的人才有资格成为组织群体的行政人员。第五，在理性主义组织中，行政人员的管理权应当与生产资料或管理资料的所有权分开，这是一条铁的原则。而且，控制在职务范围内的属于组织的财产应与官方的可代私人使用的个人财产完全分离。第六，在合理类型的情况下，绝对不允许官员滥用其职权。官员必须保证其行为具有纯粹客观的、独立的特性，他只能服从有关的规范。第七，组织的所有管理条例、决议和规章必须以书面形式加以规定和记录，即使在某些时候口头讨论成为习惯甚至成为强行规定的情况下也是如此。[9]

韦伯设计了这样一个有系统性、整体性的"理想的组织结构"，他认为这样的组织会具有准确性、稳定性和纪律性的特点，可以把组织里每个成员的能力发挥至最大值，从而使组织管理获得最高的效率。从组织管理理论来看，他也是一个管理技术的大幅度提高。韦伯认为，他的这种高效的组织管理可以应用于各种各样的行业。

韦伯把权威分为三种，这种分类也就是他著名的权力分类法，具体如下：

传统权威——其基础是对古老传统的神圣不可侵犯及在其之下实施权威合法性的牢固信念。

法理权威——对规范法则模型的"合法化"和在这些规则下提升权威

发号施令的权力的信念。

感召权威——对个体特定和特别的神性、英雄主义或典范特征的崇拜，以及对由他或她提出或颁布的规章的崇拜。[10]

韦伯认为：权力（权威）是组织的基础，如果一个组织失去这种权力，则组织无法运动，进入混乱的状态。所以，韦伯非常注重权力的有效性。只有具备了组织的权力，一切的命令才能下达并且执行，整个组织的正常指挥系统才能顺利地进行。任何的控制行为都是在组织权力的基础上操作的。他的这些组织管理理论，直至今天，仍为管理者运用。

韦伯认为管理制度的建立对于一个行政组织来说非常重要。虽然他的行政组织是理想化的，但是这些管理制度还是能丰富组织管理的理论。在这些管理制度里，韦伯着重强调领导阶层的职、权、责的范围。韦伯对组织上层领导指挥和控制整个组织的正常运作相当重视。强调组织领导的管理制度等同于强化组织的核心作用。用他的话来说是制定组织里每个官员的行为准则，并对官员的能力和行动寄予厚望。

2. 组织的理性模型的封闭性

组织的理性模型产生于 19 世纪末，其管理理论受实证主义思想和结构主义思想的影响很大。而实证主义思想是科学主义和理性主义的代表。所以，泰罗的科学管理致力于观察分析和计算，用这种方法来指导管理措施的制度；法约尔和韦伯则强调组织结构、组织内部分工和等级的设计。这种理性模型显然是只追求管理目标而采取最为简单和有效的方法，只是技术上的合理行为逻辑。

组织的理性模型所看到的只是组织的内部，他们把管理的组织看成一个封闭的系统，根本不考虑组织外部的环境和外界刺激等各种因素。从历史发展来看，系统理论产生于“二战”后，因而组织的理性模型是不可能具有系统理论的思想的。

组织的理性模型的组织是个理想的封闭性系统，他们认为组织的目标明确，所以其行动也是有着明确的方向的，认为组织的管理一定是目标具体化的。在封闭的系统里，他们认为管理目标与管理主体是很容易协调的，是可以用标准的方式来计算的。这也就是组织的理性模型封闭性的致命弱点。

另外，在封闭性的组织的理性模型的视角里，他们会认为组织是形式化程度极高的团体。人与人之间的关系是清晰明确的，在组织结构里，这些“理性化”的人能够各守其位，各尽其责。因而可以制定明确的规章制度，理想化地构建各种组织的职位与功能。他们并会认为组织的行动和目标会高度一致，规范化地向着管理目标迈着整齐的脚步。这种封闭性的思维完全脱离了一个组织必须存在开放性系统的原则，是极不科学的，在管理活动中一定会失败。

管理理论和管理现实的研究证明：组织是一个具有开放性系统的组织，而任何的组织封闭性理论都是不会前进和发展的。事实上，组织的理性模型是在与其环境息息相关的开放性大系统里，组织系统要存活和发展必须与系统环境进行各种能量和信息的交换。如果忽略了系统开放性的因素，只进行技术和目标效率的分析，是不完整不科学的管理。忽略了组织系统的开放性，自然也会忽略组织本身的动态性和多变性。那么，在纷繁复杂和变化多样的组织大系统里，组织的理性模型是难以存活的。在封闭性的组织的理性模型里，忽略了组织的外境刺激，组织系统和环境难以保持平衡而使组织内部产生变革。因此，封闭性的组织的理性模型无法生存。

3. 组织只有开放才能生存

组织的系统开放性是客观存在的。只有认识组织的系统开放性，才能使组织的管理活动具有科学性。

系统论的思想观点是在人们的实践活动中产生的，作为一门科学，是由美籍奥地利生物学家贝塔朗菲在 20 世纪 40 年代创立的。系统论认为任何事物都是由若干相互联系、相互作用的部分组成的具有特定功能的有机整体，任何事物都是一个系统。[11] 从系统理论观点来看，我们必须认定组织是一个大系统，并具备系统存在的所有特征，所以组织的系统开放性必然存在。

贝尔塔朗菲认为，有可能制定出一种系统的、理论的框架来描述现实世界中的各种关系，而各学科之间的相似性可以发展为一种一般系统模式。贝塔朗菲的目标是寻求学科之间的类似性，以上升为一种具有普遍性的理论框架。他注意到了所有学科中的一些相似特点，包括对整体或有机体进行研究；有机体趋向稳定状态或均衡的倾向；所有系统的开放性，即有机体受环境影响，又反过来影响其环境。[12]

由此可见，组织是一个系统，并且具备系统的开放性。这种开放性是客观存在的，组织系统必须处在开放性的大环境中。组织系统要受到开放性的环境的影响，这些影响有正面或负面的。开放性的组织系统能否生存和发展要看其自身对环境的适应能力。

组织不可能是封闭的，它只有在开放的环境下才能生存。这种系统开放性在普利高津的耗散结构理论里有详尽的论述。

普利高津认为：随机的涨落可能引起系统功能的局部改变。在一定条件下，这种局部改变又会引起整个系统时空结构的改变。结构的改变又反过来决定未来涨落的范围。同时涨落具有两重性：对于平衡结构，涨落起一种消极作用，是一种破坏稳定有序的干扰，对于耗散结构，涨落则起一种积极的作用，是形成新的稳定有序的杠杆。耗散结构可以被认为是由于物质和能量交换而稳定化了的涨落。无规则的涨落形成有规则的结构，这就是“通过涨落而有序”。[13]

这种“通过涨落而有序”，正是系统开放性的表现，是开放性能量交换的过程。组织的理性模型是一个完整的系统，它只有开放才能生存。

开放性的组织系统要面临内部环境和外部环境的动态变化情况，组织系统将会受到外界环境的各种刺激。组织系统也可以从外界环境中获得资源与信息，使自身系统生存与发展。但是，有时外界环境刺激是不利于组织系统的生存与发展的。因此，开放的组织系统要有适应能力来对付外界环境的刺激，具备自身修复的能力。

因为开放系统能够从环境中引入能量，所以也能产生“负熵”。通过引入大于其输出的复杂性，开放系统由此储备能量，进行自身的组织故障修复。贝塔朗菲总结道：“所以，这种系统能够在高层次上维护自身，进而向更高秩序和复杂性的方向演进。”[14]

这种开放性组织系统与环境的关系是长期共存的。当组织系统的适应修复能力强于外界环境刺激时，组织就能维持稳定发展的平衡状态。反之，组织系统的适应修复能力弱于外界环境刺激时，组织系统就会分化和不平衡，从而产生革命性的变化。

4. 开放性组织的系统适应性自稳定

组织系统处在开放性的周围环境下，系统的元素与环境时刻都要进行能量和信息的输入与输出的交换。这些转换是动态性的，组织系统要生存，必须与环境协调，能够产生适应性自稳定，使组织系统与环境处于一个动态平衡，达到一定的稳定性，系统才能生存与发展。

当系统的稳定性的域指的是本质变量或系统结构自身的稳定性，并且这种稳定性是由系统的一种内部机制自行达到时，我们称这种系统的稳定性为适应性自稳定。

如果系统具有自稳定的性质，也就是说，它有一种条件或机制，当环境使它的状态离开本质变量的平衡点、平衡环和平衡域时，总可以返回平衡状态，或至少也会使它的本质变量保持在结构存在许可的范围里。[15]

霍兰认为：复杂系统的适应性有受约束生成过程。他提出了以下几个概念：

行动主体。从组成一个整体的系统来看，霍兰称它为“机构”，强调它是受到规律的约束、组成复杂系统的元素。

转换函数。主体间（或机构间）的相互作用，从相互作用网络的观点看，要用输入与输出的对应关系来表示。一个行动主体（机构）在整体中的作用就是将输入转换为输出的功能，所以它本身就是一个转换函数。所以霍兰说得很对：“在符合混用的情况下，符号 f 除了用来表示机构外，还用来表示转换函数。”

规则，又称为生成器。它是决定或组成转换函数的东西。转换函数就是由一组相对简单的规则组成的。霍兰说：“转换函数，就是规则的形式表达。”整个复杂系统及其突现生成过程中的关键就是由少数几条简单的规则支配的主体机件在其大量的相互作用和反复迭代中产生巨大的复杂性和突现性、不可预测的新颖性和不可还原的整体性的过程。它们依简单规则约束的相互作用、状态转变，就能产生出不可穷尽的复杂系统和突现性质。[16]

系统适应性自稳定是系统的重要特征之一。对生物体而言，它可以允许各个子系统与环境之间相互协调的变化，这种协调变化当然不能超过一定的极限。由于系统是动态性的，系统的运动与变化是永恒的，特别是系统外环境的变化更加活跃。那么系统要存活，它的适应性自稳定必不可少。如同生物体一样，组织系统也必须有适应性自稳定的性质，有了这种性质，它便适应了组织系统的动态变化。组织的各个子系统之间与环境的变化相互协调，相互制约，最终使偏离平衡点和平衡环的变化可以返回平衡状态。

组织的理性模型是个开放性的系统，系统外的环境是动态性地变化的。正是由于系统适应性自稳定的特征，组织的理想模型的各个子系统也会随着环境的变化而变化，而且这种变化必须与环境相适应，最终在相互作用下达到平衡状态。有了平衡，才能使组织系统稳定，使组织存活和发展。

5. 构建系统开放性的组织的理性模型

开放性的组织系统要面对长期的外部环境的影响，具备自身适应修复的功能才能使组织系统和谐发展。组织管理就要适应组织系统外千变万化的环境。因此，开放性的组织系统必须要采取不同的管理措施来面对变化的环境。使外界环境的刺激能与组织系统维持一种稳定的平衡状态。我认为应该采取管理决策中的权变方法来应付环境的变化。

运用权变观念的人必须认识其组织有更多不同的目标和需要；必须研究与决策有关的更多因素；必须运用各种各样制定和执行决策的方法；必须不是逐个地，而是在相互关系的基础上评价决策。因此，实际工作者必须认识到，如果他们选用权变观念，他们就必须学会使用新的方法来解决组织的各种问题。[17]

因此，只有用权变方法才能使组织系统适应环境的变化，从而达到两者间的稳定与平衡。上面已经分析了组织的理性模型的缺陷，又分析了组织系统开放性的特征和应对方法。要使组织的理性模型得到合理的发展应用，就必须用系统的思维构建系统开放性的组织的理性模型。在开放系统的视角里：每一个组织都不是孤立的，他们与存在的环境相联系。

（1）设置外界环境系统

组织的理性模型是和开放性的外界环境密切联系，环境的影响成了它生存和发展的决定因素。组织的理性模型唯一的选择就是与外界环境系统相适应，以求稳定地向前发展。

我们把能够影响组织的理性模型的各种因素，如能量、物质、信息、时间、天气、地理、政治、安全等各种环境因素设置为外界环境系统。环境系统各组成因素与组织的理性模型直接或间接地联系着，影响它的生存发展。

这个外界环境系统的各种因素是个变量，都有较高的不确定性。在开放性的视角下，外界环境系统也是随时影响组织的理性模型。能否适应这些变化而维持组织的理性模型的发展，这就要看适应性的决策，使组织的理性模型与外界系统相互协调，求得生存与发展。

（2）设置权变适应系统

怎样使组织的理性模型能够适应千变万化的环境？我认为，应该建立组织的理性模型开放性的权变适应系统。权变理论是能够应付环境变化的好方法。权变理论以一般系统论为基础，所谓权变，就是对具体事情具体分析，用随机应变的方法来应对解决各种问题。权变理论的创始人是劳伦斯和洛奇。

权变理论认为：作为系统设计的分支，权变理论强调设计有赖于环境因素，是权变性的。权变理论有一个一般的倾向性假设，即一旦组织的内在特征与其环境要求达到最佳匹配，那么组织就能最好地适应环境。考虑到组织所在市场的竞争性，适应性需要组织的有效运作。不同环境对组织有不同的要求，特别是市场条件下或技术中以不确定性及快速变化为特征的环境，相比那些稳定环境而言，更会对系统提出不同的要求，包括限制的机会 。[18]

劳伦斯和洛奇提出，组织与其环境的适应至少发生在两个层面上：

一是，组织每个子单位的结构特性都应当和与其自身相关的特定环境相适应；

二是，组织的分化和整合模式应当与其所处的整体环境相适应。[19]

从上述权变理论观点可知，开放性的环境变化要求组织系统能做出快速的适应行动，否则组织难以生存。因此，应该以组织的理性模型的优势理论为基础，提取其中有效的管理办法来应对开放性环境的变化。这种适应是互动的，尽量使组织的理性模型与开放型环境达到动态的平衡。

在组织的理性模型里，泰罗、法约尔和韦伯的组织管理方法各有优点。采取一种动态的选择方法，力求使适应性达到最优化。同时，在使用组织的理性模型的优势理论时，必须考虑到开放性的环境影响，把管理的措施设置在开放性环境里。以适应环境的变化而进行方法和措施的动态调整。

总之，应将组织的理性模型优势理论与开放性的环境达到最大的适应和平衡，并结合权变理论，使组织的分化和整合模式实现适应的最优化，用这样的方法来设置组织的理性模型开放性的权变适应系统。

（3）构建系统开放性的组织的理性模型

我们已经设置好组织的理性模型开放性的外界环境系统和开放性的权变适应系统。把这两个系统与组织的理性模型结合在一起，使组织的理性模型既设置在开放性的环境里，又用开放性的权变适应管理方法使之与外界的环境实现和谐与平衡。达到用系统思维对组织的理性模型的改造目的，使组织的理性模型能最大化的得到科学应用。在系统思维视角下建立系统开放性的组织的理性模型是合乎管理逻辑的科学方法。也是系统哲学理论为管理学提供最佳的方法论。具体的组合如下图所示：

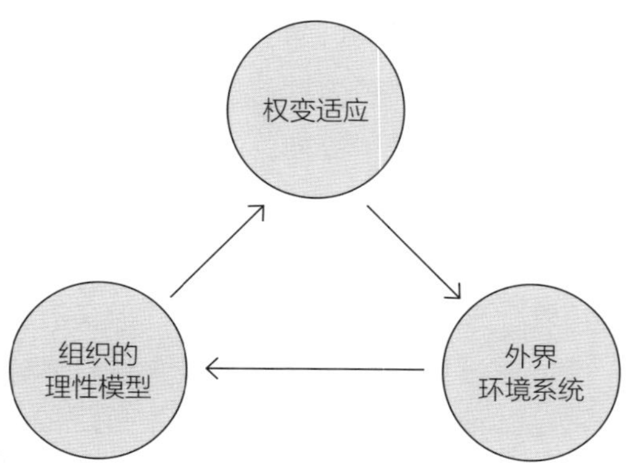

系统开放性的组织的理性模型

这样，用系统思维把组织的理性模型建立得既有系统的整体性又有系统的开放性。用系统科学理念与管理科学进行交叉综合性的跨学科研究，保存了组织的理性模型的优势理论，又克服了它缺乏系统思维的缺点。使组织的理性模型更加趋于合乎理性和科学的逻辑。使组织的目标能用最直接和最有效的方法，发挥到管理科学的最大值。

6. 结语

科学管理有极其重要的意义。具体表现在：其一，科学管理是企业取得高效绩的基本手段；其二，科学管理是一国工业化获得成功的必要条件；其三，科学管理是人本管理的制度基础。[20] 组织的理性模型的分析和重建对科学管理的水平提高有很大的帮助。

很多学者已发现组织的理性模型存在很多局限性，但提出对组织的理性模型进行整改的很少见。本文通过建立系统开放性的组织的理性模型，希望以此来对解决组织的理性模型的问题作一个初探。然而，要如何合理地提高它的管理效率与功能的却不是一件容易的事。因为组织与管理本身就是一个复杂的问题，再加上系统的思维，要处理好这些问题要花费很大的精力。

近年来，跨学科的研究无论在自然科学和社会科学研究方面都很受欢迎。的确，理论越往高处走碰到的问题就越复杂，因而跨学科的研究就有重大的价值。组织的理性模型属于管理学范畴，而系统理论是一门新兴的科学。如何将两种理论相互联系和相互影响的因素进行分析，是重建组织的理性模型的关键。

系统理论和组织管理理论既有密切的联系，但又有区别，各自有一套相对独立的理论。这就要求用系统的理论观点来对科学管理理论进行总结与论述，必须保留科学管理的管理理论的优点，同时用系统理论加以解释与发展。用系统理论知识为背景，结合组织的科学理论进行创新性研究。

组织管理理论的系统性特征不能忽略，系统思维必须应用到组织管理活动中。那么，怎样才能做到用系统理论与组织管理理论结合?

本文总结和利用系统理论知识，寻找系统理论与组织管理理论的共通点，并与组织管理实践结合，对组织管理模型的系统性特征进行研究。系统的特征有很多种，但并非所有的特征在组织的理性模型里都有强烈的反映。如何来有选择性地建立系统开放性的组织的理性模型?

本文分析系统理论的特征，在这些特征里评估它们在组织管理活动中的作用，从中选择一些与组织的理性模型密切相关的特征，构成各种组织的理性模型子系统，从而建立系统开放性的组织的理性模型。

我们必须指出的是，科学认知是一个知识生成的过程，包括如何去理解和评价理论，运用认知分析方法来研究科学理论，建立理论模型是一种常用的科学认知方法。本文从系统理论视域出发，建立了系统开放性的组织的理性模型，在论证过程中，以管理实践活动的科学合理性为标准。但是，要寻求科学合理性的标准实在是太困难了，它随时会受到证伪主义的反驳。不过，我赞成劳丹倡导的科学合理性的进步与革命的方法，他用“解决问题”代替“追求真理”。我希望用“解决问题”的方法，建立具有科学合理性的系统开放性的组织的理性模型。

参考文献

[1] 汤治成，用系统思维建立系统整体性的组织理性模型 [J]，系统科学学报，2011 年第 3 期，52 页。

[2] 颜泽贤、范冬萍、张华夏，系统科学导论 [M]，北京：人民出版社，2006 年，406 页。

[3] 陈天祥，泰罗的科学管理原理对我们的启示 [J]，中山大学学报论丛，2001 年，第 2 期，54 页。

[4] 时巨涛、马新建、孙虹，组织行为学 [M]，北京：北京师范大学出版社，2008 年，11 页。

[5] 时巨涛、马新建、孙虹，组织行为学 [M]，北京：北京师范大学出版社，2008 年，11 页。

[6] 陈树文，组织管理学 [M]，大连: 大连理工大学出版社，2005 年，23 页。

[7] 孙耀君，西方管理学名著提要 [M]，南昌: 江西人民出版社，2004 年，76、77 页。

[8] 陈树文，组织管理学 [M]，大连: 大连理工大学出版社，2005 年，26 页。

[9] 魏文斌，现代西方管理学理论 [M]，上海: 上海人民出版社，2004 年，33 页。

[10] Scott,W.R., *Organizations: Rational, Natural and Open Systems*, Prentice Hall, 2002, p.40.

[11] 杨伍栓，管理哲学新论 [M]，北京: 北京大学出版社，2003 年，112 页。

[12] Wren,D.A., *The History of Management Thought*, John Wiley & Sons, 2004, p.519.

[13] 颜泽贤、范冬萍、张华夏，系统科学导论 [M]，北京：人民出版社，2006 年，42 页。

[14] Scott,W.R., *Organizations: Rational, Natural and Open Systems*, Prentice Hall, 2002, p.84.

[15] 颜泽贤、范冬萍、张华夏，系统科学导论 [M]，北京：人民出版社，2006 年，94、95 页。

[16] 颜泽贤、范冬萍、张华夏，系统科学导论 [M]，北京：人民出版社，2006 年，399、401 页。

[17] [美] 斯卡特莱著，李柱流译，组织与管理 [M]，北京：中国社会科学出版社，1985 年，139、143 页。

[18] Scott,W.R., *Organizations: Rational, Natural and Open Systems,* Prentice Hall, 2002, p.89.

[19] Scott,W.R., *Organizations: Rational, Natural and Open Systems*, Prentice Hall, 2002, p.90.

[20] 王昊，论泰罗科学管理的当代意义和历史局限 [J]，北京行政学院学报，2007 年第 1 期，56 页。

个人认识论与科技创新系统管理的科学技术哲学应用

汤治成　著

责任编辑　熊玉霜

装帧设计　Sands Design Workshop

排　　版　时洁

印　　务　刘汉举

出　　版　中华书局

香港北角英皇道 499 号北角工业大厦 1 楼 B

电话：(852) 2137 2338　传真：(852) 2713 8202

电子邮件：info@chunghwabook.com.hk

网址：http://www.chunghwabook.com.hk

发　　行　香港联合书刊物流有限公司

香港新界荃湾德士古道 220-248 号

荃湾工业中心 16 楼

电话：(852) 2150 2100　传真：(852) 2407 3062

电子邮件：info@suplogistics.com.hk

印　　刷　美雅印刷制本有限公司

香港观塘荣业街 6 号 海滨工业大厦 4 楼 A 室

版　　次　2024 年 10 月初版

规　　格　16 开（230mm x 170mm）

325 千字

I S B N　978-988-8862-28-3